Policy Guidelines for Tax,
Foreign Exchange and Accounting in Belt and Road Countries.

"一带一路"

税收外汇会计政策指南 Ⅵ

董付堂　姚焕然　辛修明　主编

中国经济出版社
CHINA ECONOMIC PUBLISHING HOUSE

图书在版编目（CIP）数据

"一带一路"税收外汇会计政策指南 . Ⅵ / 董付堂，
姚焕然，辛修明主编 . -- 北京：中国经济出版社，2019.8
ISBN 978-7-5136-5729-7

Ⅰ . ①一… Ⅱ . ①董… ②姚… ③辛… Ⅲ . ① "一带
一路" – 外汇业务 – 税收会计 – 会计政策 – 指南 Ⅳ . ① F810.62-62

中国版本图书馆 CIP 数据核字（2019）第 116097 号

责任编辑 杨　莹
文字编辑 郑潇伟　赵嘉敏
责任印制 巢新强
封面设计 晨罡文化

出版发行　中国经济出版社
印 刷 者　北京力信诚印刷有限公司
经 销 者　各地新华书店
开　　本　710mm×1000mm　1/16
印　　张　21.75
字　　数　344 千字
版　　次　2019 年 9 月第 1 版
印　　次　2019 年 9 月第 1 次
定　　价　98.00 元
广告经营许可证　京西工商广字第 8179 号

中国经济出版社 网址 www.economyph.com **社址** 北京市东城区安定门外大街 58 号 邮编 100011
本版图书如存在印装质量问题，请与本社发行中心联系调换（联系电话：010-57512564）

主　编

董付堂　姚焕然　辛修明

编委名单

姚丹波　　冯会会　　张翠芬　　何牧林　　王　征　　莫永年

张泰宇　　刘　琛　　周陵彦　　杨天福　　董　青　　段超凤

李福龙　　尚　妍　　刘　芬　　翁　辉　　余科明　　刘旭光

王惠芳　　孙坚青　　张之亮　　石保俊　　李　兵　　张和忠

董文静　　杨晓彤　　王重娟　　何之蕾　　郭　颖　　杨　勇

马秀琴　　张丽霞　　林媛媛　　熊升全　　张红斌

序　一

随着我国对外开放特别是"一带一路"倡议的深入推进，企业走出国门、拓展海外业务的步伐加大，越来越多的中国企业"走出去"并在海外市场开展投资、并购等经济活动。据商务部数据显示，2018 年，我国对外投资规模持续扩大，共对全球 164 个国家和地区的 7961 家境外企业进行了非金融类直接投资，累计实现投资 1701.1 亿美元，同比增长 44.1%；与"一带一路"沿线国家进出口总额达到 6.3 万亿元人民币，对"一带一路"沿线 53 个国家的非金融类直接投资 145.3 亿美元。

但由于缺乏对境外投资目的地整体营商环境的研究，近年来，"走出去"企业在国际市场开拓和经营的过程中也面临着较大的困难和风险，特别是财税外汇政策方面的风险。

据不完全统计，我国"走出去"企业多达几十万家，其中除大型企业外，绝大部分是中小型企业，普遍反映对所在国的会计政策、税收政策和外汇政策难以进行系统性的了解和掌握，特别是中小型企业，更是心有余而力不足。因此，极大地制约了我国"走出去"企业的财务管理水平和合规能力的提升，严重影响了我国企业的国际声誉。

为了帮助企业更好地了解当地财税法规，本丛书主要围绕境外投资目的地整体营商环境、税收体系、外汇制度、会计政策等方面内容，进行了较为详细的介绍。鉴于主要发达国家的财税体系较为健全，有关政策法规比较透明，资料也容易获取，本丛书不再予以整理收集。本《指南》汇集的 80 个国家（地区），大部分是我国企业境外业务开展较多的欠发达或发展中国家，能够基本满足我国"走出去"企业的迫切需求，有助于"走出去"企业能够快速熟悉境外投资目的国的基本财税政策，大幅降低企业对所在国财税法规信息收集的成本，既有利于提升企业的法规遵从意识，又有利于企业防控经营风险，增强企业"走出去"的信心和底气。

本丛书是集体智慧的结晶。中国对外工程承包商会发挥了重要的平台和引领作用，参与本丛书编写的是我国"走出去"的核心企业代表，分别为中国路桥、中国建筑、中国电建、中国有色、国机集团、葛洲坝国际、CMEC、中国铁建、中石油、中国港湾、中水对外、北京建工和江西国际等十多家企业。信永中和会计师事务所对本丛书进了全方位的指导和审核，使本丛书的专业性和实用性质量得到了实质性的提升。

本丛书定位为专业工具书，旨在为我国广大"走出去"企业的财务、投资、商务和法务等专业管理人员提供参考和指南，同时，也为"走出去"企业提供专业服务的中介机构提供了重要借鉴。

由于编写组学术水平和实践经验有限，本指南难免有不足和谬误之处，恳请专家和读者批评指正！

2019 年 9 月于北京

序 二

2013年国家提出"一带一路"倡议，随着中国与沿线国家的扎实推进，现在"一带一路"已成为举世瞩目且被越来越多的国家认可和接受的概念。近年来，中国企业对沿线国家直接投资超过900亿美元，完成对外承包工程营业额超过4000亿美元，为推动沿线国家的经济发展做出了卓有成效的贡献。

越来越多的中国企业以多种多样的方式走出国门，参与这一宏大的划时代壮举，但过程和结果并非都能遂人所愿。如近些年部分企业相继爆出海外投资失败，或遇到重大障碍而致进退两难。虽然决定中国企业海外投资能不能成功的因素非常复杂，但"知己知彼、百战不殆"，不知彼显然是其中一个重要因素。"走出去"的中国企业需要知悉目的国的经营规则和市场环境、税务财务制度和投资融资法规、政府的优惠及限制政策等。提高在国际环境下开展经营的意识和能力尤应引起足够重视，特别是在投资前期，要尽可能做到"谋定而后动"，充分了解当地规则和信息，并借助专业机构的力量，对投资事项作出审慎判断，从而避免投资损失。

鉴于此，本套丛书集合众多财会咨询专家、海外投资经营实务机构高管的智慧，全面陈述了"一带一路"沿线相关80个国家（地区）的投资环境、市场基本情况、税收种类和征管情况、外汇管制、会计制度及核算等政策、规定和信息。可以说，本套丛书可以视作投资"一带一路"国家的财会实务宝典。此外，越来越多的中国专业机构和专业人士在服务中国企业"走出去"中也扮演着越来越重要的角色，通过此书掌握境外目标国的基本经济情况和财税政策无疑也会有效提升这些专业人士的服务能力和效率。

"一带一路"倡议的提出和运作为所有沿线国家提供了更大的发展空间

和福祉，也为中国企业提供了更多在世界舞台上驰骋的机会，若此书能在中国企业和中国专业服务机构走向世界的过程中发挥些许助力和护航的作用，则功莫大焉！

信永中和集团董事长

序 三

"一带一路"倡议提出六年来,中国对外承包工程行业保持良好发展势头,取得了可喜的成绩。但随着海外市场的不断拓展,企业面对的东道国政策法规环境也日趋复杂,企业中普遍存在着对所在国法规理解不透彻、经营管理中有"盲区"、正当权益遭侵害而维权不力等现象。特别是,很多企业对当地的财税政策了解较为肤浅和不系统,容易出现因无知和冒进的做法而触犯法律法规的问题,给企业经营带来损失,声誉造成影响,这其中的教训值得我们认真总结和反思。"走出去"企业迫切需要在了解和适应海外法律法规方面得到更多的指导和服务。

《"一带一路"税收外汇会计政策指南》丛书的出版,正是恰逢其时,为中国"走出去"企业提供了全面、及时、实用的海外政策信息指南,对企业开拓国际市场、提升合规经营和企业管理水平将发挥重要作用。

该《指南》由中国对外承包工程商会融资财税委员会组织行业内十多家骨干会员企业,联手信永中和会计师事务所共同整理研究的成果。《指南》对80个国家(地区)的投资经营环境、法律体系、外汇管理规定、税收会计政策等方面进行了详尽的解析,相信能对"走出去"企业准确了解所在国法规政策,快速融入当地营商环境,有效防范政策风险,促进企业可持续发展起到一定的引领和指导作用。

中国对外承包工程商会将进一步发挥各专门委员会的特色与专长,为广大企业提供更为专业和实用的服务,为中国企业全面参与"一带一路"建设,实现"共商、共建、共享"发展做出新的贡献!

中国对外承包工程商会会长

序 四

　　"一带一路"倡议提出以来，中国企业"走出去"的步伐不断加快，竞争实力日益提高，在国民经济中发挥着越来越重要的作用。但由于海外政治社会、法律财税、营商环境等方面存在较大差异，给企业国际化经营带来了较大挑战。

　　国际化经营涉及的内容繁多，企业需要从国际税法、国际税收协定、外汇和会计政策等角度作出系统全面的安排。企业在进行境外投资前有必要认真做好功课，对境外的税收、外汇和会计政策等重要内容进行充分了解、考察和分析，并针对企业自身情况制定出最优的投资架构、退出渠道等方案，以便有效规避境外投资风险，实现投资利益的最大化。

　　《"一带一路"税收外汇会计政策指南》丛书主要围绕境外投资目的地国整体营商环境、主体税种、征管制度、双边税收协定、外汇制度和会计政策等方面内容进行详细介绍，涉及"一带一路"沿线80个国家（地区），旨在使中国企业及时、准确、全面地了解和掌握境外投资的税务成本、纳税操作、税务风险规避、外汇和会计政策等重要信息，满足"走出去"企业的迫切需求，有助于"走出去"企业能够快速熟悉境外投资目的地国的基本财税政策，大幅降低企业对所在国财税法规信息收集的成本，既能够提升企业的法规遵从意识，又能够增强企业防控经营风险的信心和底气。

　　本丛书集合各类专家智慧结晶，具有很强的专业性、指导性和实用性，是不可多得的系列工具用书，对于助力中国企业"走出去"积极践行"一带一路"倡议将发挥重要作用。

中国石油化工集团有限公司总会计师

专家推荐语

　　随着"一带一路"倡议的深入推进，中国企业"走出去"的步伐不断加快，海外业务拓展迅猛，但由于海外政治经济人文等差异较大，各项政策制度复杂多变，给企业生产经营带来了很大的困难和挑战，也积聚了一系列的问题和风险，必须引起高度重视，积极做好各项应对之策。《"一带一路"税收外汇会计政策指南》丛书，围绕80个国家（地区）颁布的税收、外汇和会计政策等问题，进行全面系统收集整理，认真分析归纳研究，以应用指南的形式呈现给广大读者，值得"走出去"企业的相关人员借鉴和参考。该丛书覆盖范围广，涉及"一带一路"沿线80个国家（地区），涵盖中国企业"走出去"的重点区域；针对性强，选择了税收、外汇和会计政策等中国企业"走出去"过程中遇到的最迫切、最现实的问题，能够满足我国各类企业"走出去"的基本生产经营需要；操作性强，内容安排上既有基本制度和相关情况的介绍，又有重要制度政策解读以及具体操作应用指引；权威性高，集合中国对外工程承包商会及我国"走出去"的十多家核心企业代表的集体智慧，同时也得到信永中和会计师事务所的专业指导和审核。该丛书是广大"走出去"企业的财务、投资、商务和法务人员非常难得的操作应用指南。

中国铁建股份有限公司总会计师

这是一部中国企业"走出去"践行"一带一路"倡议的重要工具用书，对于实际工作具有十分重要的参考价值。

中国保利集团有限公司总会计师

"一带一路"倡议重在促进沿线国家之间的互联互通，加强相互间的经贸合作和人文往来。缺乏对相关国家会计、税收、外汇等体系的充分了解，不仅会提高经贸合作的成本，而且会加大经贸往来的风险。汇聚了我国在"一带一路"经贸合作领域耕耘多年的多家知名企业的实务界专家们巨大心血的这本政策指南，填补了空白，可以为我国"走出去"的企业提供极富价值的参考，对学术界开展国际比较研究，夯实会计基础设施，助推"一带一路"合作，也有很好的参考价值。

上海国家会计学院党委书记、院长

李扣庆

习近平总书记在推进"一带一路"建设工作5周年座谈会上发表重要讲话指出，过去几年，共建"一带一路"完成了总体布局，绘就了一幅"大写意"，今后要聚焦重点、精雕细琢，共同绘制好精谨细腻的"工笔画"。要坚持稳中求进的工作总基调，贯彻新发展理念，集中力量、整合资源，以基础设施等重大项目建设和产能合作为重点，在项目建设、市场开拓、金融支持、规范经营、风险防范等方面下功夫，推动共建"一带一路"向高质量发展转变。

"一带一路"沿线国家的发展水平、社会制度、宗教民族、文化习俗等方面千差万别，企业"走出去"面临诸多风险。"一带一路"建设中要行稳致远，持续发展，需要政府加强政策沟通，建立以规则为基础的法治合作体系，更需要企业遵守东道国的法律法规，建立健全风险防范机制，规范投资经营行为。这就要求企业加强对沿线国家法律法规的深入了解和科学应用，不断提高境外安全保障和应对风险能力。《"一带一路"税收外汇会计政策指南》丛书的出版，可谓应景适时。

本丛书有以下三个突出特点：一是选题聚焦"一带一路"沿线国家的税收、外汇与会计等财经政策，契合企业当前的迫切需求，可以帮助企业及时了解、识别和规避沿线国家的财税、外汇与会计风险，对企业提升相关业务的合规合法性、促进企业稳步发展具有重要的现实意义。二是编写团队来自我国参与"一带一路"建设的核心企业代表，他们不但熟悉沿线国家的财经政策，并且有扎实的理论功底和丰富的实践经验，确保了本书的专业性。三是内容翔实，重点介绍了80个国家（地区）最新的税收、外汇和会计政策，具有很强的针对性和时效性，为"走出去"企业提升财经风险意识、夯实财经管理基础和提高财经风险防范能力提供了基本遵循。

本丛书源于实践，是切合实际的专业性指导工具书。在此，由衷地希望"走出去"企业及相关从业者能够从本丛书汲取营养，共同助力"一带一路"建设，为推动共建"一带一路"走深、走实做出积极贡献。

厦门国家会计学院党委书记

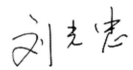

目录
CONTETS

第一章　塞内加尔税收外汇会计政策　001

第二章　沙特阿拉伯税收外汇会计政策　031

第三章　斯里兰卡税收外汇会计政策　061

第四章　苏丹税收外汇会计政策　085

第五章　塔吉克斯坦税收外汇会计政策　105

第六章　泰国税收外汇会计政策　133

第七章　坦桑尼亚税收外汇会计政策　179

第八章　土耳其税收外汇会计政策　211

第九章　文莱税收外汇会计政策　243

第十章　乌干达税收外汇会计政策　269

第十一章　乌兹别克斯坦税收外汇会计政策　297

第一章 塞内加尔税收外汇会计政策

第一节 投资基本情况

一、国家简介

塞内加尔共和国（英语：The Republic of Senegal，法语：La République du Sénégal，简称塞内加尔），位于非洲西部凸出部位的最西端，北接毛里塔尼亚，东邻马里，南接几内亚和几内亚比绍，西濒大西洋。塞内加尔面积 196722 平方公里，海岸线长约 500 公里，人口 1510 万（2015 年），全国有 20 多个民族，主要是沃洛夫族（占全国人口的 43%）、颇尔族（24%）和谢列尔族（15%）。官方语言为法语，全国 80% 的人通用沃洛夫语。95.4% 的居民信奉伊斯兰教，4.2% 信奉天主教，其余信奉拜物教。货币名称：非洲金融共同体法郎，简称非洲法郎（FCFA），与欧元的汇率为 1 欧元 = 655.957 非洲法郎。塞内加尔属热带草原气候，年平均气温 29℃，最高气温可达 45℃。塞内加尔为法国殖民地，其法律体系沿袭了法国的法律模式。塞内加尔司法独立，其司法体制主要由宪法法院、最高法院、高级法院、行政法院、上诉法院、重罪法院、一审法院、地区法院、商业法院和劳动法院等机构组成。

二、经济情况

塞内加尔是世界上最不发达国家之一，但经济门类较齐全，三大产业发展较平衡，是西非第二大经济体。粮食不能自给，农业以种植花生、棉花为主，是西非地区主要的花生、棉花生产国。渔业、花生、磷酸盐出口和旅游是塞内加尔四大传统创汇产业，中国与塞内加尔合作紧密，双边贸易额逐年攀升，2017 年达 21.9 亿美元，中国是其第一大花生出口市场。萨勒总统执政后，优先发展高附加值、劳动密集型的外向型经济，促进中小企业发展，加强农业投入，改善电力供应，重视基础设施建设。塞内加尔经济保持稳定增长。2016 年国内生产总值 GDP 为 147.85 亿美元，全球

GDP 排名 116 位，GDP 年增长率 6.6%，人均 GDP 960 美元，全球排名 163 位。世界经济论坛《2015—2016 年全球竞争力报告》显示，塞内加尔在全球最具竞争力的 140 个国家和地区中，排名第 110 位；世界银行《2016 年全球营商环境报告》中，塞内加尔在 189 个国家中自 161 位上升至第 153 位。

塞内加尔奉行全方位和不结盟政策，认为国际关系民主化和多元化是世界稳定的重要因素，积极主张维护非洲团结，推动非洲经济一体化及南北对话、南南合作和建立国际政治经济新秩序。重点保持与法国传统"特殊关系"，同时积极发展同美国关系。重视发展同邻国和阿拉伯国家的关系，积极参与国际和地区事务。现为联合国、世界贸易组织、不结盟运动、法语国家组织、伊斯兰合作组织、非洲联盟、西非国家经济共同体、西非经济货币联盟和萨赫勒—撒哈拉国家共同体等组织成员国。同约 120 个国家建立了外交关系。

塞内加尔有丰富的磷酸盐和铁矿储量。作为西非国家经济共同体与非洲工商业法规一体化组织的成员国，塞内加尔正在努力实现区域一体化以及对外统一关税。

三、外国投资相关法律[①]

塞内加尔的贸易管理体系主要参照西非经济货币联盟（UEMOA）制定的贸易法规。与贸易相关的法律有 1987 年发布的《海关法》，2004 年《投资法》，2012 年《税法》，1994 年 8 月 22 日颁布的第 94—63 号《关于价格、竞争和经济纠纷法》，1994 年 8 月 22 日颁布的第 94—68 号关于保护国内工业，反对非法商业活动法等。

在塞内加尔投资设立企业的形式包括个人企业、有限责任公司（简称 SARL）、股份公司（简称 S）、合股公司（简称 SNC）、分公司等。注册子公司的形式有拥有董事会的有限责任公司和没有董事会的有限责任公司。外商可直接在塞内加尔成立独资和合资公司开展业务，投资方式包括现金、设备入股、技术合作等。只有国家基础设施建设项目才可以采用 BOT 模式；近年来塞内加尔政府倾向于实施 PPP 融资模式，即"公共私营合

---

① 《塞内加尔投资合作指南》，2016 年 9 月，中国驻塞内加尔大使馆经参处。

作制"。

根据《劳动法》规定，雇佣合同分为定期和不定期合同，定期合同期限最多不超过两年，且只能续签一次，第三次必须签署不定期合同。按小时或按天数雇佣的员工，试用期不超过 8 天；按月雇佣的员工，试用期不超过 1 个月；管理人员或工程师，试用期不超过 3 个月；试用期间，雇主和雇员都可以随时终止劳动合同且无须赔偿。《劳动法》还对解除劳动合同、节假日加班费计算与发放、外国人在当地工作等作出了相应规定。

塞内加尔政府出入境管理办法规定，外国人入境分为旅游者入境，短期入境和长期居住三种情况。旅游者取得签证即可出入境；但短期入境和长期居住必须经移民局审批同意后方可生效。自 2015 年 5 月 1 日起，除西非共同体成员国及与塞内加尔签署互免入境签证协定的国家公民外，所有外国公民入境塞内加尔需就近向塞各驻外使领馆申请入境签证。外国人在塞内加尔工作，必须持有符合法律规定的合法签证，否则将被处以 5000~18000 西非法郎的罚款。

塞内加尔政府非常重视环境保护问题，设有环境和可持续发展部，负责管理全国的环保事务。

四、其他

2018 年 7 月，习近平主席抵达达喀尔开始对塞内加尔共和国进行国事访问，塞内加尔成为第一个同中国签署"一带一路"合作文件的西非国家。

塞内加尔是 17 个非洲商法协调组织（OHADA）成员国中的一员，在塞内加尔进行投资需要遵守 OHADA 的 9 部统一商法的规定。

塞内加尔是 8 个西非经济货币联盟（UEMOA）成员国中的一员，UEMOA 下设的西非国家中央银行（BCEAO）是 8 个成员国的中央银行，负责发行联盟国的货币及制定货币政策。

塞内加尔是 15 个西非国家经济共同体（西共体，ECOWAS）的成员国中的一员，在 ECOWAS 中也发挥着重要作用。

第二节　税收政策 ①

一、税法体系

1960 年独立后，塞内加尔持续实行法国税收制度。塞内加尔的税法编纂从 1976 年开启，随着 2000 年塞内加尔政治情形发生变化，塞内加尔的税收制度也进行了大幅度修改，以便更好适应使用国外私人投资为重要地区提供资金。税收制度在 2013 年 1 月 1 日颁布的新一般税法生效后再次得到了实质性修改。

塞内加尔国家税法主要为通用税法。建立了以关税、所得税、增值税等为核心的税收体系，全国实行统一税收和属地税收制度。外国公司和外国人同塞内加尔的法人和自然人一样同等纳税。税收种类分为直接税（企业所得税、个人所得税、预提税等）、间接税（增值税、消费税等）、注册税三部分。

新税务总法于 2013 年 1 月 1 日起实施。新税法中，个人所得税有所减少，养老退休金提高了 10%，企业所得税税率从 25% 提高至 30%。此外，政府扶持出口占营业额 80% 以上的企业，其计算税基时可减少 50%，且免征增值税；新闻出版机构也享受税收优惠。

二、税收征管

塞内加尔国家税法主要为通用税法。塞内加尔新税务总法规定了所有税项的征收、减免、检查、处罚等。

（一）征管情况介绍

塞内加尔实行税收中央集权制，税收立法权、征收权、管理权均集中于中央，由财政预算经济部通过国家税务和行政总局管理。主要的税法由

---

① CODE GENERAL DES IMPOTS（texte de loi vote par l'Assemblee Nationale），2012 年 12 月，税务管理总司。

财政预算经济部制定，报国会审议通过，由总统颁布。在关税方面，由财政预算经济部与在其管辖范围内的海关关长共同制定；其他各类税法由财政预算经济部通过国家税务和行政总局制定。法案一旦起草完毕，需先交由部长会议，然后提交给国民议会进行表决和颁布。

直接税和间接税，由国家税务和行政总局管理，该局隶属于经济、财政和计划部。

地方税收，分为 CEL VA 和 CEL VL（原统称营业税）。包括土地税、未开发土地税、生活垃圾税，由市政当局负责征收。CEL（contribution économique locale 地方经济贡献）包括两个部分：基于公司营业额的部分和基于用于房屋租赁贡献值。基于营业额的部分于每年 4 月 30 日之前完成申报，需与财务报表同时提交。基于房屋租赁的部分，改革后的税率为 15%，于每年 1 月 31 日前申报。

（二）税务查账追溯期

因税务机关的责任，致使纳税人、扣缴义务人未缴或者少缴税款的，税务机关在四年内可以要求纳税人、扣缴义务人补缴税款，迟缴税款会有罚金，罚金金额根据纳税人的信用好坏程度会有所不同。

因纳税人、扣缴义务人计算错误等失误，未缴或者少缴税款的，纳税人应缴纳被遗漏或逃避的税款。直接税、间接税和地方税根据纳税人的信用好坏程度有不同的追溯时效期，追溯时效期过后不能确认补缴责任的则解除补缴责任。

（三）税务争议解决机制

发生税务争议时，纳税人都可以通过三个阶段寻求分歧时候的解决方案：

当税务局向纳税人发出缴税通知时，如果纳税人对税务局有异议，可以书面通知税务局，税务局会给纳税人一段时间来结清税款或提出申诉。

经过申诉，如果仍存在分歧，纳税人可以向隶属于税务和行政总局的司法部提出仲裁。司法部会对有争议的税项进行法律审查，并作出裁决。

若争议仍然存在，纳税人可以向法院提起诉讼，并将争议情况书面报告经济、财政和计划部长，使其了解争议主题，并提供支持纳税人论点的所有证据。经济、财政和计划部长的决议是解决争端的最后决定。

在申诉、仲裁过程中，纳税人都可直接向法院提出上诉，但一般法院会要求纳税人缴纳等同于税务争议金额的保证金，以便在税务诉讼期间暂缓对纳税人的税务执行。

三、主要税种介绍

塞内加尔建立了以关税、所得税、增值税等为核心的税收体系，全国实行统一税收和属地税收制度。

税收种类分为直接税（个人所得税、企业所得税、预提税等）、间接税（增值税、消费税等）、注册税等三部分。

（一）企业所得税

1. 征税原则

塞内加尔企业所得税也称为公司税（IS）。根据法律规定，所有设在塞内加尔的企业，除非有免税或亏损的情况，都应缴纳企业所得税。

按照塞内加尔新税法的规定，在有来源于塞内加尔所得的居民企业和非居民企业应当缴纳企业所得税，包括股份有限公司、有限责任公司等企业和其他法人。如果公司为个人经营的，可以在缴纳企业所得税和个人所得税之间进行选择。

企业所得税的计算应扣除不征税收入、免税收入和由税务局认定的成本费用。企业所得税亏损弥补年限为三年。

2. 税率

企业所得税的税率为利润总额的30%，按年申报及缴纳，当企业出现亏损时，仅需缴纳最低定额税。

外国公司在塞内加尔设立分支机构的，仅需缴纳10%的预提所得税。

亏损企业需按全年营业额的0.5%缴纳最低定额税（IMF），最低定额税的缴纳对象为其他股份有限公司（SA）和有限责任公司（SARL），纳税金额为营业额的0.5%，但总额为50万~500万西非法郎。

3. 税收优惠

塞内加尔鼓励企业投资和出口，《投资法》规定投资者获准在塞内加尔投资促进局注册，投资规模在1亿西非法郎以上的生产制造业、加工业、矿产开采加工业、旅游业、酒店业、文化产业、综合商业区、工业园、港口、航空、铁路基础设施及投资规模在1500万西非法郎以上，从事农业、渔业、养殖业、仓储、包装、本地蔬菜、肉食品及农产品加工、社会产业等企业，将享受以下税收抵免优惠：五年内，40%的投资额可以获得所得税减免，但该减免额不得超过应缴纳盈利税总额的50%；若企业位于达喀尔外，不得超过应缴盈利税总额的70%；扩建项目可减免25%企业所得税，最高不超过投资的40%，期限五年。

4. 所得额的确定

按照新税法的规定，企业应纳税所得额为每一纳税年度的收入总额扣除不征税收入、免税收入、允许税前扣除的纳税调整项后的余额。企业应纳税所得额的计算，以权责发生制为原则，属于当期的收入和费用，不论款项是否收付，均作为当期的收入和费用。企业发生的商业性质的捐赠、馈赠不能税前扣除，但对符合条件的捐赠给塞内加尔境内的社会福利及政府机构的不超过营业额0.5%（不含0.5%）以内部分可以税前扣除；娱乐、猎、娱、运动、观光等支出不能税前扣除；因违法、违规的各种罚款不能税前扣除；对企业管理层支付明显不合理的薪酬视为不予税前扣除。

亏损弥补年限。纳税人某一纳税年度发生亏损，准予用以后年度的应纳税所得弥补，一年弥补不足的，可以逐年连续弥补，弥补期最长不得超过两年，两年内不论是盈利或亏损，都作为实际弥补年限计算。

5. 反避税规则

（1）关联交易。企业与关联方之间的收入性和资本性交易均需遵守独立交易原则。年营业额或资产超过4910亿法郎的企业需要在每年12月31日前提交上一财年的国别报告。

（2）转让定价。塞内加尔年营业额或资产超过50亿西非法郎的企业需要准备转让定价文档以备税务稽查，并在每年4月30日前提交。

（3）资本弱化。企业支付给关联方的利息支出可以税前扣除，但需要提供相关的关联企业之间的资金贷款协议和外汇收款证明。关于资本弱化，如果是累计的损失，则金额不得超过股权的一半，否则公司需重组。

6. 征管与合规性要求

企业所得税采用预付制度，企业所得税分三次缴纳，第一次和第二次分别于2月15日和4月30日前，每次缴纳金额按往年会计年度利润基础应缴企业所得税的1/3，第三次于6月15日前，根据4月30日上报的上一会计年度利润计算应缴税额，减去前两次预缴税款进行调整。

缴纳最低定额税的纳税企业在申报年度应纳税利润表时，须附上缴纳第一笔预付税收据的复印件。如企业缴税后连续两年内为亏损，可以申请退税。

逾期缴纳所得税会缴纳不同程度的逾期罚金。对未按期申报、未申报及逃税的企业，将按照缴纳税款的5%缴纳罚息，并按每月0.5%缴纳滞纳金。

7. 预提所得税

涉及股息、利息、特许权使用等动产收入，需缴纳预提所得税。如果境外公司在塞内加尔注册有NINEA（企业代码）号码，则无须支付预提所得税。

表1-2-1 预提所得税税率表

类型	税率
股票、公司股份收益	10%
债券收益	13%
五年期塞内加尔发行的债券	6%
彩票	15%
其他动产投资收益	16%
专利权使用费	25%

表1-2-2 税收协定预提税税率表

类型	股息	特许权使用费
非缔约国	10%	20%
缔约国		
西共体	10%	15%

（二）增值税

1. 征税原则

增值税属于针对企业销售额征收的一种间接税，是塞内加尔国家主要财政收入来源。增值税的征收范围为除《劳动法》规定的农业和雇佣活动外，一切纳税人从事的有偿业务活动，具体包括：财产的交付、物权的转移、提供服务、货物进口。增值税征收对象为所有从事独立经济活动的个人或法人。

2. 计税方式

主要计税方式分为两种，采用包税制的个人或机构采用简易征收管理，其他企业采用一般计税，其中大型企业联合会下属的大型企业需开具有纳税人识别号的增值税发票。

3. 税率

增值税税率为 18%。经批准的酒店及餐饮服务营业机构增值税率为 10%，旅游活动适用税率 10%，金融业务（主要为银行业、转账汇款等）适用税率 17%。

4. 增值税免税

塞内加尔鼓励企业投资和出口，《投资法》规定投资者获准在塞内加尔投资促进局注册，投资规模在 1 亿西非法郎以上的生产制造业、加工业、矿产开采加工业、旅游业、酒店业、文化产业、综合商业区、工业园、港口、航空、铁路基础设施及投资规模在 1500 万西非法郎以上，从事农业、渔业、养殖业、仓储、包装、本地蔬菜、肉食品及农产品加工、社会产业等企业，将享受以下税收抵免优惠：在项目投资期，企业进口的建设材料或当地采购的建设材料可获得三年增值税减免的优惠待遇。农业领域项目进口材料享有三年的增值税减免。

5. 销项税额

根据塞内加尔增值税法的相关规定，增值税销项税额的计算是以销售货物或提供劳务的价款为基础确定的，但不包括按规定缴纳的现金税。涉及折扣的，应当在发票相应位置标明是税前的折扣还是税后的折扣。

6. 进项税额抵扣

塞内加尔政府对扣减增值税有严格审查，在其供货商或服务商发票上必须列明增值税金额；如为货物进口，则需提供海关文件，以确定其为货物的最终真实所有者。纳税人在申报增值税时，需附上清单文件，列明供货商税号、名称、地址、货物性质、购买价格、发票增值税金额、可抵扣增值税金额。

7. 征收方式

增值税按进销项相抵后的余额缴纳，增值税进项税额应在产生的当月开始进行抵扣，留抵税额可以顺延，留抵期限为两年。留抵税额，企业也可以选择申请增值税退税。

8. 征管与合规性要求

增值税按月申报，截止日期为每月 20 日之前。逾期申报、未申报以及逃税将被处以应纳税金额 5% 的罚息。

9. 增值税附加税

无。

（三）基本工资税（TRIMF）和个人所得税（IR）

1. 征税原则

个人所得税和基本工资税在塞内加尔是捆绑在一起的，两者是同时计算和缴纳的。个人所得税和基本工资税纳税对象为居住在塞内加尔或从塞内加尔取得收入的个人。税务居民身份为塞内加尔的个人，不论国籍和收入来源是否为塞内加尔，都应缴纳所得税；个人税务地址不在塞内加尔的，对从塞内加尔取得的收入征收所得税。

税务居民身份判定条件为：

（1）在塞内加尔拥有永久住所或较长居住时间场所的个人。

（2）在塞内加尔从事某项工作的人，不论其是否在当地领取薪水，除非证明在当地工作为其他工作的附属部分。

（3）在塞内加尔拥有经济利益的个人。

（4）塞内加尔为其休假前工作所在国，而纳税年度 1 月 1 日在境外休假的个人。

（5）未在派驻国纳税的国家公务员。

个税免征额：月收入不超过 75000 西法的，免征个人所得税；

基本工资税免征额：月收入不超过 50000 西法的，免征基本工资税。

2. 申报主体

以个人为单位进行申报，申报的时候参照收入水平、家庭情况（SM）、婚姻状况、子女数量、工作份数及职业等级（CCP），或由所在企业或者政府机构代扣代缴，并于每月 15 日前申报缴纳。

3. 应纳税所得额

根据塞内加尔个人所得税法的规定对个人下列收入征收个人所得税：财产收入；工业、商业及手工艺收入；工资薪金及各种补贴（交通补贴、出勤津贴、岗位津贴、技能津贴和工龄津贴为免税补贴）；非商业性收入；动产收入；资本性收入；农业收入。

4. 扣除与减免

未达到个人所得税和基本工资税起征点和外交人员免征个人所得税和基本工资税。

基于纳税人所持份额的缴税金额应有关于家庭花销的减免，但是总税额不得超过可征收税额的40%。

5. 个人所得税税率

表1-2-3 个人所得税税率表

单位：西非法郎

份额	税率	最低金额	最高金额
1	0%	0	0
1.5	10%	100000	300000
2	15%	200000	650000
2.5	20%	300000	1100000
3	25%	400000	1650000
3.5	30%	500000	2030000
4	35%	600000	2490000
4.5	40%	700000	2755000
5	45%	800000	3180000

6. 征管与合规性要求

个人所得税与基本工资税按月申报，截止日期为每月15日之前。自2018年始，开始进行网上申报。惩罚逾期申报、未申报以及逃税的除了要补交应交税款外，还将被处以50%的罚息。

（四）关税

1. 关税体系和构成

塞内加尔物资设备进口需要缴纳增值税和关税等。在塞内加尔海关确认进口物资关税时，是以报关单位提供的形式发票货物金额为计算关税依据，通常情况下，税务局认定物资设备成本或原值时，也以报关单所列物资设备的价值为成本计算基数。

另外还有共同体税（需为到港货物缴纳其到港价的2.9%），此外，之后每年都需为货物缴纳其每年折旧部分的2.4%（0.5%的船主税除外）。

特别进口关税（TauxConjoncturelle à l'Importation，简称TCI），为保护当地农产品生产和加工，对进口糖、奶、果汁、面粉和西红柿罐头加征特别进口关税。西非经济货币联盟对上述商品规定了基准价格，如低于进口价格基准价格，将按基准价格的10%征税。

表1-2-4　西非经济货币联盟对部分商品的规定价格表

单位：西非法郎/吨

项目	糖	奶	果汁	面粉	西红柿罐头
基准价格	325000	500000	201400	500000	964000

附件费。塞内加尔对进口洋葱、香烟、土豆、香蕉、小米和黄豆等产品加收一定的"临时"附加费，费用比例在10%~20%。进口牛肉、羊肉和家禽肉类的，每公斤加收100西非法郎，猪肉每公斤加收50西非法郎。对进口布料加征1%的关税。

消费税。进口产品需要缴纳消费税的有经济型香烟（40%）、精装香烟和酒（45%）、碳酸饮料（2.75%）、香水和化妆品（10%）、咖啡和茶（3.8%）、可可豆（30%）、精炼食用油（15%）、黄油和乳制品（12%）、排量超过一定标准的车辆（10%）等。

2. 税率

进口商品关税以CIF价为基础分为四类，税率分别为0%、5%、10%及20%。综合考虑海关印花税（1%），增值税（18%），西非国家经济共同体税（0.5%）等其他税目，四类商品最终税率对应为0%、26.98%、32.88%、44.68%。

3. 关税免税

实行零关税的商品主要有药品、医疗设备、科技文化产品、计算机和数据处理设备等。来自西非经济和货币联盟成员国生产的产品和工艺品，免缴关税。经西非经济和货币联盟委员会批准，成员国企业生产的一些工业品也可以获得关税减免待遇。

4. 设备出售、报废及再出口的规定

企业向项目所在地海关监管机构申请鉴定所需出售的车辆、机械和设备，由监管机构鉴定残值后出具书面文件；按残值补缴全额关税并取得结关单后可出售。免税到期后，如果没有后续免税项目，需按鉴定残值补缴关税，企业可自行处理设备；如果转入其他免税项目，需要办理转移登记手续；如果项目结束后设备转场到其他国家，需取得海关监督管理机构的同意，按照核定的残值缴纳 1% 的出口税。全额关税进口设备，企业可以自行报废；对海关税收优惠进口设备的报废必须通过海关监督管理机构认定残值，补齐相应关税后进行报废，同时申请海关管理机构进行销关。

（五）企业须缴纳的其他税种

营业税。营业税征收对象为任何从事商业或盈利活动的人。税基和税率。营业税由固定税和比例税两部分构成。一般商业领域按营业额分为五个不同等级，固定税额最高缴纳 80 万西非法郎。如果纳税人在同一座建筑物内从事不同领域的经营活动，固定税按其最高金额征收；如纳税人有多处经营场所，则每个经营场所按所从事的行业缴纳固定税。对于比例税，其征税基数为企业开展经营活动所用的处所的价值，按处所价值 18% 征税。对一些特殊行业，税法详细规定了固定税额和商用处所税率，分别按 5000~25000 西非法郎的固定税款和 1%~10% 不同税率。企业每年 1 月 31 日之前向税务局申报上一年度的营业税，并于 5 月 30 日前支付。

雇主定额税（雇主包干税）。雇主定额税以企业支付的工资、奖金、实物补助、休假等总额为税基，税率为 3%，每月 15 日前按月申报及缴纳。

注册登记税。注册登记税是针对法律文书、法律行为征收的税种。注册税有固定税和比例税两种。低于 1000 西法不在征收范围内。

固定税有 5000 西法，25000 西法和 50 万西法不等；比例税有 10%，5%，3%，2%，1% 不等。例如常见的租房合同，有固定合同期限的租房合同注册税为租金的 2%，无固定租房合同期限的租房合同注册税为租金的 10%；公共合同的注册税为合同额的 1%。

许可税。许可税的征收主要用于地方行政机构，征收对象为所有从事酒精或发酵饮料的批发、零售、原地消费和外卖的个人或公司。企业应在收到税务局税单后 2 个月内缴纳许可税。如未按时缴纳,有关部门有权进行查封。

金融业务税。金融业务税征收对象为所有通过金融业务取得的收入,主要为借贷、透支、开立承诺函、转账等产生的佣金和利息,但邮政汇票除外。纳税对象为在塞内加尔成立的银行或金融机构、从事金融中介的个人或自然人、从事转账的个人或自然人、货币兑换人。

纳税基数为利息、银行手续费、佣金及其他报酬。纳税税率为 17%,但向出口贸易提供融资产生的利息、佣金和费用,只按 7% 的税率进行征收。

印花税。印花税征收对象为所有民事和司法文书的页面,具体见表 1-2-5:

表 1-2-5　印花税征收表

类型	税金	备注
现金支票印花税	250000 西法 / 张	
海运提单	25000 西法 / 张	四份海运提单交一份印花税
司法仲裁文书	5000~20000 西法	
商业用途文件	1000 西法 / 页	
收据	票面金额 1%	20000 西法以上金额收据征收

其他间接税。征收对象为从事酒精或发酵饮料的批发、零售的公司。白酒及酒精饮品税率为 40%,此外按酒精度加收一个税种——酒精在 6~15 度之间的每升 800 西法,超过 15 度的每升 3000 西法,其他饮料税率为 3%。

房产税。征收对象为从事土地房屋买卖的法人或自然人。税率为所购置土地、房屋总值的 2%。

车辆购置税。征收对象为购置车辆的法人或自然人。小于等于 4CV(马力)的车每年 50000 西非法郎,5~11CV 的车每年 100000 西非法郎,大于 11CV 的车每年 200000 西非法郎。

(六)社会保险金

1. 征税原则

(1)社保基金。雇主须为雇员缴纳社会保险,该保险分为家庭补助及工作事故保险；家庭补助部分，雇主须为其雇员缴纳其月工资总额的 7%，封顶金额为 63000 西非法郎；工作事故保险部分，雇主须为其雇员缴纳其月工资总额的 3%，封顶金额为 63000 西非法郎。养老金预存制，雇主须为雇员缴纳养老保险，税率为雇员月工资总额的 20%（8.4%+5.6%+3.6%+2.4%）。其中通行制度部分，雇主为雇员缴纳其月工资总额的 8.4%，雇员个人缴纳 5.6%，封顶金额为 256000 西非法郎；干部制度部分，雇主为雇员缴纳其月工资总额的 3.6%，雇员个人缴纳 2.4%，封顶金额为 738000 西非法郎。

表1-2-6　养老金缴纳比例承担表

单位：西非法郎

项目	雇主部分	个人部分	合计	每月上限
家庭补助	7%	—	7%	63000
工作事故 /专业疾病	1%、3% 或 5%（根据风险而定）	—	1%/3%/5%	63000
养老保险	8.4%	5.6%	14%	256000
干部制度额外部分	3.6%	2.4%	6%	768000
疾病	2%~7.5%	2%~7.5%	4%~15%	250000

2. 外国人缴纳社保规定

外籍人员在塞内加尔工作，如果与当地公司签订劳务合同，则需要在当地缴纳社保。没有与当地公司签订劳务合同，则不需要在当地缴纳社保。

第三节　外汇政策

一、基本情况

1998 年 12 月 20 日，西非经济货币联盟颁布了新《外汇管理条例》（编号 R90/98/CM/UEMOA)。塞内加尔以此条例为外汇管理依据。塞内加尔为西非经济货币联盟成员国，当地货币为西非法郎（简称西法）。西非中央银行负责发行货币并制定货币政策。西非经货联盟成员国需将 50% 的外汇储备存放于法国国库，法国为其担保，确保西法与欧元实行固定汇率制度，1 欧元兑换 655.957 西法。

塞内加尔实行外汇管制，除西非中央银行授权外，常驻塞内加尔的法人和自然人不得在塞内加尔境内的银行持有或者开立除西非法郎外的外币账户。外资企业在塞内加尔开立的外币账户有效期最长两年（到期可申请延长），并不得接受以下方式转账或注资：所有西非中央银行发行的货币的现金存款；所有合法常驻塞内加尔的外国侨民开出的支票；所有来自常驻塞内加尔外国侨民的本地账户的转账（除非该次转账有合法的证明文件，该证明文件与向国外转账的证明文件相同：外币兑换授权、询盘电文、形式发票或者商业发票、进口许可证等）。

对于汇入塞内加尔境内的外汇，只要能依据相关规定证明其合法来源，并无限制。任何在塞内加尔合法居留的外国人或自然人都可以在塞内加尔当地有资质的银行开立账户。开立账户需要出具：护照、居留证（有效期内）、工作证（对自然人）、商业注册证明（对法人）、登报声明（对法人）、公司章程、开户申请表、居住证明（如房产证或水电费收据）、签字样本、登记照。

在塞内加尔商业银行开立美元账户流程：向开户银行提交外汇账户开户申请，指明外汇来源和用途；提交后，该银行向西非中央银行报批。公司需提供注册相关文件等，还需获得财政部审批。

二、居民及非居民企业经常项目外汇管理规定

（一）货物贸易外汇管理

塞内加尔外汇业务需外汇管理局许可，从塞内加尔汇出外汇管制较严，手续繁琐，成本较高，需向银行提供以下材料：外币兑换权、询盘电文、形式发票或商业发票、进口许可证等；西非中央银行收取汇款的 0.6% 作为手续费，汇出银行也收取一定佣金，总共需交汇款金额的 1.2%~2%；对于汇入塞内加尔境内的外汇，只要能依据相关规定证明其合法来源，并无

限制。

（二）服务贸易外汇管理

服务贸易的盈利汇出也需要向银行提供相应的资料，报外汇管理局审批同意后方可汇出。

（三）跨境债权债务外汇规定

在购汇时需要提供：双方签署的借款协议，还款时间表，收款证明材料；如提前还款，需借款人书面同意。如总计金额超过等值1亿非郎必须获得货币及信贷管理局的批文。

（四）外币现钞相关管理规定

根据银行的规模不同，由银行内部管理需要自主出具相关管理办法。如在规模较大的银行取款额度超过3000万西非法郎，需要提前和银行预约等。

三、居民企业和非居民企业资本项目外汇管理

目前涉及资本项下的外汇在投资条款中明确可以自由汇出，汇款时，银行根据外汇管理局要求提供投资合同和相关证明文件办理支付。

塞内加尔大型企业主要为外资控股企业，跨境对外投资比例较少。涉及在塞企业对外投资，需要签订投资协议，明确被投资企业的股权比率、公司成立决议或增资决议，公司业务性质等解释文件。向境外国家投资时，外汇可以自由汇出。但汇款时必须向银行提供证明文件，包括发票、外汇批准等。对外投资时不存在金额限制。

根据塞内加尔法律规定，目前不允许除外交官外的企业或个人开立外汇账户。开立外汇账户需要得到经济、财政和计划部批准，审批周期视具体情况而定。

四、个人外汇管理规定

外国人携带现金进入塞内加尔，如携带数额较大，入境时需向塞内加尔海关申报，妥存申报单，以便出境时备查。如未申报，只能携带不超过4000美元的外汇出境。

第四节　会计政策

一、财务核算制度

（一）财税监管机构情况

在塞内加尔注册的企业如果有经济业务发生，均需按照非洲统一商法（SYSCOHADA）中的《会计统一法》体系要求建立会计制度进行会计核算。税务局为财政部下设机构，税务局根据企业规模大小进行分类，由下属部门大型企业联合管理中心和中型企业联合管理中心对企业进行监管，各企业需要按照统一格式上报会计和税务资料。

（二）事务所审计

塞内加尔凡是具有 NINEA 号码的企业都需要经过税务局的审计，企业可以选择是否需要会计师事务所进行审计。

（三）对外报送内容及要求

会计报告中主要包含以下内容：①企业基本信息：行业分类、经营范围、股东情况、公司地址、银行账户信息、税务登记号等；②企业经营情况表，资产负债表、利润表；③披露信息，费用类、资产类、营业额、权益变动、期末固定资产台账、期末雇员人数表；④关联交易中，采购定价相关的证明材料及交易申明。

上报时间要求：会计报告须按公历年度编制，于次年的 4 月 30 日前完成。

二、财务会计准则基本情况

（一）适用的当地准则名称与财务报告编制基础

塞内加尔属于西非经济货币联盟（UEMOA），也是非洲商业法协调组织（OHADA）的成员国之一，该组织于 2001 年颁布并实行了自己的会计制度名为 SYSCOHADA，此制度是建立在西非会计制度的基础之上，并延续至今。

西非会计制度 SYSCOHADA 适用于除金融、保险的任何行业和企业。对于如银行、保险有以一般会计学为基础，并加入了一些行业特殊性的行业会计准则。SYSCOHADA 负责除银行业、保险业外的所有行业的会计制度，银行业适用西非国家中央银行（BCEAO）颁布的 PCB（Plan ComptableBancaire–Banking Chart of Accounts）制度，保险业则参照非洲保险市场会议组织（Conférenceinterafricaine du marché des assurances CIMA）的规定执行。塞内加尔本国的政府会计制度和事业单位会计制度则由国家特许会计师事务所和注册会计师事务所 ONECCA（Ordre National des Experts Comptables et ComptablesAgrées–Board of Certified Accountants）负责管理。

塞内加尔的企业按照《商业公司与经济利益团体统一法案》（下称《统一法案》）体系下的会计系统（Systèmecomptable OHADA，简称 SYSCOHADA，下称会计系统）进行经济业务的会计处理和财务会计报告编制。2013 年，西非经济货币联盟的成员国决定对西非会计制度进行一些修改，以便更加趋同于国际会计准则。西非国家（包括塞内加尔）自 2018 年起，首先从上市公司开始部分采用国际会计准则的规定提供相应的财务报表。

会计系统规定了会计处理的具体核算方法，包括账户分类（共 9 类，各账户以数字编号）及其核算内容，同时也规定了借贷记账规则。《会计统一法》是会计处理的法定要求，于 2001 年 1 月 1 日开始实施，规范企业会计处理的原则。

总体来说，塞内加尔的会计与税法联系紧密（这点与法国类似），财务报表与纳税申报只有很少的内容需要纳税调整，其会计系统以规则导向为主，无完整的会计准则体系，实务处理时可以援引一些会计惯例，但纳税申报是以税务局核准的会计报表为依据，财务会计更多的是考虑税法的规定，与税务会计趋于一致。

（二）会计准则适用范围

所有在塞内加尔注册企业均需要按照会计准则进行会计核算并编制报表。实际操作中，划归中型、大型企业管理局所涉及的企业会计工作更加规范。

三、会计制度基本规范

（一）会计年度

SYSCOHADA《会计统一法》规定，企业财政年度采用日历年制，自 1 月 1 日起至 12 月 31 日为止。财政年度的持续时间可以例外，小于或大于 12 个月：如果第一个财政年度是从日历年上半年开始，时间可以小于 12 个月；如果第一个财政年度是从日历年下半年期间开始，时间可以大于 12 个月。财政年度的持续时间将模仿停业情况下清算活动的持续时间，且无论是出于何种原因停业的。因此，清算活动的持续时间只算作一个财政年度，但需要编制临时年度报表。财务报表最迟在财政年度结算后 4 个月内批准，原则上也就是说最迟在下一年的 4 月 30 日。每次递交财务报表，应注明批准日期。

（二）记账本位币

《会计统一法》第 17 条规定，企业会计系统必须采用所在国的官方语言和法定货币单位，塞内加尔采用西非法郎为记账本位币，简称为 FCFA，俗称西非法郎或西非郎、西法。

（三）记账基础和计量属性

《会计统一法》第 17 条规定以权责发生制为记账基础，复式记账为记账方法，第 35 条规定以历史成本基础计量属性。

历史成本的计量属性也被称为货币单位的标准化原则或稳定性原则。该原则实际涵盖两个补充概念，即货币估价概念和历史成本概念。第一个概念来自将会计事实用可替换货币单位表示的一般约定，即 FCFA，且不考虑货币一般购买力或价格比值的变动。

第二个概念与经营连续性原则有关，需要区分商品价值和商品成本，价值偏于商品的转让或清算，而成本只涉及商品的购置或生产。

因此，企业购买的商品或广义上说的任何交易，应记录在册，且一旦确定不可更改。以企业实际承担的购买成本或生产成本记录，用法定货币单位表示。

一般来说，根据上述原则，财务报表无须反映出企业资产现值或净值。然而，作为历史成本法原则的特例，企业可以被允许以账户重估的名义调整价值。

《会计统一法》规定：会计计量假设条件，其一般原则有：谨慎、公允、透明（第 6 条）、会计分期（第 7 条）、持续经营（第 39 条）、真实性、一贯性、可比性（第 8 条）、清晰性（第 9 条）。

四、主要会计要素核算要求及重点关注的会计核算

（一）现金及现金等价物

会计科目第 5 类记录现金、银行存款及现金等价物。会计科目（56）核算现金，会计科目（55）核算银行存款。

资产负债表（BILAN）中列示的现金是指库存现金及可随时用于支付的银行存款，现金等价物是指持有的期限短（从购买日 3 个月以内到期）、流动性强、易于转换为已知金额现金及价值变动风险很小的投资。主要涉及资产有现金、银行存款。

（二）应收款项

会计账户第 4 类记录应收账款和相关账户，属于与债权和债务相关的第三方账户。与第三方有关的账户，只要用于登记债务债权相关融资方式（应付票据、应收票据），或与财政年度有关的未来债务债权（应付费用、应收账款），都集中在 4 类账户。

应收款项（应收账款和相关账户）是指企业向第三方销售其经营活动产生的商品和服务。因此，应收账款账户登记的是参与企业经营周期的这些商品和服务的销售债权。从客户那里收取的预付款和部分付款计入负债类相应账户 4194 应收账款。

（三）存货

库存账户属于 3 类账户，其中库存是指参与企业经营周期的全部商品或服务。它们用于：按原状售出，或者在未来生产或当前生产过程结束后售出；一般在初次使用时消损耗。库存包括：货物、必需品（原材料和供货，耗材和供货）和产品（中间产品、成品和残留产品）。

存货出库的核算方法：在 SYSCOHADA《会计统一法》下，存货出库有两种核算方法有两种：先进先出法和平均法（移动平均或加权平均）。企业应根据存货的性质和使用特点选择适合的方法进行存货的出库核算。

存货贬值构成企业费用，存货跌价准备计入"库存准备金费用"科目。

（四）长期股权投资

资产负债表账户中的 2 类账户是固定资产账户，其中（26）权益性证券科目与我国的长期股权投资核算内容较为一致。长期股权投资是投资企业为了与被投资企业建立长期关系或为了自身的经营和发展而持有的被投资企业权益 10% 以上的投资。

会计科目（26）长期股权投资下设四个明细科目，分别核算控制、共同控制、重大影响、其他四种情况的投资。按会计法规的解释：控制是直接或直接持有被投资单位 40% 以上的表决权，且没有其他持有者通过直接或间接持有被投资单位超过 40%；共同控制是由有限的股东共同持有被投资单位的股权，共同决定被投资企业的决策；当直接或间接持有被投资单位有表决权股权的 20% 以上时，视为有重大影响。初始计量按投资成本计量确认，期末计量按《会计统一法》第 43 条以成本与可变现净值孰低法确认期末价值；处置长期股权投资时，其成本通过账户 81——处置非流动资产的账面价值结转。不属于长期股权投资的其他投资通过账户 50——短期投资核算。

（五）固定资产

SYSCOHADA《会计统一法》将固定资产定义为长期保留在企业内部的财产或价值。它们不会在初次使用时被消耗完。一般使用寿命超过一年。

SYSCOHADA《会计统一法》将固定资产分为四类，另外还加上固定资产预付款项目：无形固定资产（无形资产）、有形固定资产（固定资产）、金融性固定资产（权益性证券、其他长期证券、契约性贷款和类似于贷款的非商业性债权）和 HAO 固定资产。

有形固定资产：（1）企业为了用于生产商品和 / 或服务、租给第三方或做行政用途而持有的资产要素；（2）为了做长期用途而购置或建立的资产要素；（3）不会在企业正常经营周期中被销售的资产要素，例如展示车辆、设备租赁。

金融性固定资产：这些资产由权益性证券、其他长期证券、契约性贷款和类似于贷款的非商业性债权。

HAO 固定资产：不参与生产过程的非生产性固定资产，被视为 HAO 固定资产（例如对企业经营目的的有用的土地、楼房、与经济活动无关的艺术品、废弃生产线相关设备等）。

区别固定资产和流动资产的标准如下：

指定任务或用途；

留在企业内部的时间；

资产流动性。

账户设置：

2 类账户固定资产账户主要包括：20——固定资产费用；21——无形固定资产；22——土地；23——楼房、技术设施和布置；24——设备；25——固定资产预付款和定金；26——权益性证券；27——其他金融性固定资产；28——折旧；29——贬值准备。

固定资产（有形固定资产）账户登记的是有形事物的物权（所有权、虚有权、用益权、长期租赁期约、建筑物租约、地役权）、融资租赁合同和供应部门的独家经销合同。遵循实质重于形式的原则（租赁信贷、带产权保留的销售等）。包括：土地，房屋、技术设施和布置，设备和工具（含农业设备、动产、牲畜、在建设备），固定资产预付款和定金。

根据会计制度中的规定，固定资产按照不同的种类适用于不同的折旧年限。

土地：不属于折旧范围；

建筑物：20 年；

技术设施：3~5 年；

设备：3~5 年。

同时符合下列情况的设备可按照加速折旧法计提折旧，折旧率为 40%：购买时为全新转台，价值高于 4000 万西非法郎；三年以上仍然可以使用；用于制造、加工、运输和装卸业经营。

（六）无形资产

无形资产即 SYSCOHADA《会计统一法》中的无形固定资产，是指有形固定资产以外的固定资产。应长期服务于企业活动，可产生未来收益。它们根据自身组成要素的性质和供企业使用的用途分类。包括：研发费，特许权和特许经营，软件，专利、许可、类似权利和商标，商业资产和租赁权，创作投资，在建无形固定资产。

无形资产以其真实成本记账。记账条件与其他固定资产相同。从企业经营活动诞生出来的无需自身付费的固定资产，应记录备忘。

无形资产中可摊销的部分包括关于专利、许可、商标、工艺、模型、图纸、特许权、特许经营和研发的费用，摊销期限如下：

发明专利的折旧期即其实际使用期：如果发明专利用于公共领域，折旧期即法定保护期（专利为20年，实用证书为6年），如果它们的使用期更短，折旧期也就更短；

许可的折旧期即相应权利的经营垄断期：如果实际使用期可以确定，制造商标就可以折旧；

特许权和特许经营的占用费以及工艺，折旧期即初始合同的使用期限；

无形资产中不可摊销的部分（商业资产、租赁权等）在会计上仅记录企业取得的商业资产，被创出来的商业资产不记账。

（七）职工薪酬

会计系统的第4大类账户的第2类账户（编号42）核算职工薪酬，包括所有在企业领取工资的人员，职工薪酬的核算需要结合个人所得税和社会保险基金的计算综合考虑。对于建筑工程行业采用BTP惯例（类似于《劳动法》，规定企业必须给工人年假、年终奖、医疗报销等规定）。

（八）收入

SYSCOHADA《会计统一法》的第7大类账户的70账户（编号为70）核算企业日常经营活动中取得的收入，核算企业对第三方销售货物、提供服务或劳务取得的经济权利。对于销售商品、提供劳务应按照全额确认（不包括销售代收的税金和在发票上注明的折扣，但现金折扣（Escomptes accordés）例外）。《税法通则》第1卷116条规定了日常经营活动中取得收入确认标准：当期经营活动中形成的、能基本确定金额且很可能流入企业的经济利益，企业必须确认为当期收入。对于房建和工程建筑企业，企业收入可以采用工程账单法。

在3类账户库存章节中，计量库存等的成本时涉及了跨年度合同，即跨年度合同涉及的有商品服务生产，或全体商品和/或服务的生产，且合同执行期限至少横跨两个财政年度。考虑到跨年度合同管理，跨年度合同相关交易损益，采用以下三种方法确定：

竣工法（只在竣工时核算收入）；

进度法（完工百分比法）；

财产清查部分利润法。

（九）政府补助

政府补助包括三类（前两类也包括第三方补助）：投资性补助和经营性补助及平衡性补贴。

投资性补助类似于中国《企业会计准则第 16 号——政府补助》中的与资产相关的政府补助，是企业取得的为了购置、建造长期资产或为了提供长期服务而取得的补助。会计账户 14 用于核算投资性补助收入。核算方法类似中国《企业会计准则第 16 号——政府补助》中的与资产相关的政府补助。取得时计入账户 14 和相关资产（账户第 2 类长期资产或第 4 类账户应收款项）；年末结转账户 14 中当年分配的收益部分至账户 865，计入本年收益；处置相关资产时将账户 14 尚未分配的余额计入账户 865。

会计账户 71 用于核算经营性补助收入，核算方法类似中国《企业会计准则第 16 号——政府补助》中的与收益相关的政府补助。经营性补助是由政府、公共机构或第三方为了弥补企业产品的售价或其经营费用而给予的补助，既不是捐赠也不是投资性补助。经营性补助分为进口产品补助、出口产品补助、平衡补助和其他经营补助。债权人放弃债务权利也视同经营性补助计入本科目，年末本科目结转至本年利润。

平衡性补贴是政府对企业特别事项的补贴，相当于营业外收入，直接通过账户 88 再计入本年利润。

（十）借款费用

借款费用是指企业因借款而发生的利息及其相关成本.借款费用包括借款利息、折价或者溢价的摊销、辅助费用以及因外币借款而发生的汇兑差额等。

（十一）外币业务

债权或贷款应按照发生日的汇率兑换成当地货币。如果出现货币大幅贬值的情况，实际无法弥补损失，其导致的汇兑差额会影响到用外币结算且与外币购买直接相关的负债。这些汇兑差额应包含在相关财产的账目价值。如果企业能够用外币结算或弥补该财产购买时产生的损失，汇兑差额不包含在财产的账目价值。

因此，用外币结算的财产的成本，近似于企业为结算与该财产最近购买直接相关的债务最终支付的金额，而且是用记账货币表示的金额。

期末资产负债表日（财政年度结束日），债权或贷款应按照账目结算日的汇率兑换成当地货币。

如果使用账目批准之日汇率会提高债权、贷款等账户的登记金额，汇兑差额应记入以下临时科目，带到之后的调整：

478 资产兑换差额（如果存在潜在损失）；

479 负债兑换差额（如果存在潜在增益）。

上述债权调整不会对损益产生任何影响。科目 478 和 479 不能替代相关债权或债务科目。这些科目应通过债权科目在财政年度初期结余。记入科目 479 的潜在增益不记入财政年度的收益账户。

考虑到财政年度期间解除的交易和 / 或汇率变动，应调整财政年度末汇兑损失的准备金。

附表应提供有关汇兑差额的所有信息。

汇兑损益发生在外币债权收款或支付之日。它们将于此日按初始价值确定。

财务报表列报时，以外币表示的货币性项目（资产负债表货币要素）如流动资金、债权和债务，应按照财产清查之时的汇率兑换。到期结算之时出现的汇兑差额，根据具体情况记入科目汇兑损失或科目 776 汇兑增益。

（十二）所得税

所得税采用应付税款法，即收付实现制，不区分时间性差异和永久性差异，不确认递延所得税资产和负债，当期所得税费用等于当期应交所得税。本期税前会计利润按照税法的规定调整为应纳税所得额（或由税务局核定的应纳税所得额），与现行税率的乘积就是当期在利润表中列示的所得税费用。账户 89 核算所得税，分为当期所得税费用和以前年度所得税费用调整，年末余额结转至本年利润。

五、其他

（一）借款

借款分为短期借款和长期借款。短期借款是指公司向银行或其他金融机构、结算中心等借入的期限在一年以下（含一年）的各种借款；长期借款是指公司向银行或其他金融机构、结算中心等借入的期限在一年以上（不含一年）的各项借款。

（二）企业合并

会计系统中没有单独企业合并准则，但会计系统第5章《合并财务报表》明确该体系接受两种国际标准：

国际会计准则理事会批准的标准，即IASC发布的IAS，其中IAS22企业合并已经被后来IASB发布的IFRS3取代，但由于会计法并没有修订，没有明确是否自动适用IFRS3。

欧洲标准（欧洲共同体理事会第7号指令），然而后来的欧盟也于2005年起上市公司执行IFRS。

因此该会计系统的企业合并处理与中国《企业会计准则第20号——企业合并》中非同一控制下企业合并类似。

第二章 沙特阿拉伯税收外汇会计政策

第一节 投资环境基本情况

一、国家简介

沙特阿拉伯王国（以下简称沙特或沙特阿拉伯）地处亚洲西部的阿拉伯半岛，国土面积约 225 万平方公里，是阿拉伯国家里仅次于阿尔及利亚的第二大国家。地势西高东低，东濒波斯湾，西临红海，同约旦、伊拉克、科威特、阿联酋、阿曼、也门等国接壤，并经法赫德国王大桥与巴林相接，海岸线长 2437 公里。西南高原和北方地区属亚热带地中海型气候，其他地区均属热带沙漠气候。夏季炎热干燥，最高气温可达 50℃以上；冬季气候温和。年平均降雨不超过 200 毫米。

沙特首都为利雅得，官方语言为阿拉伯语。沙特人口 3170 万（2016年），其中沙特公民约占 67%。伊斯兰教为国教，逊尼派占 85%，什叶派占 15%。沙特货币为里亚尔，采取紧盯美元的固定汇率政策，1 美元兑换 3.75 沙特里亚尔。

二、经济情况

沙特具有丰富的油气资源，素有"石油王国"之称，石油储量和剩余产能均居世界首位，其已探明原油储量为 2642 亿桶，占世界储量的 19%，原油日产能达 1250 万桶。石油产业为沙特贡献了 50% 的 GDP、70% 的财政收入、90% 的外贸收入。沙特天然气剩余可采储量 82000 亿立方米，占世界储量的 4.1%，居世界第四位，沙特每平方米每天接受的太阳能照射平均达到 2200 千瓦时，是全球接受太阳能辐射能量最多的国家。此外，沙特还有丰富的金、银、铜、铁、锡、铝磷酸盐等金属，以及其他非金属矿产资源。

沙特是中东最大的经济体和消费市场，伊斯兰教发源地。沙特是石油输出国组织（OPEC）的创始国和成员国，是世界贸易组织（WTO）、国际

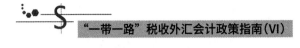

货币基金组织（IMF）、阿拉伯货币基金组织、伊斯兰发展银行、亚洲基础设施投资银行等国际性和地区性经济组织成员国，其在中东地区乃至世界范围内的政治、经济和宗教领域，发挥着举足轻重的作用。

沙特政治局势长期保持稳定，经济增幅较大，2016年沙特GDP总额为6883亿美元，同比增长1.01%。沙特金融机构发达，监管严格，财政税收政策也颇具竞争力。

近年来，沙特政府充分利用本国丰富的石油、天然气资源，积极引进国外的先进技术设备，大力发展钢铁、炼铝、水泥、海水淡化、电力工业、农业和服务业等非石油产业，依赖石油的单一经济结构有所改观。但近期国际油价低迷，导致沙特经济下行压力增大。为摆脱对石油产业高度依赖，推进多元化发展战略，沙特于2016年提出"2030愿景"和"2020国家转型规划"。

三、外国投资相关法律

沙特阿拉伯与外国投资相关的法律主要包括《外国投资法》《外国投资法实行条例》《公司法》《劳工法》《反商业欺诈法》《资本市场法》《商业注册法》《反洗钱法》《所得税法》《所得税实施条例》《增值税法》《增值税实施条例》《沙特商业代理规定及执行细则》。

（一）外商投资的商业形式

在沙特阿拉伯投资可以设立的公司形式有：有限责任公司，一人有限责任公司，股份公司，外国实体的分公司。

（二）劳务用工

外国人来沙特务工，必须经过沙特劳工部的批准，并获得其颁发的工作许可证；外籍工人必须与雇主签订书面合同，且受雇主担保；外籍工人必须持有有效居住证和工作签证；一名雇员只能受雇于其担保人，不得为他人工作；担保人不得让自己的雇员为他人工作，或者脱离担保人自行就业。

针对未持有有效居住证、工作签证和脱离担保人自行就业的非法外劳，沙特政府开展大规模遣返行动。

沙特为伊斯兰国家，切勿携带含酒精饮品或猪肉入境，一经发现物品没收销毁，携带者将遭拘捕、高额罚款、鞭刑等重罚。

第二节 税收政策

一、税法体系

（一）税务主管部门

沙特《所得税法》授权财政部负责沙特的税法实施并保障税款征收，财政部根据税法于 1951 年 5 月 14 日（伊斯兰历 1370 年 8 月 7 日）通过 394 号部长决议设立扎卡特与所得税局（DZIT），为沙特税务主管部门，直接向财政部部长报告。扎卡特与所得税局的主要职责为：依据伊斯兰教义对沙特籍纳税人征收扎卡特税，依据沙特税法对其他在沙特国内进行商业活动的非沙特籍纳税人征收企业所得税，同时扎卡特与所得税局还负责增值税、消费税、预提税等税种的征收管理，具体工作内容包括税种的管理、检查、评估及征收。

（二）税法体系

沙特税务体系以企业所得税（非海湾国家出资的公司或者个人，税率 20%）和扎卡特税（沙特本国或者海湾国家出资的企业，税率 25%）为主，增值税（税率 5%）、消费税（税率 50%~100%）、资本利得税（税率 20%）和关税（税率 5%）为辅。

沙特于 1950 年 11 月 2 日（伊斯兰历 1370 年 1 月 21 日）通过王室 3321 号法令颁布了《所得税法》，自 1950 年 10 月 13 日（伊斯兰历 1370 年 1 月 1 日）起实施。该法作为沙特国内最主要的税收法律，规定了所得税及天然气投资税的征纳义务及程序。

财政部根据该法令于 1951 年 5 月 13 日（伊斯兰历 1370 年 8 月 6 日）发布了 393 号部长决议，明确了关于扎卡特税的组织、评估及征收细则。扎卡特税根据伊斯兰教法征收，为沙特独有，征税对象包括所有沙特籍个人、股权为沙特籍公民持有的公司股东、沙特与外国合资公司中的沙特籍股东；计税依据为纳税人的所有资产及活动产生的收益、利润、股息和红利等一切收入；税率为纳税人应税财产的 25%。扎卡特税实质上讲属于所得税。

通过上述一系列王室法令及部长决议的颁布实施，沙特正式确定了对沙特籍居民征收扎卡特税，对非沙特籍居民征收所得税及天然气投资税的法律体系。居民企业和非居民企业都要缴纳扎卡特税以外的其他税种。

沙特《所得税法》（王室 3321 号令）是沙特关于所得税征收的统一法律，沙特实行单层税法，不区分企业所得税与个人所得税，该税法将企业利润、个人所得、股息及资本利得等收入都作为一般性所得统一课税。另外，沙特自 2018 年开征增值税。

（三）税收协定

1. 国际税收协定

沙特阿拉伯与以下国家签订避免双重征税的税收协定，包括：奥地利，白俄罗斯，孟加拉国，中国，捷克共和国，法国，希腊，印度，意大利，爱尔兰，日本，韩国，马来西亚，马耳他，荷兰，巴基斯坦，波兰，罗马尼亚，俄罗斯，新加坡，南非，西班牙，叙利亚，突尼斯，乌克兰，英国，卢森堡、乌兹别克斯坦和越南。这些协定目前均已生效。

沙特《所得税法》对税收协定与税法效力做出了专门说明，在税法与税收协定相冲突的情况下，税收协定效力应高于税法，除非涉及反避税程序的条款。

2. 中沙税收协定

《中华人民共和国政府和沙特阿拉伯王国政府关于对所得和财产避免双重征税和防止偷漏税的协定》（以下简称《协定》）于 2006 年 1 月 23 日正式签署，于 2006 年 9 月 1 日起生效，自 2007 年 1 月 1 日起执行。《协定》在中国的适用税种为个人所得税以及外商投资企业和外国企业所得税，在沙特适用的税种为企业所得税、天然气投资税。

中沙税收协定适用于由缔约国一方或其地方当局对跨境所得征收的所有税收，不论其征收方式如何。

3. 中国企业在沙特投资税收抵免政策

为避免双重征税，《中华人民共和国政府和沙特阿拉伯王国政府关于对所得和财产避免双重征税和防止偷漏税的协定》第二十四条对于税收抵免做出规定，中国居民在沙特取得的所得，按照《协定》规定在沙特缴纳的税额，可以在对该居民在中国征收的税额中抵免。抵免政策主要由中国税收法律加以规定，具体参见《中华人民共和国企业所得税法》《中华人民共和国企业所得税法实施条例》及相关政策文件。

（1）可享受抵免的对象。中国居民企业；中国非居民企业在中国境内设立机构、场所的。

（2）允许抵免的所得。中国居民企业来源于沙特境内的应税所得；中国非居民企业在中国境内设立机构、场所，取得的发生在沙特境内但与该机构、场所有实际联系的所得；中国居民企业从其直接或间接持有20%以上的外国企业分得的来源于沙特境内的股息、红利等权益性投资收益。

（3）抵免限额。依据中国税法规定，抵免限额分国（地区）不分项计算，中国企业在沙特投资所得抵免限额的具体计算方法为：抵免限额＝企业在中国境内、境外所得计算的应纳税总额 × 来源于沙特的应纳税所得额 ÷ 企业在中国境内、境外应纳税所得总额。

（4）抵免期限。可抵免税额超过抵免限额的，可在以后五个纳税年度里，用每年度抵免限额抵免当年应抵税额后的余额进行抵补，从来源于沙特境内所得在沙特缴纳所得税额超过抵免限额的当年的次年算起。

二、税收征管

（一）征管情况介绍

沙特《所得税法》详细规定了税款的征收管理流程，主要适用于沙特的所得税和天然气投资税，对于沙特籍纳税人缴纳的扎卡特税（天课）则不在此规定之内。

（二）税务查账追溯期

沙特税法规定，税务机关在合理告知的前提下，有权在纳税申报截止后五年内对申报信息进行纳税评估，如果因纳税人出于避税目的未提交申报或申报不完整不真实的，纳税评估可延长至十年。纳税人有权在纳税申报截止后五年内对当年多交税款提出退税申请。

（三）税务争议解决机制

沙特税法规定了申诉和上诉机制。如果纳税人对税务机关纳税评估结果有异议的，可于收到评估结果 60 日内向初级申诉委员会提出申诉，但纳税人在申诉时应首先将无争议部分税款缴清或取得分期支付许可，否则该申诉无效。如果纳税人或税务机关对初级申诉委员会的决定有异议，可于收到申诉结果 60 日内向上诉委员会提出上诉，纳税人就决定提起上诉的，应先按照该决定结果将税款缴清或提交等额的银行担保。如仍有争议一方对上诉委员会裁决有异议的，可于收到裁决 60 日内提起上诉至申诉董事会法庭。其中，初级申诉委员会的设立由财政部部长决定，上诉委员会的设立由部长联席委员会根据财政部部长的建议决定，申诉董事会法庭则是独立的司法机构，直接向沙特国王报告。

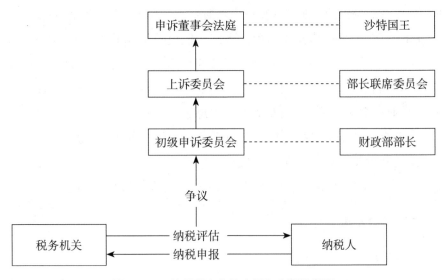

图 2-2-1　沙特税务争议申诉和上诉流程图

三、主要税种介绍

（一）企业所得税

1. 征税原则

（1）纳税义务人。沙特所得税纳税人包括以下几类：有非沙特籍合伙人或股东的居民企业；在沙特从事商业活动的非沙特籍居民自然人；通过常设机构在沙特从事商业活动的非居民；利用沙特国内资源获得应税收入的非居民；从事天然气投资的自然人或企业；从事石油和氢化物生产的自然人或企业。

（2）"居民"和"沙特籍"的概念。一个自然人在一个纳税年度内满足以下两个条件之一即为沙特居民：在沙特国内有固定居住地址且在该纳税年度内居留总时间不少于 30 天，或在一个纳税年度内沙特境内居留总时间不少于 183 天。

对于企业而言，一个纳税年度内满足以下两个条件之一即被视为沙特居民：①该企业根据沙特法律注册成立；②该企业的中央管理机构位于沙特境内。

"沙特籍"是指沙特国民，以及其他海湾阿拉伯国家合作委员会（"海合会"）的成员国的公民（国民），即：巴林，科威特，阿曼，沙特阿拉伯，沙特阿拉伯和阿拉伯联合酋长国的公民（国民）都属于沙特籍。

值得注意的是，沙特《所得税法》虽然将具有非沙特籍合伙人或股东的居民企业作为纳税义务人，但是该税款是对该合伙人或股东依据其股权份额在所得中的占比金额征收的，这也体现了沙特《所得税法》将企业所得税与个人所得税相统一的特点。

沙特税收体系中沙特居民概念与沙特籍概念的区别：前者用于区分国内税与国外税的纳税义务，后者用于区分在沙特国内税中所得税与扎卡特税的纳税义务。

（3）计税依据。按照纳税人类型不同，沙特所得税的计税依据分为以下几种情况：对于居民企业，计税依据是其通过沙特国内资源取得的应税收入中非沙特籍合伙人或股东的持股比例部分，减去法律允许扣除的支出；对于非沙特籍居民自然人，计税依据是其通过沙特国内资源取得的应税收入，减去法律允许扣除的支出；对于通过常设机构从事商业活动的非居民，计税依据是直接从该常设机构取得或与该常设机构有关的收入，减去法律允许扣除的支出。

特别指出的是，对于每个自然人或企业的每个股东或合伙人，计税依据分别单独计算。

2. 税率

企业所得税税率一般为 20%。

在 2018 年 4 月，天然气投资领域的纳税人的所得税税率由 30% 减至 20%。从事石油能源和碳氢化合物生产的纳税人，税率为 50%~85%。

3. 税收优惠

（1）对于在沙特以下六个不发达省份的投资，沙特政府给予为期十年的税收优惠：海尔、吉赞、艾卜哈、北部边境地区、奈季兰以及奥尔朱夫。

（2）按照相关规定，在证券市场上进行股票交易实现的资本利得（遵守沙特的股票市场交易规则），以及处置非经营相关资产获得的收益享受收入减免。

（3）沙特税法允许捐赠支出在税前扣除，前提是捐赠对象为政府组织或政府认可的非营利性慈善机构。

4. 所得额的确定（包含亏损弥补规定）

（1）应税收入。应税收入包括偶然收入在内的各类收入、利得、利润，减去减免的收入。特别注意的是，资本利得在沙特作为一般性收入计算企业所得税。

沙特税法规定，满足以下任意一个条件的，则认为该收入发生在沙特境内：通过发生在沙特境内的活动取得；通过位于沙特境内的不动产获得，包括处置这类不动产的产权份额获得的收入，以及处置主要资产直接或间接包含沙特境内不动产的企业的股权份额或合伙人权益获得的收入；处置沙特居民企业的股权份额或合伙人权益获得的收入；从位于沙特境内不动产的租赁中获得的收入；通过沙特境内工业资产或知识产权的销售或许可证获得的收入；通过沙特居民企业支付的股利、管理费用、指导费用获得的收入；居民企业通过向其总部或分支机构提供服务获得的收入；居民企业因接受全部或部分发生在沙特境内的服务而支付的金额；通过开采沙特境内自然资源获得的收入；非居民企业在沙特境内的常设机构因销售商品、提供服务或有类似行为而导致应归属该常设机构部分的收入。

沙特《所得税法》对于存货成本计量做出了详细的规定，拥有存货的企业应当建立存货清单。一个纳税年度中售出的商品成本可以税前扣除，售出的商品成本等于当年购入的商品成本加上期初商品成本减去期末商品成本。对于采取收付实现制的纳税人来说，计算商品成本时可以选择采用直接成本法或完全成本法，对于采取权责发生制的纳税人来说，只能采取完全成本法。

在计算期末库存商品成本时，纳税人应采用市价与账面价值孰低法计算，计算账面价值时则应采用加权平均法。以上计价方法，未得到主管税务机关的书面许可，不得违背或变更。

沙特税法特别指出，款项的支付地不能作为决定收入来源的依据。

（2）可以扣除的费用。沙特《所得税法》规定一般性的费用支出都可在计算所得税时进行税前扣除，但以下费用不得扣除：①与经营活动无关的支出；②支付给股东、合伙人及其亲属的工资、薪金、奖金等不满足非关联方交易的费用；③自然人的个人消费；④在沙特或别国支付的所得税；⑤在沙特境内支付的罚款罚金（合同违约金不在此类）；⑥在沙特或其他国支付的贿赂等违反法律的费用支出。

其他可以扣除的事项说明如下：

①折旧。合理的折旧可以税前扣除，资产应当按照类别适用不同的折旧率计提折旧，其中固定建筑物折旧率5%；可移动的工业农业建筑物折旧率10%；工厂、机器、硬件、软件、设备、客车、火车类资产折旧率25%；为开采自然资源进行的探测、开采、开发等资本化支出折旧率20%；其他如飞机、轮船、火车、家具、商誉等有形无形资产折旧率10%。土地不可折旧，但土地上的建筑物可单独计价计提折旧。当某类资产的账面净值小于1000沙特里亚尔时，可一次性折旧。

②坏账。纳税人可以扣除以前年度因销售商品或提供劳务形成的坏账；必须要有充分证据证明企业的账款确实无法收回的，坏账损失才可以计入扣除。

③研发费用。为生产经营活动发生的研发费用可以税前扣除，但是为研发活动购买的土地及研发设备不得扣除，设备应按照规定计提折旧。

④资产修理和改良费用。纳税人可以扣除的资产修理或改良的费用不得超过年末该类资产价值的4%，超过规定限额的部分予以资本化，留待以后年度折旧。

⑤退休金。企业依法为其员工缴纳的退休金可以税前扣除，但每位员工的扣除限额不得超过其收入的25%，员工个人缴纳的退休金不可税前扣除。

（3）亏损结转。①纳税人当年的经营亏损可以结转到之后的年度，直至累计损失予以全额抵消。可用于抵消累计损失的任何一年的最大利润百分比不应超过纳税人报表中报告的当年利润的 25%。②符合损失结转条款，但由于所有权或控制权发生变化 50%或以上的公司所发生的损失，不能转入变更年度后的纳税年度。

5. 反避税规则

（1）为确定缴税金额，税务局可以对不反映其实质的交易进行重新分类，还原为它们真实的交易形式。

（2）如果纳税人未按时提交申报资料或不能准确建账核算实际的交易和事项，税务局可以根据纳税人的实际情况进行核定征收税款。

（3）税务部门可以在重新分配关联方交易中的收入和支出，以真实反映其交易。

（4）纳税人不得扣除因转让财产给关联方而造成的损失，除非法律另有规定。直至关联方处置资产给另外一个非关联方时，处置损失才可确认。

（5）如果纳税人将其收入分开并将其转移给另一个纳税人，为防止减少应缴税款，税务部门可以调整纳税人和其他人的税基。

收入转移是指：将收入直接或间接地从一个纳税人转移到另一个存在关联的纳税人身上；将包括货币资金在内的财产直接或间接转移到另一个存在关联的纳税人身上，收到资产的纳税人因资产转让实现收入，该转让降低了应缴的税款总额。

6. 征管与合规性要求

（1）纳税年度。沙特《所得税法》规定的纳税年度为沙特财政年度，即每年 1 月 1 日至 12 月 31 日的日历年。但是，纳税人在符合相关规定的前提下，也可自行选择任意 12 个月为一个纳税年度。纳税人变更纳税年度带来的两个完整纳税年度中的间隔，应被视为一个独立的纳税年度。此外，新设立的纳税人的第一年或中断经营的纳税人的最后一年，除《公司法》另有规定的，也应被视为一个独立的纳税年度。

（2）税务登记。任何负有纳税义务的企业或个人应当在其第一个财政年度结束之前在税务局进行注册，仅有代缴预提税义务的纳税人不在此列。未及时在税务机关注册的将被处以 1000 沙特里亚尔以上，10000 沙特里亚尔以下的罚款。除未在沙特境内设立常设机构的非居民之外，任何纳税人都应以阿拉伯文建立账簿，如实记录其经济活动。

（3）纳税申报。沙特税法规定，纳税人应当在纳税年度终了后120天内完成当年纳税申报，负有申报义务的纳税人包括居民资本公司、在沙特设有常设机构的非居民，以及在沙特进行商业活动的非沙特籍居民自然人。终止商业活动的纳税人应当及时通知税务机关，并在终止商业活动后60日内针对终止前纳税期间进行纳税申报。应税收入超过100万沙特里亚尔的纳税人应当由在沙特具有执业资格的会计师就其申报表正确性出具证明。合伙人企业应当就其企业的收入、利润、亏损、费用、债务及其他与纳税相关事项提交信息申报，提交日期不得晚于纳税年度结束前60天。此外，沙特税法还规定，任何私营部门及政府签订的合同，应当在合同签订后3个月内提交税务机关备案，备案信息包括合同签订方的名称、地址、合同标的及价值、财务条款、合同执行及完成日期。不履行合同备案的，将对合同产生的纳税义务负有连带责任。

（4）税款缴纳。纳税人应在纳税年度结束后120天内完成税款缴纳。但在此之前，应在该纳税年度的第6、9、12个月的最后一天前进行三次税款预缴纳，缴纳的金额为上一纳税年度缴纳税款减去上年预提税款后差额的25%。如果该差额小于50万沙特里亚尔则免于进行预缴纳。如果税务机关有理由相信该纳税人本年度营业利润相比上年显著下降的，有权降低预缴额度。

（5）分期缴纳与多缴退税。沙特财政部部长在规定允许且有充足的理由的条件下，有权或可授权税务局长批准税款分期支付，同时当该缴纳方式可能危害财政收入的时候，财政部部长或被授权的税务局长可以取消分期付款安排。但是税款分期缴纳不能免除分期期间的延期缴税罚款。

对于超额缴纳的税款，纳税人有权要求退税，同时可以要求对超额缴纳部分进行补偿，补偿率为自申请之日起至退税之日止的每30天1%。

（6）罚款与滞纳金。沙特对于纳税人未按照《所得税法》要求进行纳税申报的，将会处以所得总额的1%作为罚款，最高不超过2万沙特里亚尔。但是，如果因未及时申报造成税款延期的，罚款按照所得总额的1%与税款的一定比例较高者缴纳。其中，税款延期30天以内的，罚款为未缴纳税款的5%；税款延期超过30天而未超过90天的，罚款为未缴纳税款的10%；税款延期超过30天而未超过365天的，罚款为未缴纳税款的20%；

税款延期超过 365 天的罚款为未缴税款的 25%。

对于纳税人或其授权的税务代理人因伪造、隐匿、损毁账簿、发票、经营文件，隐瞒经济活动或无法提供账簿凭证，造成少报利润或多报亏损的，还将处以应补缴税款的 25% 的罚款。

沙特税法同时规定了滞纳金。对未按时缴纳的税款每 30 天收取欠缴部分 1% 的滞纳金，滞纳金从应缴之日起计算到实际缴纳之日。

（7）保密义务。沙特《所得税法》规定了主管税务机关及其职员对于纳税人信息的保密义务。除了以下对象外，税务机关不得在未经过纳税人许可的情况下将其纳税信息泄露给他人：依法行使征税权利的税务机关工作人员；依法征收关税的海关工作人员；依法行使审计权利的审计局；与沙特签订税收协议的国外主管税务机关；依法进行涉税调查的检察机关；依法进行案件审判的司法机构。

7. 预提税

沙特《所得税法》对于预提税也做出了规定。任何一个沙特居民，或非居民在沙特的常设机构，在向沙特非居民对外支付来自沙特境内的款项时都应支付一定数额的预提税。无论付款人是否在沙特税法下被判定为纳税人，或该笔款项是否在沙特居民企业税收申报中被视为可抵扣费用处理，这条原则都适用。具体税率如下：

对技术或咨询服务、除对总部或其他关联企业提供的国际长途电话服务、租金、机票、空运或海运费用、股息分配、贷款收入、保险或再保险的保费所支付的费用、利息，以及分支机构利润汇出的预提税率为 5%；特许权使用费、资产处置收入的预提税率为 15%；管理费用的预提税率为 20%；其他费用的预提税率由税务部门具体规定，但不得超过 15%。

（二）增值税

自 2018 年 1 月 1 日起，沙特开始征收增值税。沙特税务总局（GAZT）是沙特实施和管理增值税的主管部门。GAZT 负责纳税人的增值税登记和注销，管理增值税申报和增值税退税以及进行增值税的审核和检查工作。GAZT 还有权对不遵守增值税法规的行为征收罚款。

为了配套增值税的开征工作，沙特颁布了《增值税法》《增值税实施细则》《增值税操作手册》以及部分业务的操作指南（《纳税申报指南》《增值税集团操作指南》《进出口增值税操作指南》《运输增值税指南》《金融服务业行业指南》《数字经济指南》《房地产增值税指南》《贵金属投资增值税指南》等）。

1. 征税原则

所有沙特境内销售货物或服务以及进口货物或服务均为增值税应税项目。在沙特从事经济活动的居民或者非居民，均为增值税纳税人。

增值税当期应纳税额 = 当期销项税额 – 当期进项税额

增值税销项税额 = 销售额 × 税率

应纳税额大于零，需要缴税，反之该企业可以向 GAZT 申请退税，或者留抵并结转至下次在纳税申报中继续抵扣。

2. 计税方式

在沙特，符合增值税征收条件的企业，只有一种计税方式，即一般计税方式。

3. 税率

沙特执行全国单一的增值税税率，大部分商品和服务适用 5%，部分商品和服务执行免税和零税率。

表2-2-1　增值税税率表

类型	销项税率	进项税是否可以抵扣	范围
标准税率	5%	是	大部分商品和服务
零税率	0%	是	• 供应合格的药品或合格的医疗设备 • 海湾合作委员会国家内部运输和国际运输 • 供应至少99% 纯度的投资金，银和铂，并可在国际市场交易 • 海湾合作委员会以外的出口
免税	—	否	• 住宅房地产租赁 • 没有佣金或商业折扣的金融服务
征收范围之外	—	否	• 政府服务（例如公共医疗，公共教育等） • 提供用作或打算用作永久住所的房地产

4. 增值税免税

免征增值税的商品和服务包括金融服务，伊斯兰金融产品，任何符合伊斯兰教法的金融产品、利息或贷款费用，住宅房地产租赁。

5. 销项税额

除了部分免征增值税的商品和服务外，沙特对所有商品和服务均征收增值税，销项税额为销售商品或提供劳务的金额乘以应税税率。当期销项税额小于当期进项税额不足抵扣时，其不足部分可以结转下期继续抵扣。

6. 进项税额抵扣

应纳税企业可以扣除进项增值税，即从供应商处购买的商品或服务中支付的增值税。三类商品和服务有资格获得进项增值税抵扣。

（1）应税供应：所有未明确提及免征增值税的商品和服务在购买时有资格获得增值税抵扣。

（2）内部供应：从其他海湾合作委员会国家进口货物缴纳的进口增值税有资格扣除。

（3）海湾合作委员会以外的应税进口：从海湾合作委员会以外的国家进口货物支付的增值税可以扣除。

有四种类型的支出所负担的增值税，企业不允许扣除：

（1）对体育，娱乐或文化服务支付的进项税。

（2）对酒店，餐馆和类似场所的餐饮服务征收的进项税。

（3）"限制机动车辆"或相关服务的进项税。受限制的机动车辆不是专门用于生产经营目的或用于转售的车辆。

（4）对用于私人或其他非商业原因的任何其他商品或服务支付的进项税。

7. 征收方式

企业必须使用SADAD支付系统通过银行转账向GAZT支付他们所欠的税款到GAZT的指定账户。

纳税人最晚应在税期结束后下个月的月底前支付税款。

8. 征管与合规性要求

（1）增值税注册登记。①所有年度销售商品或者提供劳务超过375000里亚尔的公司、企业或实体在法律上都必须向沙特税务局申请注册增值税。

②年度销售商品或者提供劳务超过 187500 但低于 375000 里亚尔的公司可以自愿注册。③年度销售商品或者提供劳务 187500 里亚尔的企业可免于注册。④提供不需缴纳增值税的商品和服务的企业无需注册增值税。⑤如果满足以下要求，两个或两个以上的法人可以申请注册为税务集团：每个法人都是沙特境内居民并开展经济活动；同一法人或集团法人直接或者间接持有每个法人 50% 以上注册资本，或者拥有或控制 50% 的表决权；至少有一名法人是有资格自行注册的纳税人。

（2）发票管理。纳税人要对应税行为开具发票，发票开具时间最晚为商品或服务供应之后次月的 15 日以内。发票可以有两种语言，但其中一种必须为阿拉伯语，发票不是由国家统一印制，但必须包含以下规定的信息：①发票签发日期和供应日期（如果不同）；②连续编号的发票号码；③开票方和客户的法定名称，地址和税号；④货物的数量和类型，或所提供服务的范围和性质；⑤符合增值税和免税条件的收入总额以及使用的增值税税率（5% 或 0%）；⑥不含税单价；⑦未包含在单价中的折扣或折扣的说明；⑧应缴税金总额。

（3）纳税申报。纳税人的纳税申报表必须在纳税申报所涉及的纳税期结束后下 1 个月的最后 1 天之前，以电子方式向管理局提交。①提供超过 4000 万里亚尔的年度应税商品和服务的纳税人要求每月提交增值税申报表；②其他应纳税人要求每季度提交增值税申报表。但是，这些纳税人可以选择在 GAZT 批准的情况下提交月度申报表。

（4）未遵守增值税的处罚。①任何未在规定期限内申请注册的纳税人应处以 10000 里亚尔罚款。②任何向税务局提交错误纳税申报表的纳税人，导致计算税额时出现错误，申报数额低于应缴税款的，应处以实际税额与申报税额差额的 50% 的罚款。③任何未在指定期限内提交报税资料的，可处以不低于 5%，不高于 25% 的应缴税款的罚款。④非注册为增值税纳税人而开具增值税发票的，处以 10 万里亚尔的罚款。⑤未保留税务发票，账簿记录和会计凭证；阻碍税务局职工履行职责的，处于不超过 50000 里亚尔的罚款。

（5）税务争议解决机制。根据法律规定，纳税人有权在通知之日起 30 天内对 GAZT 发布的处罚决定提出上诉。纳税人应向增值税初审委员会提出

申诉。如果纳税人不同意增值税初审委员会的决定，自收到决定之日起 30
天内向增值税申诉委员会提出申诉。该委员会将在任何其他司法机关做出
最终和不可上诉的决定。

（三）个人所得税

沙特没有个人所得税，但是就从该国从事商业活动的个人或者从该国
的常设机构取得收入的非居民自然人需要按照沙特所得税征税。

除非是在沙特境外旅行过境沙特，其余情况下不足 1 天按照 1 天计算。

（四）关税

1. 关税体系和构成

自 2003 年 1 月 1 日起，海合会成员国形成统一关税联盟，就以下原则
达成一致：对海合会国家以外进口的商品和服务采用相同的关税税率；海
合会国家适用统一的海关法规；海合会国家的商品可自由流动。

2. 税率

关税适用于来自海合会成员国以外国家的商品进口，进口关税通常采
用 5% 的从价税。

大多数消费品都是免税的，比如大米、茶叶、玉米、牲畜和肉类（新
鲜或冷冻）。对一些特定的商品税率则较高，例如烟草类关税税率为 100%。
另外，为了保护沙特工业，某些商品征收 20% 的关税；其他项目的进口关
税在成本、保险和运费（CIF）价值的 5%~20%；数量有限的项目需要按
照公制重量或容量计算关税，而不是按从价计算，这些项目的费率相当低。
另外，政府决定将 193 种产品的关税税率从 5% 提高到 25%。

财政部提高了适用于各种高消耗产品的关税税率，影响了近 600 个协调
系统（HS）代码。自 2017 年 1 月 2 日起增加关税，税率的增长是显著的。

3. 关税免税

部分商品则暂时享有进口免税，海合会国家关税联盟批准了 417 种免
关税的商品，包括粮食类产品、私人物品（服装、化妆品等）、家用电器、
用于外交或领事工作相关的商品、军用产品、慈善用品等。

（五）特别消费税

2017 年沙特开征消费税，主要针对烟草、功能性饮料和汽水类饮料等
商品征收 50%~100% 不等的消费税，主要为日常消费用品。

（六）天然气投资税

1. 征税原则

沙特《所得税法》中对于天然气投资税做出了特别规定，对于沙特境内从事天然气投资行为的纳税人征收天然气投资税。

天然气投资行为：指液化天然气的开采、生产、提取、分馏、处理，天然气凝析油的生产、提取，以及天然气、液化天然气或天然气凝析油运输活动。

运输活动：指将天然气、液化天然气或天然气凝析油从其开采生产地运往加工地，或从加工地运往终端用户设施。不包括通过本地运输网络或通过非天然气生产者在官方销售点之外建立的管道进行的运输行为。

累计年度现金流：指纳税人从负有天然气投资税纳税义务起的第一个纳税年度到申报年度之前的一个纳税年度的年度现金流之和。

内部收益率：指使累计年度现金流的净现值折现到第一年为 0 的折现率，四舍五入到 0.1%。

2. 计税依据

天然气投资税的计税依据为纳税人从事天然气投资的收益减去税法允许的扣除项，扣除项的规定与沙特所得税相同。

3. 税率

沙特天然气投资税税率不确定，取决于纳税人从事天然气投资活动的累计年度现金流的内部收益率。

4. 单独计税

纳税人应将天然气投资税的应税活动与其他无关活动独立核算。每一个天然气开采合同应单独计税单独申报，对于从事石油生产或同时进行油气生产的企业不征收天然气投资税。

5. 天然气投资税与所得税的区分

需要特别注意的是，天然气投资税与对从事天然气行业征收的所得税为不同税种，天然气行业所得税税率固定为 30%，计税依据与天然气投资税相同，所得税税额可在天然气投资税中税前扣除。对于天然气的处理、分馏及管道运输，不征收天然气投资税，但要征收所得税。

（七）社会保障金

对于沙特籍员工，雇主必须按员工工资的 9% 向社会保险总机构（GOSI）缴纳社会保险，员工个人也需按工资的 9% 缴纳社会保险。雇主还需为沙特籍员工按其工资的 2% 缴纳失业保险金（由雇主和沙特国民雇员共同平分承担）。雇主必须按员工工资为沙特籍和非沙特籍的雇员缴纳 2% 的职业危害保险金。

第三节　外汇政策

一、基本情况

沙特阿拉伯货币管理局（Saudi Arabian Monetary Authority，SAMA），是沙特阿拉伯的外汇管理部门，是沙特的中央银行，负责制定货币政策，管理沙特的外汇储备。沙特阿拉伯货币名称为沙特里亚尔，沙特货币政策中较为突出的是采用紧盯美元的汇率制度。沙特里亚尔和美元可自由兑换，采用 1 美元兑换 3.75 里亚尔的固定汇率，自 1986 年 6 月以来汇率一直保持稳定。

因国际贸易收支持续顺差，国家外汇储备充裕，沙特汇入汇出外汇的限制较少。但是，沙特货币管理局会采取措施控制货币的数量和流通，货币管理局禁止银行在没有征得其事先同意的情况下用里亚尔进行国际金融交易，金额超过 10 万里亚尔的交易必须通知货币管理局。

二、居民及非居民企业经常项目外汇管理规定

货物贸易：经常项目外汇管理主要集中在货物贸易，不限制无形资产交易和经常转移。进口方面，实行公开一般许可证制度。部分商品由于宗教、健康和安全问题存在进口限制。禁止与以色列的贸易。对于大多数应税商品最高适用 5% 的关税，少数商品适用 12% 和 20% 的关税，烟草产品关税为 100%，从海湾阿拉伯国家合作委员会成员国进口可免除关税。出口方面，禁止政府补贴进口项目再出口。

银行业：商业银行可通过远期市场，锁定长达 12 个月的外汇风险。沙特阿拉伯银行收购外国公司的股票须获得沙特阿拉伯货币局批准。非居民投资沙特阿拉伯银行，持股上限为 60%，且须获得授权。

保险业：除经沙特阿拉伯货币局批准，保险公司投资外国股票、债券不得超过 20%，投资外币证券不得超过 10%，投资外国政府和外国公司债券不得超过 5%。

货币兑换机构：货币兑换商不能直接与沙特阿拉伯货币局交易。

三、居民和非居民企业资本项目外汇管理规定

直接投资：外商直接投资方面，经批准的外国投资与国内资本享受相同权利。《外国投资法》允许外商投资者在境内大部分地区进行直接投资，并对外商投资企业征收 20% 的利润税，但以下两种特殊情况除外：一是对石油和油气行业外国公司利润征收 85% 的税。二是对天然气行业，内部收益率不超过 8% 时，适用 30% 的税率；内部收益率超过 8% 时，适用更高的税率；内部收益率超过 20% 时，适用 85% 的税率。外国投资者禁止进入的经济部门包括：石油勘探、钻井和生产项目、军用设备和制服生产、非军事目的的爆炸物生产、印刷和出版活动、某些视听媒体服务、陆路运输、房地产经纪业务、渔业和其他行业。管理部门会定期公布并更新禁止进入清单。非居民投资参股沙特阿拉伯银行的股权上限为 60%。

证券投资：从事证券交易需由资本市场管理局授权，除非交易是豁免的。证券发行或销售需在资本市场管理局的监管下进行，并须获得批准，居民和非居民发行者适用相同规则。在沙特阿拉伯证券交易所挂牌的证券，发行者须为沙特阿拉伯股份制公司，除非该上市公司适用"交叉上市"规则。所有股票发行都须获得授权。

信贷业务：所有金融信贷业务均须经沙特阿拉伯货币局批准。

四、个人外汇管理规定

一般情况下，非居民个人开立外汇账户或境内经常项目账户须经沙特阿拉伯货币局批准。非居民个人可通过股权互换间接投资沙特阿拉伯股票。这种方式只涉及收益交换，并不涉及法律上的股权变更。

第四节　会计政策

一、会计管理制度

2017 年开始，IFRS 将成为沙特阿拉伯境内所有上市公司均需采用的财务报告框架；而从 2018 年起，要求所有中小企业均需采用 IFRS 报告框架。

（一）财税监管机构情况

沙特阿拉伯税务局（GAZT）负责税务的监管，沙特阿拉伯注册会计师协会（SOCPA）负责会计准则和审计准则的制定。

（二）事务所审计

财务报告需要事务所进行审计，按照独立审计准则的要求，对被审计单位的会计报表实施必要的审计程序，获取充分、适当的审计证据，对被审计单位编制的会计报表的合法性、公允性和一贯性发表审计意见。

（三）对外报送内容及要求

企业对外报送的财务会计报告应包括：会计报表主表和会计报表附注。

（1）会计报表主表——资产负债表、利润表、现金流量表、所有者权益变动表。

（2）会计报表附注是对资产负债表、利润表、现金流量表等报表中列示项目的文字描述或明细资料，以及对未能在这些报表中列示项目的说明等。附注是财务报表的重要组成部分。

二、财务会计准则基本情况

（一）适用的当地准则名称与财务报告编制基础

沙特阿拉伯 2018 年之前采用沙特的报告准则（SOCPA），自 2018 年开始将采用国际财务报告准则（IFRS）。以持续经营为基础，根据实际发生的交易和事项，按照《企业会计准则——基本准则》和其他各项会计准则的规定进行确认和计量，在此基础上编制财务报表。

（二）会计准则适用范围

适用于在沙特阿拉伯境内依法设立的居民企业和非居民企业。

三、会计制度基本规范

（一）会计年度

沙特阿拉伯以自然年度为会计记账年度，经过批准也可采用任意连续12个月作为会计年度。

（二）记账本位币

记账本位币为沙特里亚尔。

（三）记账基础和计量属性

沙特阿拉伯以权责发生制为记账基础。以本会计期间发生的费用和收入是否应计入本期损益为标准，凡在本期发生应从本期收入中获得补偿的费用，不论是否在本期已实际支付或未付的货币资金，均应作为本期的费用处理；凡在本期发生应归属于本期的收入，不论是否在本期已实际收到或未收到的货币资金，均应作为本期的收入处理。

沙特阿拉伯采用历史成本、现行成本、可变现净值、未来现金流量现值和公允价值五种计量属性。

1. 历史成本

资产按照购置时支付的现金或者现金等价物的金额，或者按照购置资产时所付出的代价的公允价值计算。负债按照因承担现时义务而收到的款项或者资产的金额，或者承担现时义务的合同金额，或者按照日常活动中为偿还负债预期需要支付的现金或者现金等价物的金额计算。

2. 现行成本

资产按照现在购买相同或者相似的资产所需支付的现金或者现金等价物的金额计算。负债按照偿付该项负债所需支付的现金或者现金等价物的金额计算。

3. 可变现净值

资产按照其正常对外销售所能收到现金或者现金等价物的金额扣减该资产至完工时估计将要发生的成本、估计的销售费用以及相关税费后的金额计算。

4. 未来现金流量现值

资产按照预计从其持续使用和最终处置中所产生的未来净现金流入量的折现金额计算。负债按照预计期限内需要偿还的未来净现金流出量的折现金额计算。

5. 公允价值

资产和负债按照在公平交易中,熟悉情况的交易双方自愿进行资产交换或者债务清偿的金额计算。

四、主要会计要素核算要求及重点关注的会计核算

沙特阿拉伯自 2018 年开始采用国际会计准则,其会计核算要素及会计核算要求与国际会计准则保持一致。

（一）现金及现金等价物

现金是指包括库存现金和活期存款;现金等价物是指随时能转变为已知金额的现金的短期投资,其流动性高,价值变动的风险小。

资产负债表中列示的现金是指库存现金及可随时用于支付的银行存款及现金等价物。现金流量表中列示的现金及现金等价物和 IFRS 准则中概念一致。

（二）应收款项

应收账款是指企业直接向债务人提供资金、商品或劳务所形成的金融资产。应收款项科目记录应收账款的初始计量,按初始价值计量确认,年末应收款项需要按公允价值计量确认。

当应收账款不能全额收回时,要对应收账款计提坏账准备,所计提的坏账准备不可以税前扣除。但注意只有经税务部门审核批准的坏账才能税前抵扣。

（三）存货

存货是指:①在正常经营过程为销售而持有的资产;②为这种销售而处在生产过程中的资产;③在生产或提供劳务过程中需要消耗的以材料和物料形式存在的资产。

适用于按历史成本制度编制的财务报表对存货的会计处理。

存货的期末计量应按成本与可变现净值中的低者来加以计量。

可变现净值，是指在正常经营过程中估计销售价格减去完工和销售估计所需费用后的净额。

（四）固定资产

固定资产是指符合下列条件的有形资产：①企业为了在生产或供应商品或劳务时使用、出租给其他人，或为了管理的目的而持有；②预期能在不止一个会计期间内使用。

固定资产初始取得时应按最初取得的历史成本进行初始计量，应由其购买价格，包括进口税和不能退回的购买税，以及任何使资产达到预期工作状态的直接可归属成本所组成。

在计算购买价格时，应减去任何有关的商业折扣和回扣。

具体可参考年折旧率为：①施工设备及车辆的年折旧率30%；②家具年折旧率30%；③商用交通车辆的年折旧率35%；④电脑及办公设备年折旧率40%。

其后续支出、折旧、价值重估、使用年限的复审、报废和处置均需参考《国际会计准则第16号——不动产、厂房和设备》。

（五）无形资产

无形资产是指为用于商品或劳务的生产或供应、出租给其他单位、或管理目的而持有的、没有实物形态的可辨认非货币资产。以历史成本作为初始计量，无形资产在其购置或完成后发生的支出应在发生时确认为费用，除非：①该支出很可能使资产产生超过其原来预定的绩效水平的未来经济利益；②该支出可以可靠地计量和分摊至该资产。若这些条件满足，后续支出应计入无形资产的成本。初始确认后，无形资产应以其成本减去累计摊销额和累计减值损失后的余额作为其账面余额。

（六）职工薪酬

职工薪酬是指所有支付给职工的各类福利，包括根据以下各项提供的福利：

（1）根据企业与雇员个人、雇员团体或他们的代表所签订的正式计划或其他正式协议。

（2）根据法律要求或通过行业安排，企业需要向全国、州、行业或其他多雇主计划注入资金。

（3）由于非正式的惯例所导致的推定义务。当企业没有现实选择而只能支付雇员福利时，因非正式的惯例而导致推定义务。推定义务的一个例子是，企业非正式的惯例一旦变化，将导致企业与雇员关系的不能接受的损害。

在沙特阿拉伯当地注册企业还需根据《劳工法》必须给予工人年休假、离职补贴、医疗补贴等，企业还需支付占职工工资总额 10% 的社保费用企业承担部分，按月及时缴纳至沙特阿拉伯社会保障管理局。

（七）收入

收入是指企业在一定的期间内，由正常经营活动所产生的经济利益流入的总额。该流入仅指引起权益增加的部分，而不包括企业投资者出资引起的部分。其范围包括：①销售商品；②提供劳务；③他人使用企业的资产而产生的利息、使用费和股利。

商品包括企业为出售而生产和外购的商品，如零售商购进的商品，或持有的待售土地以及其他不动产。提供劳务，其典型方式是企业在承诺的期限内完成合同所约定的劳务。该劳务可仅限于一个会计期间，也可跨越多个会计期间。

2018 年当年或之后开始年度，《国际财务报告准则第 15 号——客户合约收益》生效，则遵循新颁布的准则。

（八）成本

在沙特没有成本和费用的区别，费用也可作为计算完工百分比的基础。企业发生的现有成本费用，均可在税前扣除。

另外沙特税法允许施工企业的分公司或者子公司计提 3% 的上级管理费，其计提公式为：当年计提的上级管理费用 =（当期确认的收入 – 当期分包成本 – 当期进口材料费）× 3%。

（九）政府补助

政府补助是指政府以向一个企业转移资源的方式，来换取企业在过去或未来按照某项条件进行有关经营活动的那种援助。这种补助不包括那些无法合理作价的政府援助以及不能与正常交易分清的与政府之间的交易。政府补助（包括以公允价值计价的非货币性政府补助）只有在以下两条得到合理的肯定时，才能予以确认：①企业将符合补助所附的条件；②补助即将收到。

其会计处理方法主要有两种：资本法，在这种方法下，将补助直接贷记股东权益；收益法，在这种方法下，将补助作为某一期或若干期的收益。

政府补助分为两类：与资产有关的补助和与收益有关的补助。

（十）借款费用

借款费用是指企业发生的与借入资金有关的利息和其他费用，可以包括：

（1）银行透支、短期借款和长期借款的利息；

（2）与借款有关的折价或溢价的摊销；

（3）安排借款所发生的附加费用的摊销；

（4）按照《国际会计准则第17号——租赁会计》确认的与融资租赁有关的财务费用；

（5）作为利息费用调整的外币借款产生的汇兑差额部分。

借款费用应在发生的当期确认为费用，若该借款费用直接归属于相关资产的购置、建造或生产的借款费用，则该借款费用应作为该项资产成本的一部分予以资本化。

项目在国内总部借款所发生的资金占用费，属于合同支出，被沙特阿拉伯税法认可。贷款必须与公司签订内部贷款协议，利息支出也需要有公司盖章的利息支出单。因此该项支出增加时，要办理与国内的各项签证资料。

（十一）外币业务

外币业务相关准则适用于：对外币计价的交易的会计处理；通过合并、比例合并或权益法对已包括在企业的财务报表中的国外经营的财务报表进行换算。

外币交易在初次确认时，应按交易日报告货币和外币之间的汇率将外币金额换算成报告货币予以记录。

交易日的汇率通常是指即期汇率。为了便于核算，常常使用接近交易日的汇率。例如，1个星期或1个月的平均汇率可能用于在当期发生的所有外币交易。但是，如果汇率波动较大，那么使用一个时期的平均汇率是不可靠的。

在每一个资产负债表日：

（1）外币货币性项目应以期末汇率予以报告。

（2）以外币历史成本计价的非货币性项目应采用交易日汇率予以报告。

（3）以外币公允价值计价的非货币性项目应采用确定价值时存在的即期汇率予以报告。

（十二）所得税

所得税准则适用于：①所得税会计。②在本准则中，所得税包括各种以应税利润为基础的国内和国外税额。所得税也包括应由子公司、联营企业或合营企业支付的、对分配给报告企业的利润的征税，例如预提税。

企业应当区分临时性差异和永久性差异，根据可抵扣暂时性差异和应纳税暂时性差异，分别确认递延所得税资产和负债。

第三章 斯里兰卡税收外汇会计政策

第一节 投资环境基本情况

一、国家简介

斯里兰卡，全称斯里兰卡民主社会主义共和国（The Democratic Socialist Republic of Sri Lanka），属于英联邦成员国之一。斯里兰卡位于南亚次大陆南端，西北隔保克海峡与印度半岛相望，是位于印度洋上的热带岛国。南北长 432 公里，东西宽 224 公里，国土面积为 65610 平方公里。

斯里兰卡分为 9 个省和 25 个县。9 个省分别为西方省、南方省、中央省、西北省、北方省、北中央省、东方省、乌瓦省和萨巴拉加穆瓦省。

斯里兰卡为多民族国家，有僧伽罗族、泰米尔族、摩尔族（穆斯林）等民族，总人口约 2095 万人。其中，僧伽罗族占 74.9%，泰米尔族占 15.4%，摩尔族占 9.2%，其他民族占 0.5%。

僧伽罗语、泰米尔语同为斯里兰卡官方语言和全国语言，上层社会通用英语。货币为斯里兰卡卢比。

二、经济情况

第三产业是斯里兰卡经济的主导型产业，主要包括服装代加工、批发零售、酒店、餐饮、交通运输、仓储、信息及通讯、旅游、金融服务、房地产及商用服务、公共管理及其他社会与个人服务等。工业为斯里兰卡国民经济的第二大支柱，主要是以纺织服装业为主的轻工业，其次为宝石及其加工业。最后，斯里兰卡的农业经济由于生产成本高、生产率低、损耗大等因素影响，占国民经济比重最小，主要以种植园经济为主，茶叶、橡胶和椰子是斯里兰卡农业经济收入的主要来源。

斯里兰卡主要出口服装、咖啡、茶叶、橡胶制品、电机产品等商品；主要进口矿物燃料、机械设备、运输设备、机电产品、针织产品等商品，其他进口商品还有食糖、化纤产品、纸张、橡胶制品和药品等。

三、外国投资相关法律

斯里兰卡投资法律较为健全,主要参考英国法律体系,同时加入斯里兰卡本国特色的一些法律条文。与投资相关的法律主要有:《斯里兰卡宪法》《斯里兰卡投资法》《斯里兰卡贸易法》《斯里兰卡进出口管制法》《海关条例》《外汇管理规定》等。

斯里兰卡投资局(BOI)是斯里兰卡政府主管外国投资的部门,其主要职责是核查、审批外国投资,并积极促进和推动外国企业或者政府在斯里兰卡的投资。

针对不同的投资领域,斯里兰卡对外商有不同的投资限制。除个别领域不允许外资进入外,大多领域对外资开放。对外资的限制分为禁止进入、有条件进入以及许可进入领域,简要如下。

(1)禁入领域:空运,海岸运输,赌博业,军事装备行业,资金借贷和典当业,投资低于100万美元的零售业,近海渔业。

(2)外资占比需超过40%且需投资局(BOI)视情况批准的领域:生产受外国配额限制的出口产品,茶叶、橡胶、椰子、可可、水稻、糖及香料的种植和初级加工,不可再生资源的开采和加工,使用当地木材的木材加工业、深海渔业、大众传媒、教育、货运、旅行社以及船务代理等。

(3)外国投资金额且需投资局(BOI)或其他政府部门视情况批准的领域:航空运输、沿海船运、军工、生化制品及造币等敏感行业,大规模机械开采宝石、彩票业。

(4)外资的重点领域:旅游业和娱乐业、公路、桥梁、港口、电力、通讯、供排水等基础设施建筑业、信息技术产业、纺织业、农业和畜牧业、进口替代产业和出口导向型产业等。

(5)《斯里兰卡投资法》(下称《投资法》)第16条款批准的项目,外国投资可以无需任何财政授权而被批准。这些项目受一般法律和当地《税法》《海关法》以及《外汇管制法》的约束和管制。外资企业从事第16条款获准项目:①用于促进外资的融入;②设立新的外国股份制公司;③将现存非外商投资公司的新股份转让或发行给外国投资者。目前,适用于第16条的项目最低投资额为25万美元。投资分为100%的外国独资或与当地企业合资两种方式。

（6）根据斯里兰卡《投资法》第 17 条款规定：《投资法》有权批准的项目，在企业签订协议时，对税收、外汇管理、海关等有优惠政策，并根据投资期限以满足任何其他规定的要求。

四、其他

《劳资法》在第二节税收政策中介绍。

知识产权。知识产权保护法律的行使部门是斯里兰卡国家知识产权保护办公室，并行使争端的调解、裁决权力。该部门还承担了国家对公民知识产权保护意识的培训。政府在警局犯罪调查部建立了特别抵制盗版及伪造品小组，特别专注于支持产权。总体而言，斯里兰卡正在逐渐加强保护知识产权的执行力，其复杂的知识产权法律已对很多违法行为进行审判。但是伪造商品仍广泛存在，许多国外公司投诉斯里兰卡盗版现象严重损害了他们的利益，但政府的打击和处理力度并不能让他们满意，如斯里兰卡对假冒产品的查封不会追溯或报道。

第二节 税收政策

一、税法体系

斯里兰卡税收法律主要包含《所得税法》《增值税法》《印花税法》《国家建设税法与经济服务费法》等。斯里兰卡实行属地税制，同时税收政策随着政权和经济的变动也经常发生变化。

斯里兰卡会计结算年度从每年 4 月 1 日到次年 3 月 31 日。斯里兰卡与 28 个国家有双边保护协定，与 38 个国家有避免双重征税协定。2003 年 8 月 11 日，中国与斯里兰卡签署避免双重征税协议，该协议于 2005 年 5 月 22 日生效，2006 年 1 月 1 日开始执行。

二、税收征管

（一）征管情况介绍

斯里兰卡税务总局设有信息调查科、预提税及印花税科、人力资源与人力发展科、公司税以及博彩业税大公司所得科、一般采购和供应科、退税申报法律科、国家建设税科、税收政策立法及国际事项科和信息及通信技术科。

（二）税务查账追溯期

因税务机关的责任，致使纳税人、扣缴义务人未缴或者少缴税款的，税务机关在三年内可以要求纳税人、扣缴义务人补缴税款，但是不得加收滞纳金。

因纳税人、扣缴义务人计算错误等失误，未缴或者少缴税款的，税务机关在三年内可以追征税款、滞纳金；有特殊情况的，追征期可以延长到五年。

对偷税、抗税、骗税的行为，税务机关追征其未缴或者少缴的税款、滞纳金或者所骗取的税款，不受前款规定期限的限制。

（三）税务争议解决机制

税务总局专门成立税务纠纷法律部来解决税务争议，体现税务征收的合法性、公正性原则。实际操作过程中，企业处于弱势一方，很难在税务诉讼中取得公平待遇。斯里兰卡税务纠纷机制主要有以下四个方式。

自行协商解决：税务机关与争议纳税人可以通过协商解决问题，纳税人不需要通过上级税务行政机关和司法机关，通常以正式信函的方式解决争议，这也是最普遍的解决争议的方式。

诉讼解决：行政诉讼最具法律效力，相对公平，但诉讼成本较高。企业一般聘请专业机构通过法院进行税务诉讼，但时间周期较长，诉讼费用较高。

政府部门协商解决：由于政府层面协调不到位，导致的税务纠纷事项，在处理税务纠纷过程中，可以通过政府部门沟通解决。比如商务合同中约定增值税免税事宜，最后因免税函之后可能出现税务局罚款情况，可通过业主（政府部门）协助解决。

裁决解决：在斯里兰卡，书面预先裁决系统也是解决税务争端的方式之一。基于假设基础上的案例或以节税为主要目的案例不适合采取裁决方式。一般裁决是公开的，但是特殊的公司可以不公开宣布裁决。

（四）电子报税系统

斯里兰卡税务局于 2016 年 9 月 28 日推出针对公司的电子报税服务。为了安全性考虑，从 2016 年 10 月 1 日起，公司进行电子报税必须由经过授权的指定人员代表公司进行申报。同时出于安全原因，电子报税仅接受公司使用 TIN 或 SSID 登录，公司可授权其员工或税务代理进行电子报税。

三、主要税种介绍

（一）企业所得税

1. 征税原则

斯里兰卡居民企业是指主要注册地在斯里兰卡，或者实际控制和管理机构在斯里兰卡的企业。居民企业就其来源于斯里兰卡境内和境外的收入进行纳税，分支机构须按与境内企业相同的方式纳税；非居民企业仅就其来源于斯里兰卡境内的收入进行纳税。

2. 税率

斯里兰卡企业所得税法定税率为 28%，从事烟酒贸易的企业法定税率为 40%。此外，对一些特殊行业或营业额达到一定金额的企业实行特殊税率。

3. 企业所得税减免优惠政策

自 2015 年 1 月 1 日之后，斯里兰卡税务总局公布了一系列的所得税优惠政策：（1）以美元存款或美元为计价工具的交易市场投资的单位投资信托获得的利润和收入；（2）2015 年 4 月 1 日起，在斯里兰卡境内的信息技术、业务流程外包公司自公司成立之日起两年，以特许权使用费形式作为特殊要求支付给在斯里兰卡境外公司和合伙企业或个人的任何形式获得的利润和收入等。

4. 可列支的扣除项目

（1）因使用、建造或组装的资产所产生的折旧。

（2）生产过程中需要获取的相关营业执照的费用。

（3）获取无形资产或其他商誉成本。

（4）以盈利为目的，用于资产更新且尚未计提折旧的费用或用于修理设备、机械建筑等费用。

（5）坏账的情形。

（6）应付或已付利息等，共计25项可扣除项目。

5. 征税范围

包括：①来源于贸易、商业、职业的收入；②来源于就业的收入；③净年值；④股息、利息或贴现收入；⑤费用或年金；⑥租金、特许权使用费或保险费；⑦彩票、博彩和赌博收入；⑧非政府组织以资助、捐赠、捐助或其他形式获得的收入；⑨其他除偶然所得和非经常性收入以外的其他收入等。

6. 亏损结转

营业亏损可无限期向以后年度结转，但亏损弥补额不得超过法定所得的35%。亏损不得用来追溯调整以前年度盈利。对于金融租赁案件或人寿保险业务的亏损不能与其他所得相弥补。

7. 征管与合规性要求

（1）征收管理。居民企业与非居民企业需在纳税年度终了后的11月30日之前进行企业所得税纳税申报（纳税年度为期12个月，从4月1日起至次年的3月31日止）。企业所得税按季度预缴，缴税的时间不得晚于纳税年度终了后9月30日，未按时申报或缴税将受到处罚。

（2）合并征税、集团内部抵扣。斯里兰卡不允许合并申报，每个公司需要单独报税。

（3）资本利得。斯里兰卡对资本利得暂不征税。

（4）股权转让。股权转让取得的资本利得暂不在斯里兰卡所得税范围之内。

（5）资产转让。用于商业的资产转让所得的收入视同贸易利润需交税。

8. 预提税

预提税的征管范围为：除斯里兰卡的居民企业以外的其他企业、机构、场所等，从斯里兰卡取得股息、利息、特许权使用费等所得。税率不等，有5%、8%、10%、14%。（详见《所得税法》第83~85节规定）

（二）增值税

1. 纳税对象

（1）2016 年 4 月 1 日起，每一个从事应税服务的个人或企业（包括金融服务业），如果应税货物、服务符合以下标准需要申报增值税：①超过 300 万卢比每季度；②超过 1200 万卢比每年；③在随后季度超过 300 万卢比或是在随后年度超过 1200 万卢比；④自 2016 年 5 月 2 日起，个人或合伙企业增值税的登记门槛为自同年 4 月 1 日起的每 3 个纳税月 300 万卢比。

（2）从事贸易商业或是零售贸易的个人或合伙人，且季度收入、供应超过 1 亿卢比（计算季度收入时包括免除的供应物品）申报增值税。自 2016 年 11 月 1 日起，增值税登记门槛为在一个历年内连续 3 个月 1200 万卢比。

2. 征税范围

销售商品、提供劳务及进口货物等。主要有金融服务以外的以下产品或服务：①制造商服务；②进口商服务；③招标协议下的供货商品；④批发和零售贸易等。

3. 税率

2016 年 11 月 1 日起，增值税税率为 15%。直接出口货物和提供特定服务增值税税率为零。

4. 增值税税收减免

（1）从事批发和零售贸易已登记且有增值税纳税义务的纳税人，其供货中的由本地生产的鲜奶的价值，可以从计算总应税供货中扣除（限总供给商品的 25%）。

（2）2016 年 11 月 1 日起，租赁以外的住宅供应豁免增值税。

5. 取消增值税豁免

（1）以下豁免项目将开始有增值税纳税义务，自 2016 年 5 月 2 日起至 7 月 11 日，以及从 2016 年 11 月 1 日起：①电信服务供应；②电信设备或机器的进口或供应，包括电信工业铜缆的高科技设备；③TRC 向当地电信运营商发放许可证；④医疗机构供应或专业人员提供的医疗服务；⑤但是，在提供医疗保健服务时，除了与医疗咨询服务相关的费用之外，以下服务不会向客户收取增值税：诊断测试、透析、OPD 提供的服务；

⑥向 2016 年 5 月 2 日或其后批准的任何指定项目供应商品或服务，但住房项目除外。

（2）以下豁免项目于 2016 年 11 月 1 日起开始征收增值税：①奶粉的进口或供应；②由本地生产的新鲜牛奶供应含有添加糖或其他甜味剂的本地生产的奶粉；③任何合作社或 Lak Sathosa（斯里兰卡最大的连锁超市）提供的任何商品或服务（除豁免商品或服务外）的供应；④进口或供应香烟；⑤进口或供应酒类；⑥进口或供应轻质电器及电子设备；⑦进口或供应香水；⑧供应本地制造的珠宝；⑨进口或供应煤；⑩进口或供应斯里兰卡运输委员会和斯里兰卡铁道部专用的备件和配件；⑪住宅的租赁（包括长期租赁）。

6. 征管与合规性要求

通常情况下，增值税按月纳税申报。特定情况下，亦可按季度进行纳税申报。对于 2016 年 4 月之后的增值税可通过税务局的网络门户进行电子报税。进行电子报税需要有纳税人身份号码（SSID），SSID，可以从税务局总部的税务服务处或税务局网络门户的电子报税链接获得。

（三）个人所得税

1. 征税原则

纳税人分为居民纳税人和非居民纳税人，判断标准为是否在斯里兰卡停留超过 183 天。居民个人就全球收入纳税，有专项个人所得税表可直接查询个税金额，税负比中国低；非居民个人只就其源于斯里兰卡的所得纳税。

2. 申报主体

以个人为单位进行申报，由所在企业或者政府机构代扣代缴，当月个人所得税必须于次月 15 日前申报缴纳；汇算申报需于次年 4 月 30 日之前完成。

3. 应纳税所得额

根据税法规定，以个人收入为基础征税，如：工资薪金及各种补贴；实现投资的资产增值部分等。

4. 扣除与减免

未达到个人所得税起征点月收入 10 万卢比。外交人员免征个人所得税。

5. 税率

一般为综合征收所得。居民个人，如表 3-2-1 所示：

表3-2-1　居民个人个人所得税税率表

单位：卢比

序号	月收入	个税金额
1	100001~100025	1.00
2	100026~100050	2.00
3	......	...
4	349996~350000	30000
5	350000 以上	30000+ 超过部分 24%

数据来源：所得税法案专项个人所得税表（TAX TABLE NO.1）。

非居民个人（超过 6 个月）实行超额累进制税率，如表 3-2-2：

表3-2-2　非居民个人（超过6个月）个人所得税税率表

单位：卢比

序号	月收入	税率
1	100000（含）	免税
2	100000~150000（含）	4%，加计扣除 4000
3	150000~200000（含）	8%，加计扣除 10000
4	200000~250000（含）	12%，加计扣除 18000
5	250000~300000（含）	16%，加计扣除 28000
6	300000~350000（含）	20%，加计扣除 40000
7	350000 以上	24%，加计扣除 54000

数据来源：个税计算表（TAX TABLE NO.4）。

非居民个人（不超过 6 个月）实行超额累进制税率，如表 3-2-3：

表3-2-3　非居民个人（不超过6个月）个人所得税税率表

单位：卢比

序号	月收入	税率
1	50000（含）	4%
2	50000~100000（含）	8%，加计扣除 2000
3	100000~150000（含）	12%，加计扣除 6000

续表

序号	月收入	税率
4	150000~200000（含）	16%，加计扣除 12000
5	200000~250000（含）	20%，加计扣除 20000
6	250000 以上	24%，加计扣除 30000

数据来源：个税计算表（TAX TABLE NO.4）。

6. 征管与合规性要求

个人所得税按月申报，截止日期为次月 15 日之前。惩罚逾期申报、未申报以及逃税将被处以罚款，详见《所得税法》第 178~185 节。

（四）关税

1. 征税原则

斯里兰卡海关根据海关法对进出境的货物实行关税计征制度。进出口货物在向海关申报时，海关根据货物的种类，采用相应的关税税率，对进出口货物征税。进出口商在缴纳完各种税后，即可通关。商品进入斯里兰卡需要缴纳关税，针对烟草、酒类及其他消费品征收消费税。

2. 税率

现行海关关税税率大概为三阶（免税、15%、25%），消费税根据品种不同税率不同。

3. 纳税登记和申报

包括进口通关程序和出口通关程序。

4. 其他规定

海关对进出口货物有专门规定，如：凡在集装箱站或海关仓库进口或出口的货物，在没有缴纳关税和其他费用时，如需将货物转到另一地，运输人必须在海关登记并缴纳押金。任何货物或商品在海关仓库的存放时间从到港卸货之日算起，如超过 30 天将被公开拍卖，所得收入用于支付关税滞期费、仓储费及其他费用。如有盈余，将归还货主。如无货主，即送交国库等。

5. 关税豁免或调整

2014 年 10 月 24 日起，由投资局管辖的公司，处理使用时间超过十年的机器，免收海关关税等共计9条规定。

（五）企业须缴纳的其他税种

1. 经济服务费用税

纳税对象。无论是否缴纳所得税，除合作社、非居民航空船运公司、当地政府实体与部门之外，任何经销商、彩票经销商、属于共同基金或者斯里兰卡中央银行经营的信托单位，从事运营贸易、商业、专业或职业活动的个人或合伙企业之外均需要支付经济服务费用税。

征税范围。营业额超过5000万卢比的个人或合伙企业均需注册为经济服务费用税的纳税人。但是以下项目不属于计算经济服务费用税的应税营业额范围：①增值税；②销售金融资产获得的款项；③坏账。

税率。如果每季度营业额超过5000万卢比，以营业额为基础进行纳税；自2017年4月1日起，此门槛下降至每季度营业额超过1250万卢比。

如果没有应税营业额，则按照应收营业额进行纳税，税率为0.5%。2016年4月1日起，取消排除在经济服务费用税外的营业利润所得，以及每年最高12000万卢比负债额。

税收优惠。可结转至以后五个年度进行所得税抵减。自2016年4月1日起减至三年，但不得向以前年度追溯调整。例如：在第一年合伙企业免征所得税，但是需要缴纳经济服务费用税。第二年，合伙企业开始缴纳所得税，此时，第一年支付的经济服务费用税可以用于第二年所得税的抵免。

2. 国家建设税

纳税对象。2016年4月1日起，国家建设税的纳税对象为从事以下活动的个人、公司、社团或合伙人：①每个季度的营业额超过300万卢比；②向斯里兰卡进口货物（个人行李货物除外）；③从事制造业；④从事贸易或零售服务（制造商销售货物除外）；⑤提供包括银行、金融等服务；⑥经营酒店、民宿、餐厅或相似行业；⑦提供本地教育服务；⑧提供劳务；⑨在当地从事农业生产并销售，其营业额的登记门槛为每个季度2500万卢比。

征税范围。应税营业额如下所示：①通过进口货物获得的增值额；②制造商通过销售货物获得的应收账款；③提供服务获得的应收账款；④通过贸易、零售取得的应收账款；⑤以上通过进口货物、制造商销售货物、提供服务的收入不包括以下范围：发生的坏账；支付的增值税（如果登记为纳税人）；任何在《消费税法》下支付的消费税，而非在海关支付的消费税；出口退税；任何通过提供有关财政部授权的与国际相关的货物和服务的收入。

税率。税率一般为2%。

国家建设税减免。根据金融租赁机构的条例，在2014年10月25日或之后生效的金融租赁协议，金融服务将负有国家建设税的纳税义务，不以作为租赁设施的主体的资产的注入日期为准。任何在2014年10月25日前生效的豁免国家建设税的租赁协议保持不变。由斯里兰卡港务局（SLPA）独家使用在特定港口的机器、设备和备件豁免国家建设税。与商务相关的价值不超过5万卢比，且符合由海关总署署长确定的条款和条件的样品，豁免国家建设税。

过渡时期的国家建设税纳税义务。2016年国家建设税进行多次调整，税率维持在2%。当季营业额在300万~2500万卢比的个人或合伙企业，将在下一个季度成为国家建设税的纳税人，具体包括：①经营酒店、民宿、餐厅或相似行业；②提供当地教育服务；③提供劳务。

3. 印花税

纳税对象。以下对象需登记为印花税纳税人：①发放保险单的人员；②发放执照的机构；③信用卡服务提供商；④雇佣超过100名员工的雇主；⑤任何符合以下征税范围的人员。

征税范围。斯里兰卡印花税主要是针对不动产和特定动产，主要如下：①宣誓书；②保险单；③公证人的保证书；④运营贸易、商业、专业或职业的定期许可证；⑤信用卡持卡人通过使用信用卡索赔或支取费用；⑥新发行/增加发行或转让/分配股份证明；⑦财产抵押；⑧承兑票据；⑨财产租赁；⑩任何金钱或其他财产给予的收据。

4. 股票转让税

（1）纳税对象和范围。发生在证券交易所的股票交易所产生的收入。

（2）税率。自2016年4月1日起，股票转让征收买方或买方收入（卖方的处置价格；买方的购买价格）的0.3%作为股票转让税，应税额为买卖双方自股票交易机构进行贸易交易的所有股票收益。

5. 博彩业税

（1）纳税对象和范围，在斯里兰卡合法或非法从事博彩业或赌博业的公司。如果同一家博彩公司在不同地方从事博彩业，那么需在不同的地方缴税。

（2）税率。

表3-2-4　博彩业税率表

项目	税率
通过代理进行的博彩业务	4000000 卢比
如果发行实况转播措施	600000 卢比
如果实况转播没有被使用	50000 卢比
赌博业 / 每地	200000000 卢比
博彩赌博的毛收入（扣除奖金）	40%
每月收入未超过 100 万卢比的纳税人无需缴纳 10% 的税率	

数据来源：http://www.ird.gov.lk。

（3）其他调整。进入赌场娱乐的每个人收取门票 100 美元；面向赌场经营者一次性征收 10 亿卢比，在 2015 年 4 月 15 日前支付；2016 年 4 月 1 日起，彩票、博彩活动所得将按照 40% 的税率征收。

6. 建造业担保基金税

（1）纳税对象和范围。建造业担保基金税就施工单位和承包商的建造合同金额进行缴纳。施工单位是指在竞标或是雇主合同中被任命为履行、完成、维护建造工作的个人或组织。合同价款是指在合同中列明的金额。所谓的合同价款必须是单份合同或是多份合同的总额，需要包含分包合同价值、供应合同价值以及相关的建造成本。

（2）税率：0%~1%。

7. 港口和机场发展税

有进口至斯里兰卡的商品和货物需缴纳港口和机场发展税，税率 2016 年由 2.5% 上升至 5%。一些向游客征收的电子产品的税率降至 2.5%，部分机器免征港口和机场发展税。

四、资本弱化和利息抵扣

资本弱化。从 2006 年 4 月 1 日起，关联企业之间的利息支付受利润和所得的限制。生产加工企业的合理债资比为 3:1，服务提供企业是 4:1。

利息抵扣。股票交易。潜在的买家可以利用国内贷款获得收购的所需资金。但是，斯里兰卡公司从海外获得贷款是受限的。用于贸易、商业、专业工作或职业的贷款和透支的利息可以抵扣。用于购买股票的贷款利息不能抵扣，公司主要业务是购买和销售股票的除外。资产交易。贷款用于购买资产的利息可以抵扣，此部分资产的目的是创收。

五、劳动法以及社会保险

（一）雇员的权利和报酬

斯里兰卡《劳工法》的核心内容以及其他劳动相关法律法规包含以下几方面：工资、薪酬、福利的规定，对妇女、儿童的保护，职业安全健康以及对劳工的赔偿，社会保险，雇主与雇员的劳动关系，以及其他规定（如对外国人的就业规定）等。

（1）带薪假、年假。员工享有在下一个日历年度开始之后休年假的权利。第一次年假按照员工开始工作的日期、月份计算。从第二年开始，员工每工作 12 个月享有 14 天的带薪年假。（1954 年《商店与办公室员工（雇佣规定和报酬）法》第 6 条）

（2）公共假期的薪酬。公共和宗教的假期是带薪的。每年年初斯里兰卡政府会宣布当年的公共假期（根据 1971 年第 29 号《假期法》规定，一般数量为 16 个）。（1954 年《商店与办公室员工（雇佣规定和报酬）法》第 7 条，1971 年第 29 号《假期法》）

（3）每周休息日。领取全额报酬的工人享有每周至少一天半的休息日，但是除加班之外，如果工人每周总工时少于 28 小时，则不享受全额报酬。休息日可以最多延期 5 周，并且在合理原因或无法预期的情况下需经过劳务专员同意。（1954 年《商店与办公室员工（雇佣规定和报酬）法》第 5 条）

（4）加班补偿。一般工人工作时间为每天 8 小时以及每周 45 小时。工业条例规定工人每天工作不能超过 9 小时，除非中间提供餐饮和休息。超过一般工作时间的工人的加班费为其假期薪水的 150%，加班时长不能超过每周 12 小时。（1954 年《商店与办公室员工（雇佣规定和报酬）法》第 3、6、7 条，《工业条例》第 67 条）

（5）夜班补偿。夜班工作没有额外补偿。

（6）公共假期、休息日补偿。法律中没有条例要求雇主给那些在休息日工作的工人补偿休息日。但是，如果工人是在公共假期工作，将可以在每年的 12 月 31 日前获得带薪休假。（1954 年《商店与办公室员工（雇佣规定和报酬）法》第 7 条）

（7）周末、公共假期工作补偿。在周末和公共假期工作的工人，加班费为平时的 200%。每周休息日工作没有额外补偿。（1954 年《商店与办公室员工（雇佣规定和报酬）法》第 7 条）

（8）非歧视。根据宪法，不能有任何种族、宗教、语言、种姓、性别、政治观点、出生地或其他任何理由歧视。《宪法》和《劳动法》中没有具体的条款保护雇佣中相关的歧视情况。法律保护残疾人不受歧视和参加公会活动不受歧视的情况。（1978 年《斯里兰卡宪法》第 12 条）

（9）在工作中平等对待女性。根据斯里兰卡《宪法》，每个公民享有被自己或协会雇佣而合法参加工作、专业工作、贸易、商业或企业的权利。但是，《劳动法》限制某些行业女性跟男性有同等的参与权利。（特别是采矿行业，1937 年《采矿业雇佣女性法令》第 2 条，《工厂法令》第 86 条）

（10）健康与安全。根据《工厂条例》，雇主有义务保证在其工作场所的人的健康、安全和福利。机构需检查经营场所的质量、整洁程度、拥挤程度、保持合理的温度、通风、光照、地板排水和便利的盥洗设备。

（11）工资与福利。2013 年斯里兰卡提高了各行业最低工资标准。

（二）养老金和社会保障

在斯里兰卡，雇主和雇员须分别缴纳相当于雇员工资 12% 和 8% 的雇员公积金（EPF）。雇主还须缴纳相当于雇员工资 3% 的雇员信托基金（ETF）。此外，雇主须在工龄超过五年的雇员退休时按该雇员上月工资的 50% 与服务年限的乘积支付其退休金。

（三）劳务终结

1. 劳务终结方式

合同工人终结劳务有两种方式：员工事先书面同意或劳务专员事先书面同意。（《终止雇佣工人法（特殊条例）》）

2. 通知及遣散

（1）通知要求。雇佣合同可以由雇主终止的范围包括：纪律原因、非纪律原因、死亡或法律规定的其他原因（此范围包括因合同落空、无法执行而终止雇佣）；或者雇员的种种行为如：辞职、因休假而耽误工作等。固定期限的雇佣合同可以在达到合同指定的预定期限而终止。（1950年《行业纠纷法》第31条）

（2）遣散费。工作五年以上的员工，其雇主雇佣超过15人，需要支付以下遣散费（无论是雇员还是雇主提出，无论是因为雇员的退休或死亡，或者相关法律规定等原因）：①按月薪支付的雇员。按照已经工作的年限，每年支付半个月的薪水或工资给雇员；②按照已工作年份，每年支付14天薪水给雇员。此标准适用于所有情况（辞职、解雇、退休、因公死亡、相关法律规定或其他原因），只在某些狭义定义的情况下有例外。（《酬金支付法》第5、6条）

3. 劳务环境与劳资关系

斯里兰卡的劳务市场很小，高技能人才缺乏。同时，斯里兰卡非常注重劳工保障。对于投资者而言，《劳动法》过于严格，公司在经济困难时期可能存在不能减少员工数量的风险。在斯里兰卡辞退员工的成本平均约为54周工资，是全球最高的国家之一。

（四）外籍员工

斯里兰卡是劳动力大国，严格限制各类企业雇佣外籍劳务。除承包工程项目或有协议规定的投资项目外，其他领域基本上不允许外籍劳务人员进入。外国人在斯里兰卡工作需遵守斯里兰卡外籍人员就业管理局的相关规定，并且在当地工作应按照程序办理入境和居住签证手续，居住签证的时间最长为一年。到期若需要继续工作，应由其就业的公司向政府部门申请续签。

（五）工人与工会关系

斯里兰卡工会是根据该国法律成立的保护当地劳工权益、协调雇主与劳工之间关系的重要劳工组织。几乎所有企业，尤其是外资企业都会在处理劳资关系上和斯里兰卡工会打交道。其中，投资局（BOI）批准的外资项目中，可能同时存在被认可的具有谈判权利的工会及非工会员工议会。投资局（BOI）要求外资企业承认工会组织，允许工会进入出口加工区，并接受集体谈判。

第三节 外汇政策

一、基本情况

斯里兰卡货币为卢比，简写 RS 或 LKR。货币管理机构为斯里兰卡中央银行，成立于 1950 年，是斯里兰卡最高金融业机构，同时也负责相应的物价监控。主要职能还包括：管理雇员强制公积金、斯里兰卡公共债务、外汇、外国和斯里兰卡政府出资的斯里兰卡地区发展信贷项目等。斯里兰卡银行机构主要由国有银行、商业银行和外资银行构成。外资企业只有在斯里兰卡投资局注册后方可在当地银行进行融资，并且还需有当地银行认可的外资企业母公司或第三方的担保。

二、居民及非居民企业经常项目外汇管理规定

货物贸易外汇管理。斯里兰卡外汇业务需斯里兰卡央行许可，材料采购款汇出需要提供采购材料合同、海关资料等凭证；外币资金汇入目前无限制。通过银行账户支付外汇工资，原则上需要提供缴纳个人所得税凭单和工资申请单。

跨境债权债务外汇规定。在购汇时需要提供：双方签署的借款协议、还款时间表、收款证明材料；如提前还款，需借款人书面同意。

三、居民企业和非居民企业资本项目外汇管理

目前涉及投资项下的外汇在投资条款中明确规定可以自由汇出。汇款时，银行根据外汇管理局要求提供投资合同和相关证明文件办理支付。外汇账户开立可根据银行规定，提交相应材料后开立。资料齐全后，一般审批下来需要 2 周。

但是在实务操作中需注意，在年度会计期末，该外资公司与母公司的资金往来明细账的余额需显示该外资公司从境外母公司汇入的资金大于该外资公司汇出境外母公司的资金，否则税务局将要求该外资公司就该部分超额汇往境外母公司的资金提供完税证明。

四、个人外汇管理规定

因斯里兰卡实施外汇管制，外币现金可自由兑换成斯里兰卡卢比，但卢比兑换外币需要提供相应证明文件，并有一定限制。

第四节　会计政策

一、会计管理体制

（一）财税监管机构情况

在斯里兰卡注册的企业如果有经济业务发生，均需按照斯里兰卡《会计准则》（Sri Lanka Accounting Standards）建立会计核算制度进行会计核算。税务局根据企业性质和规模大小进行分类，分为：国有经济企业（Public Sector）、中小型企业（Small and Medium Sized Entities）、微型企业（Smaller Entities）。各企业需要按照特定格式上报会计和税务资料。

（二）事务所审计

除特殊核算法，每个斯里兰卡会计年度所有企业都应由审计机构编制审计报告，税务局在稽查时会对企业是否进行外部审计予以关注。特殊核

算法（Deemed Profit method）仅针对非居民纳税人企业，适用于2018年3月31日之前取得税务总局核定征收信函的项目，直到项目结束，且不需要审计机构出具审计报告。自2018年4月1日起，税务总局取消了特殊核算法。

（三）对外报送内容及要求

审计报告中主要包含以下内容：①企业基本信息，行业分类、经营范围、股东情况、公司地址、适用准则类型等；②企业经营情况表，资产负债表、利润表、现金流量表、权益变动表；③披露信息，资产类、费用类、权益变动情况、本年纳税情况表。

上报时间要求。审计报告须按斯里兰卡会计年度编制，于次会计年度的9月30日前完成。

二、财务会计准则基本情况

（一）适用的当地准则名称与财务报告编制基础

斯里兰卡的会计准则体系主要由六项组成，其中：《会计准则》（Sri Lanka Accounting Standards，SLFRSs），有41项；《会计核算制度》（Sri Lanka Accounting Standards，LKASs），有15项，主要有 SLFRS for SMEs and Smaller Entities 两种，另外国有经济企业有单独的准则体系；《建议实施报表》（Statement of Recommended Practices，SoRPs）；《选择性处理报表》（Statement of Alternative Treatments，SoATs）；《解释条例》（Interpretations adopted by the Council of the Institute of Chartered Accountants of Sri Lanka，IFRIC & SIC）；《财务报告指导方法》（Financial Reporting guidelines issued by the Institute of Chartered Accountants of Sri Lanka）。

根据《会计核算制度》中规定会计处理的具体核算方法，包括会计科目分类及其核算具体内容。斯里兰卡的会计核算制度与税法联系紧密，在会计核算中会充分考虑税法规定，所以纳税申报时对会计报表纳税调整项较少，与税务政策趋于一致。但在纳税申报时，对与税法不一致的事项进行必要纳税调整，并以调整后的税务报表作为报税依据。

（二）会计准则适用范围

所有在斯里兰卡注册企业均需要按照上述准则进行会计核算并编制报

表及附注。

三、会计制度基本规范

（一）会计年度

公司会计年度与历法年度不一致，即公历年度当年 4 月 1 日至次年 3 月 31 日为一个会计年度。如会计年度 2016—2017 年度就是指公历年度从 2016 年 4 月 1 日至 2017 年 3 月 31 日。

（二）记账本位币

企业会计系统以斯里兰卡卢比（LKR）为记账本位币进行会计核算，也认可外币报表但需要转换成本国货币报表。

（三）记账基础和计量属性

企业记账既有权责发生制，也有收付实现制。采取特殊核算法（也称名义利润率征收所得税的方法，Deemed Profit method），类似于中国的定额征收，见原 2006 年 10 号法案第 83 章，以收付实现制为基础记账；常规的汇算清缴所得税方法采用权责发生制。具体见：2006 年 10 号法案（Inland Revenue Act，No.10 of 2006）和后续修订法案。

四、主要会计要素核算要求及重点关注的会计核算

（一）现金及现金等价物

资产负债表中列示的现金是指库存现金及可随时用于支付的银行存款，现金等价物是指持有的期限短和流动性强的投资、易于转换为已知金额现金及价值变动风险很小的投资。现金流量表中列示的现金及现金等价物和 IFRS 准则中概念一致。

（二）存货

《斯里兰卡会计准则第 2 号——存货》规定存货初始计量以历史成本计量确认，包括买价以及必要合理的支出。不同存货的成本构成内容不同，通过采购而取得的存货，其初始成本由使该存货达到可使用状态之前所发生的所有成本构成（采购价格和相关采购费用）；通过进一步加工而取得的存货，其初始成本由采购成本、加工成本，以及使存货达到目前场所和状态所发生的其他成本构成。存货出库有先进先出法和加权平均法两种方

法。企业应根据存货的性质和使用特点选择适合的方法进行存货的出库核算。

（三）长期股权投资

《斯里兰卡会计准则第28号——长期股权投资》（Investments in Associates and Joint Ventures）规定长期股权投资是指企业对被投资单位实施共同控制或重大影响以及对合营企业的权益性投资。准则中强调了重大影响、权益法及权益法的运用，还对减值进行了重点阐述。

（四）固定资产

固定资产初始计量以历史成本计量确认，企业应在其预计使用期限内对固定资产计提折旧。固定资产期末计量按可回收价值计量，如果发生减值，计入减值准备。固定资产的折旧年限也做出了规定。

（1）电脑、数据处理设备：五年。

（2）公共汽车、小客车、货车，建筑和土方设备、重型通用或专用卡车、拖车和拖车集装箱，用于制造的工厂和机械：五年。

（3）铁路车辆、机车和设备，船舶、驳船和类似的水运输设备，飞机，专门的公用设施、设备和机械，办公家具、固定装置和设备：五年。

（4）建筑物、具有永久性质的结构和类似物体：20年。

（5）无形资产实际寿命：不确定使用寿命的无形资产为20年。

累计折旧方法有三种，分别是：直线法、余额递减法、工作量法。

（五）无形资产

《斯里兰卡会计准则第38号——无形资产》规定无形资产的确认和计量规范与固定资产一样适用确认计量的一般规范。具体是：无形资产初始计量以历史成本，企业应在其预计使用期限内对资产计提摊销。无形资产期末计量按可回收价值计量，如果发生减值，计入减值准备。

（六）职工薪酬

《斯里兰卡会计准则第19号——职工薪酬》核算所有支付给职工的各类报酬，分为：短期薪酬、离职后福利、其他长期薪酬和辞退福利四种。确认和计量方法与中国会计准则的职工薪酬类似。

（七）政府补助和政府援助

《斯里兰卡会计准则第20号——政府补助和政府援助》规定政府补助

分为四类：非货币性政府补助（Non-monetary government grants）、与资产有关的补助（Presentation of grants related to assets）、与收益相关的政府补助（Presentation of grants related to income）和偿还政府补助（Repayment of government grants）。

（八）借款费用

《斯里兰卡会计准则第23号——借款费用》规定借款费用是指企业因借款而发生的利息及其相关成本。借款费用包括借款利息、融资租赁的财务费用，以及因外币借款而发生的汇兑差额等。

（九）外币业务

《斯里兰卡会计准则第21号——外币交易汇率影响》（The Effects of Changes in Foreign Exchange Rates）规定：

外币交易时，应在初始确认时采用交易发生日的即期汇率折算为记账本位币金额。

资产负债表日，外币货币性项目采用资产负债表日的即期汇率折算为外币所产生的折算差额，除了为购建或生产符合资本化条件的资产而借入的外币借款产生的汇兑差额按资本化的原则处理外，其他类折算差额直接计入当期损益。以公允价值计量的外币非货币性项目采用公允价值确定日的即期汇率折算为人民币所产生的折算差额作为公允价值变动直接计入当期损益。

（十）所得税

《斯里兰卡会计准则第12号——所得税》规定大多数企业需要所得税汇算清缴，区分时间性差异和永久性差异，也确认递延所得税资产和负债。少数企业按照项目适用于特殊缴纳法，类似于国内核定征收，该政策于2018年4月1日取消，但之前适用于该政策的项目不受影响。所得税会计科目核算企业所得税，年末余额结转至本年利润。

五、其他

《斯里兰卡会计准则》和《会计核算制度》都与IFRS类似，不管是准则规定还是账务处理、纳税申报，处理方法基本一致。

本章资料来源：

◎ 斯里兰卡会计准则

◎《斯里兰卡劳工法》

◎《斯里兰卡投资法》

◎ 国家税务总局《中国居民赴斯里兰卡国家投资税收指南》

第四章 苏丹税收外汇会计政策

第一节 投资环境基本情况

一、国家简介

苏丹共和国（英语：Sudan；法语：sultan）位于非洲东北部，东临红海、厄立特里亚、埃塞俄比亚，南邻南苏丹、中非，西部与乍得、利比亚接壤，北邻埃及，全国面积 188.2 万平方公里。苏丹首都是喀土穆。据苏丹政府 2014 年估计，全国约有人口 3729 万，分布相对集中，其中喀土穆及周边人口约 650 万，其他人口较多的城市有迈达尼、苏丹港、阿特巴拉、达马津等。苏丹官方语言为阿拉伯语，使用者占总人数的 75%，除此之外，英语为通用语言，局部地区使用努比亚语、富尔语等；货币为苏丹镑（SDP）；苏丹国家法律体系不健全，政教管理。部分地区仍存在政治斗争，偶尔发生小规模冲突。1885 年以恩图曼为首都建立苏丹马赫迪王国，实现了苏丹的政治统一，实行伊斯兰教法，确立了政教合一的制度，促进了伊斯兰教的进一步发展。1898 年，英国重新占领苏丹。1956 年宣告独立，成立苏丹共和国。苏丹的穆斯林均属逊尼派，在教法上分别遵从哈乃斐学派和马立克学派。此外还有马赫迪教派、卡特米教派以及卡迪里、沙兹里、提加尼等苏菲教团组织。苏丹社会主义联盟组织主张根据伊斯兰教义制定国家法律。宗教组织有"喀土穆伊斯兰教中心"。苏丹为"阿拉伯国家联盟""伊斯兰会议组织""伊斯兰世界联盟""世界伊斯兰大会"成员国之一。在喀土穆设有"非洲伊斯兰中心"总部。

二、经济情况

21 世纪前十年，在石油经济的带动下，苏丹经济高速增长。2011 年南苏丹独立后，苏丹经历了国家分裂的阵痛，领土减少，石油资源损失大半，外汇收入锐减，经济和社会发展面临巨大挑战。面对经济状况恶化，苏丹政府采取紧缩调控政策，推动农业、矿业、加工、基建的多元化发展战略，增加创汇来源，经济开始企稳回升，中苏经贸关系平稳发展。从风险来看，苏丹经济结构单一，财政赤字扩大，货币贬值和通货膨胀严重，外汇储备不足，主权债务违约的风险较高。苏丹 2016 年 GDP 约为 965.84 亿美元，世界排名第 61 位。2017 年苏丹 GDP 增长了 200 亿美金，总计 1174.88 亿美元，世界排名第 59 位，总体上升两名。[①] 目前，苏丹参与的国际性和地区性经济组织主要为东南非贸易共同体、阿拉伯国家贸易联盟。

三、外国投资相关法律

苏丹的法律法规较为健全，与投资合作经营有关的法律法规有《2013 年鼓励投资法》《苏丹自由区法》《税法》《鼓励投资条例》《苏丹自由贸易区法》《劳动法》《土地法》《环境保护法》等。

按照苏丹《鼓励投资法》的规定，苏丹最高投资委员会投资管理委员会，负责管理外国投资相关事务。委员会由一位主席和若干成员组成，成员主要来自与投资活动有关的政府机构，管理委员会还包括私人部门的代表。在实际业务中，苏丹投资部是外国投资的主管部门，负责外国投资政策制定和企业的审批等。

2013 年，苏丹政府修订《投资法案》，出台了《2013 年鼓励投资法》，明确规定了对全国投资实施宏观管理，国家投资局具体负责执行层面工作，在投资局内设立一站式服务窗口，为投资者办理各种手续，规定州政府有关部门做好农业工业服务业项目用地的登记和规划工作，用地由国家投资局统一分配，此外，明确规定了外籍人员不需要缴纳社保。

对外国投资者资质没有要求，只要经过投资部许可，即可进入苏丹市场。

在准入领域方面，采用行业准入制度，具体可进入行业包括建筑工程、市政工程，石油、水利、电力、机场、港湾、铁路、通讯、能源、农业、矿山、信息技术、旅游、食品餐饮，制药等。其中以下领域属于苏丹政府重点鼓励投资行业：①基础设施、运输、教育卫生旅游服务、信息技术服务和给水项目；②地下和海洋资源开采；③农业、畜牧业和加工制造业，

---

① 世界银行主页 https：//www.worldbank.org/en/country/sudan/overview。

目前农业已列入苏丹国家战略行业，农业投资公司实行免税政策；④服务行业。

　　苏丹并未明确具体的商业模式，但是大多数外国投资者选择与苏丹政府部门进行合作，苏丹政府鼓励外国投资者投资。目前外资在苏丹投资以直接投资和合资两种方式为主，其中特别规定外国公司或者个人不得注册独资贸易公司，只能与当地企业合资且苏方占股在51%以上。苏丹政府允许外资收购当地企业，双方在自愿原则下，签署转让或者买卖合同，之后到相关法律部门登记公证即可。

　　大多数苏丹人是穆斯林，85%以上居民信奉伊斯兰教，多属逊尼派，少数信奉基督教；苏丹联邦劳工委员会及其设在地方的分会是外国人赴苏丹工作的主管部门，苏丹对外籍劳务人员进入苏丹采取工作许可制度，未经许可，不得入境就业，由雇主向劳动部门申请劳工名额，取得临时劳动许可，入境后办理劳动卡，再办理验血，完成后办理居住证，通常期限为一年。

第二节　税收政策

一、税法体系

　　苏丹实行属地税和属人税结合征收的制度，苏丹税法主要有《所得税法》，主要税种包括个人所得税、销售税、公司利润税、增值税、印花税、发展税、关税、国防税等。根据世界银行《2017年全球营商环境报告》，苏丹在缴纳税款这一分项指标中排名第141位，比2016年下降5位；前沿距离为58.39%。总体而言税率不稳定，税收体系不健全，前期减免现象较多，由于纳税基数狭窄，税收收入少，为弥补所得税收入的不足，苏丹对关税、增值税、所得税等税率都有较大的增长，且当地税收部门强征税收、高估收入情况较为严重。

　　与中国签订了《关于鼓励和相互保护投资协定》《避免双重征税协定》

（1997 年 5 月 30 日）等，尚未签署 BEPS 公约。[①]

二、税收征管

（一）征管情况介绍

苏丹财政和国民经济下属的税务署负责税收的计征工作。苏丹实行属地税和属人税结合征收的制度，对境内的企业、人员以及苏丹在外国的公司、国民均征税。

（二）税务查账追溯期

税务查账的追溯期一般是三年，特殊情况下，可以延长至五年。纳税人未按照规定期限缴纳税款的，扣缴义务人未按照规定期限解缴税款的，税务机关除责令限期缴纳外，从滞纳税款之日起，按日加收滞纳税款万分之五的滞纳金。因税务机关的责任，致使纳税人、扣缴义务人未缴或者少缴税款的，税务机关在三年内可以要求纳税人、扣缴义务人补缴税款，但是不得加收滞纳金。因纳税人、扣缴义务人计算错误等失误，未缴或者少缴税款的，税务机关在三年内可以追征税款、滞纳金；有特殊情况的，追征期可以延长到五年。对偷税、抗税、骗税的，税务机关追征其未缴或者少缴的税款、滞纳金或者所骗取的税款，不受前款规定期限的限制。

（三）税务争议解决机制

纳税人可以就纳税状况对税务部门的决定提出异议。如果该异议不能改变税务部门的决定，纳税人可向税务申诉委员会提出申诉。基于税务申诉委员会的决定，终局申诉既可由纳税人也可由税务机关向法院行政庭提起。

具体的法律规定了每段申诉程序的时限：纳税人可在收到通知起 30 天内，以附回单的注册信函的方式反对财税部门的决定。财税部门应在反对意见递交日起 60 天内，处理反对意见，并将处理结果以附回单的注册信函形式或者直接发送的形式通知纳税主体 / 负责人。60 天内未收到对于反对意见的回复，则可视为财税部门否认此意见。财税部门否认后可选择继续进行申诉或接受财税部门发布的结果。

---

① BEPS 公约：BEPS 多边公约，指的是实施税收协定相关措施以防止税基侵蚀和利润转移（BEPS）的多边公约。

三、主要税种介绍

（一）企业所得税

1. 征税原则

凡是按照苏丹《公司法》注册或者企业在苏丹实际履行管理控制的均被认定为居民企业，居民企业需要就其全球收入缴纳所得税，非居民企业仅就其来源于苏丹的收入缴纳所得税。

2. 税率

依据不同的经济活动施行不同的税率，农业经营活动 0%，工业经营活动 10%，商业服务业、不动产租赁、金融机构营业利润税税率 15%，烟草类经营活动适用 30%，油气资源开发行为适用 35%。

3. 税收优惠

根据《鼓励投资条例》[①] 规定，苏丹给予外国投资者的行业优惠政策主要表现在：

外商投资政府重点鼓励的行业，可以自商业性投产或开业之日起，获得至少十年免征企业所得税的优惠待遇。优惠待遇期满后，还可适当延长上述期限。其中，投资额在 1500 万美元以上的投资企业，可享受免除企业利润税的待遇，最高免税期为十年（如项目分期实施可办延期手续）；投资项目实施所需的机械设备、非建筑用材料物资、办公和生活用品等均可免税，并通过发票抵扣增值税。投资额在 1500 万美元以下，可免除 1~2 辆办公用车 50% 的关税，对施工用车、通勤车可免除关税，但需到相关部门办理申请免税指标，具体免税比例不定。

重点项目是指对基础设施领域的投资，包括农业、公路、港口、电力、水坝、通讯、建筑、咨询服务、教育和医疗服务、旅游、信息技术、供水，以及由国务委员会特别规定的其他任何领域。

经联邦政府工业和投资部部长批准，可将此期项目的期限延长。

重点项目投资，可以从有关部门的计划用地中无偿获得所需土地；非

---

① 《鼓励投资条例》：2013 年颁布，并废除了《1999 年鼓励投资法》，目的在于鼓励符合国家战略目标、发展计划和投资方向的投资项目，无论项目投资来自苏丹或非苏丹的私营机构、合作机构或是公共机构。

重点投资项目可以优惠价格获得所需的土地。

4. 所得额的确定

可扣除的费用：租金、机械和厂房的维修费用、工资、薪金、报酬、坏账、呆账、折旧、医药费、办公用品和广告、电话和车辆费用、水电费用、捐赠、创业费、董事费不超过 500000 苏丹镑或扣除这些费用之前的利润的 5%、货运费用、保险费用、公司支付的地方税费、已付的利息等，亏损在随后的五年摊销并从实现的利润中扣除。

5. 反避税规则

（1）关联交易。企业与关联方之间的收入性和资本性交易均需遵守独立交易原则。目前苏丹在当地形成产业链企业并不多，税务机关对关联企业的关注度并不高。

（2）转让定价。企业应在年度报表申报后 6 个月内提交转让价格证明材料，介绍转让定价方式和市场比价情况。2017 年，税务部门对价格转让更新认定标准和方法，主要为了确保转让价格公正性，企业应该可以选择以下 5 种转让定价法进行定价确认：可比非受控价格法、再销售价格法、成本加成法、交易净利润法、利润分割法。

6. 征管和合规性要求

根据苏丹《所得税法》规定，税务局局长随时下达命令，规定任何征税通知、所得税征收单的内容和格式，并通过邮递的方式寄给纳税人。纳税人根据通知要求，在期限终止之前 1 个月内提交通知所列的各项内容和经过审核的账目；任何评估年度内的本基准期结束后的 3 个月内没有被要求纳税的人员，应主动提交其在该基准期内收入的纳税申报单，法定纳税期限可延长两个月，但延长期结束后的 14 天内应通知税务局局长。

7. 预缴所得税

支付给非居民企业的利息适用 7%，专利权使用费和技术服务费用以及咨询服务费用适用 15%，另外居民企业支付给当地注册的外国公司的分公司也适用 5% 的预留税。

（二）增值税

1. 征税原则

《增值税法》规定，增值税适用于提供大多数货物和提供服务，包括向苏丹进口货物和服务。征税对象为自然人和法人。条例中特别明确，下列活动视为提供服务：出租动产及不动产；转让无形资产；运输；供水供电供气及电信；研究咨询；现场消费的销售；修理及合约性工作；建筑安装。

2. 计税方式

采用包税制 ① 的个人或机构采用简易征收管理，其他企业采用一般计税，其中大型企业联合会下属的大型企业需开具有纳税人识别号的增值税发票。其他企业开具增值税发票也需要纳税人识别号。

3. 税率

增值税的标准税率为17%。特别税率30%适用于电信服务。

4. 进项税额抵扣

无增值税的抵、免、减等相关规定。

5. 增值税附加税

无增值税附加税。

（三）个人所得税

1. 征税原则

在实际征收中，苏丹政府对外籍人员无明确的税率标准，存在征收混乱的情况，主要以谈判形式协商征收缴纳。

2. 申报主体

以个人为单位进行申报，申报的时候参照家庭情况，婚姻状况和子女数量，由所在企业或者政府机构代扣代缴，并于每月20日前申报缴纳；每年1月31日前，由企业统一进行年度纳税申报。

3. 税率

个人所得税按照固定税率征收，税率为15%。

（四）关税

1. 关税体系和构成

对于《投资法》中规定的项目和《海关法》第54项条款规定的内容，可以适用免税规定。政府对出口实行从价税率，棉花和阿拉伯树胶为10%，其他产品为5%，此外苏丹港公司还收取码头税1.2%，国内航空收取1%。

---

① 　包税制：包税制是政府将一定时期里某项捐税，以一定数额交由私人包征包解的制度。

苏丹进口税率从 0%~120% 不等。此外，除特定商品（包括茶叶、咖啡、奶粉、干枣椰、烟草、香烟产业包装材料和石油）征收 2% 的消费税外，多数进口商品要征收 10% 的消费税（药品免征消费税）；苏丹港公司征收 2% 的码头税，国内航空征收 1.2%。此外，对于 122 类商品征收 55%~150% 的附加税。

2. 贸易壁垒

苏丹政府通过海关对当地产品形成较强竞争的进口产品设置贸易壁垒，保护当地产品。通常的方法包括：①拒绝认可货物发票价格，由海关重新估定货值，且往往予以高估，降低进口产品的竞争力；②设置进口许可证，且限制许可证发放范围；③对部分产品征收高额关税。

最近几个月，由于苏丹经济环境恶化，苏丹大幅提高了关税税额，且增加了部分清关费用项目。

（五）企业须缴纳的其他税种

1. 个体营业利润税（属于个人所得税一部分）

所有个体经济实体如：贸易、制造、农业及产矿适用于营业利润税，但可扣除如下项目：①导致生产收入的所有开支如：工资、薪水、租金、折旧等；②用于管理费用的 500000 苏丹镑或净利润的 10% 可作为开支扣除，但这只针对个人所得税而言。

2. 自由职业者营业利润税（属于个人所得税一部分）

自由职业者包括医生、律师、会计师、艺术家等适用于营业利润税，他们可予以扣除如下费用：①形成他们的收入所发生的所有开支；②从净收入中扣除 20% 的职业折旧费用；③用于管理费用的 500000 苏丹镑或净利润的 10% 可作为开支扣除，但这只针对个人所得税而言。

3. 印花税

该税种是对约 500 种公有和私有文件加以征税，包括发票收据、保险费单据、票据、报价单，收取的是名义价值和税率。

4. 租赁所得税

收入来源于实际不动产和土地的出租，适用于营业税，可予以扣除如下费用：①总收入的 30% 以应付维修开支、修理、保险、利息和其他开支，这一规定是给那些在他们申报时提供了真实资料的人们的。对于那些提供了审计账目的，每一开支都予以扣除。②房东已支付的所有当地税。

5. 资本收益税

这一税种是对土地和房地产征收 5% 的税率和对车辆征收 2.5% 的税率。这是对不包括通货膨胀调整的买卖价差进行征税。变卖机械和设备所得免征此税，此外还包括债券和股份，以鼓励投资。

6. 移民税

在海外工作的苏丹人每年必须以外币缴纳一笔国民社会捐资，收取的范围是在工人 100 美元和自由职业者 600 美元之间。

7. 农业税

在 1993 年 7 月，农业税的统一费率从 5% 降到 2%。这一税收是对在农贸市场出售的货值进行征税。大部分的税收收据是出具于 11 月到次年 4 月之间的收获季节。1996 年的修正法又将税率降到 1%。

（六）社会保障金

1. 征收原则

受雇苏丹当地人雇主需要每月缴纳月工资的 17% 作为社会保证金。

2. 外国人缴纳社保规定

外国劳工无需缴纳社保，但为了保护国内就业，所在国员工要比外国员工多出三倍以上，需要办理劳动许可证和居住许可证且每年需要延期和年审并收取费用。

第三节 外汇政策

一、基本情况

2011 年换发新货币后，由于外汇短缺，苏丹镑对美元一直呈贬值趋势，2011 年官方汇率 1 美元兑换 2.68 苏丹镑，目前则为 1 美元兑换 6.84 苏丹镑。而由于苏丹美元管制，黑市汇率与官方汇率差距较大，2012 年底，黑市汇率为 1 美元兑换 7 苏丹镑，2014 年底 1 美元兑换 8.6 苏丹镑，从 2015

年起苏丹镑又开始大幅贬值，截至 2017 年底 1 美元兑换 17 苏丹镑。

苏丹实施外汇管制。自 1992 年以来，尽管苏丹政府采取了一系列贸易自由化政策，放宽了外汇管制，实行自由浮动汇率，但由于外汇短缺其外汇管制政策经常变动，时紧时松。在苏丹从事石油勘探、开发、工程建设或相关业务的公司可以使用特种外币账户汇入和汇出美元，但要接受苏丹中央银行的监管，所有进口付汇或出口收汇企业必须在贸易部登记。

美国对苏丹实施经济制裁后，苏丹外汇流通出现困难，限制美元的汇款和流通；英国 HMT 与欧盟仍对苏丹实施制裁，因此英镑和欧元的汇兑也会受到限制；此外，日本金融厅也对苏丹进行制裁。

二、居民及非居民企业经常项目外汇管理规定

（一）货物贸易外汇管理

根据苏丹《贸易法》的规定，如果出口没有汇款要求，则不需要任何出口许可，否则需要由贸易部和央行发放出口许可。

（二）服务贸易外汇管理

服务贸易视同资本利得（主要指未注册的经营机构），盈利汇出需要提供财务报表、利润分配决议等支持性文件，报外汇管理局审批同意后方可汇出。

三、非居民及非居民企业资本项目外汇管理规定

外国投资者在苏丹的各银行可以开设投资外汇账户，并且在《鼓励投资法》中出台了一些具体措施保障投资，例如投资项目没有实施，只要经过投资局的同意并且履行了所有法律责任的条件下，可以重新汇出投资资金、清算或者自由处理投资资金。另外，1994 年通过了《苏丹自由贸易区法》，在特定的指定区内，货币可自由兑换，资金和利润可以自由转汇等地区优惠规定。但目前由于美元短缺及外汇管理，大多数情况无法实现。

四、个人外汇管理规定

根据苏丹机场最新规定，个人可以携带等值 1 万欧元的外汇出入境，如超过此额度，必须开具携带证明。但由于苏丹外汇严重缺乏，携带外汇额度经常被限制和降低。

第四节 会计政策

一、会计管理制度

（一）财税监管机构情况

苏丹财政和国民经济部下属的税务署负责税收的计征工作，税务署执行苏丹中央政府通过的所有税法，主要职责是通过拓展税基增加财政收入以满足政府年度目标；进行税法的教育传播与普及工作；提高税收管理水平，推广税收征收及信息的电子化管理，完善纳税申报流程，通过一站式服务提高税收服务水平。

（二）事务所审计

年度财务报告需要进行审计，但是提供的季度财务报告和年中财务报告无需审计。

（三）对外报送内容及要求

会计报告中主要包含以下内容：①企业基本信息，行业分类、经营范围、股东情况、公司地址、银行账户信息、税务登记号等；②企业经营情况表，资产负债表、利润表；③披露信息，费用类、资产类、历年营业额（五年内）、权益变动；④关联交易中，采购定价相关的证明材料及交易申明。

上报时间要求：会计报告须按公历年度编制，于次年的 5 月 20 日前完成。

二、财务会计准则基本情况

（一）适用的当地准则名称与财务报告编制基础

一般行业使用国际会计准则，但是并未通过法律的形式加以明确，当地的银行和保险业需要单独使用伊斯兰会计准则。苏丹以历史成本作为财务报告的编制基础。

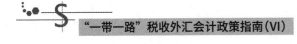

伊斯兰会计准则特点:

会计操作处理较灵活,伊斯兰会计文化更倾向于灵活性,即会计人员在会计操作上根据具体的会计环境与经济事项的特点进行灵活、多变的处理。

对风险多持乐观态度,在面对未来的各种风险与不确定性事项的时候,更倾向于采取开放、乐观的会计核算方法进行处理。

职业化和法律管制,虽然注重公共利益,但并非对集体的服从,而是对真主安拉的服从,要履行对安拉的义务,主张具有责任和义务的有限自由。由此看来,伊斯兰文化并不属于极端的个人或集体主义。

由于伊斯兰文化没有强烈的个人或集体主义偏向。因此,伊斯兰会计文化并不是倾向于以职业化或者法律管制为唯一主导,而是两者兼顾,保持适当的职业判断和行业自律。不过,由于伊斯兰文化的权力距离比较小,面对不确定性的回避程度较低,其会计文化主张的职业性相较法律管制要更强一些。

(二)会计准则适用范围

适用于境内所有企业。

三、会计制度基本规范

(一)会计年度

以自然年度为会计记账年度。

(二)记账本位币

可以使用苏丹镑,也可以使用美元。

(三)记账基础和计量属性

以权责发生制为记账基础,采用历史成本、现行成本、可变现净值、未来现金流量现值和公允价值五种计量属性。

四、主要会计要素核算要求及重点关注的会计核算

(一)适用准则

适用国际会计准则,其会计核算要素及会计核算要求与国际会计准则保持一致。

（二）会计制度基本规范

会计年度：纳税人的正常会计期间应为 12 个月，从公历年的 1 月 1 日到当年度 12 月 31 日。但有一些特殊情况，头一个会计期间应不少于 6 个月，或不多于 18 个月。公司清算的，会计期间应从之前会计期间截止日起，直到清算日止。公司停业、转让或出售的，会计期间应从之前会计期间截止日起，直到停业日、转让日及出售日止。纳税人从事临时性活动没超过 18 个月的，会计期间应是经营活动的期间。

记账本位币：苏丹镑和美元。

记账基础和计量属性：会计核算以权责发生制为基础，采用借贷记账法记账。各项资产均按取得时的历史（实际）成本入账；如果以后发生资产减值，则计提相应的资产减值准备。计量属性具体应用情况如下，历史成本：用于初始计量，除以个别情况下以公允价值进行初始计量外，均应用历史成本原则，此为最基本的原则。公允价值主要用于金融资产，金融负债，投资性房地产后续计量。可变现净值，用于后续计量，准备处置的长期资产以及流动资产（主要是存货）使用可变现净值进行计量。

（三）主要会计要素核算要求以及重点关注的会计核算

苏丹自 2018 年开始采用国际会计准则，其会计核算要素及会计核算要求与国际会计准则保持一致。

1. 现金及现金等价物

现金是指包括库存现金和活期存款；现金等价物是指随时能转变为已知金额的现金的短期投资，其流动性高，价值变动的风险小。

资产负债表中列示的现金是指库存现金及可随时用于支付的银行存款及现金等价物。现金流量表中列示的现金及现金等价物和 IFRS 准则中概念一致。

2. 应收款项

应收账款是指企业直接向债务人提供资金、商品或劳务所形成的金融资产。应收款项科目记录应收账款的初始计量，按初始价值计量确认，年末应收款项需要按公允价值计量确认。

当应收账款不能全额收回时，要对应收账款计提坏账准备，所计提的坏账准备不可以税前扣除。但注意只有经税务部门审核批准的坏账才能税前抵扣。

3. 存货

存货是指：①在正常经营过程为销售而持有的资产；②为这种销售而处在生产过程中的资产；③在生产或提供劳务过程中需要消耗的以材料和物料形式存在的资产。

适用于按历史成本计量属性编制的财务报表对存货的会计处理。

存货的期末计量应按成本与可变现净值中孰低者来加以计量。

可变现净值，是指在正常经营过程中估计销售价格减去完工和销售估计所需费用后的净额。

4. 固定资产

固定资产是指符合下列条件的有形资产：①企业为了在生产或供应商品或劳务时使用、出租给其他人，或为了管理的目的而持有；②预期能在不止一个会计期间内使用。

固定资产初始取得时应按最初取得的历史成本进行初始计量，应由其购买价格，包括进口税和不能退回的购买税，以及任何使资产达到预期工作状态的直接可归属成本所组成。

在计算购买价格时，应减去任何有关的商业折扣和回扣。

具体可参考年折旧率为：（1）施工设备及车辆的年折旧率30%；（2）家具年折旧率为30%；（3）商用交通车辆的年折旧率35%；（4）电脑及办公设备年折旧率40%。

其后续支出、折旧、价值重估、使用年限的复审、报废和处置均需参考《国际会计准则第16号——不动产、厂房和设备》。

5. 无形资产

无形资产是指为用于商品或劳务的生产或供应、出租给其他单位、或管理目的而持有的、没有实物形态的可辨认非货币资产。以历史成本作为初始计量，无形资产在其购置或完成后发生的支出应在发生时确认为费用，除非：①该支出很可能使资产产生超过其原来预定的绩效水平的未来经济利益；②该支出可以可靠地计量和分摊至该资产。若这些条件满足，后续支出应计入无形资产的成本。初始确认后，无形资产应以其成本减去累计摊销额和累计减值损失后的余额作为其账面余额。

6. 职工薪酬

职工薪酬是指所有支付给职工的各类福利，包括根据以下各项提供的福利：

（1）根据企业与雇员个人、雇员团体或他们的代表所签订的正式计划或其他正式协议。

（2）根据法律要求或通过行业安排，企业需要向全国、州、行业或其他多雇主计划注入资金。

（3）由于非正式的惯例所导致的推定义务。当企业没有现实选择而只能支付雇员福利时，因非正式的惯例而导致推定义务。推定义务的一个例子是，企业非正式的惯例一旦变化，将导致企业与雇员关系的不能接受的损害。

在苏丹当地注册企业还需根据《劳动法》必须给予工人年休假、离职补贴、医疗补贴等，企业还需支付占职工工资总额 10% 的社保费用企业承担部分，按月及时缴纳至苏丹社会保障管理局。

7. 收入

收入是指企业在一定的期间内，由正常经营活动所产生的经济利益流入的总额。该流入仅指引起权益增加的部分，而不包括企业投资者出资引起的部分。其范围包括：①销售商品；②提供劳务；③他人使用企业的资产而产生的利息、使用费和股利。

商品包括企业为出售而生产和外购的商品，如零售商购进的商品，或持有的待售土地以及其他不动产。提供劳务，其典型方式是企业在承诺的期限内完成合同所约定的劳务。该劳务可仅限于一个会计期间，也可跨越多个会计期间。他人使用企业的资产所产生的收入，有以下形式：①利息，是指因使用企业的现金或现金等价物而支付或应付给企业的费用，不能冲减其他财务费用；②使用费，是指因使用企业的长期资产，如专利权、商标权、著作权和计算机软件等而支付给企业的费用；③股利，是指股东根据其所拥有的资本份额而分得的利润。

2018 年起，国际财务报告准则的新收入准则开始实施。

在履行了合同中的履约义务，即在客户取得相关商品或服务的控制权时，确认收入。对于在某一时段内履行的履约义务，在该段时间内按照履约进度确认收入，并按照一定方法确定履约进度。履约进度不能合理确定

时，已经发生的成本预计能够得到补偿的，按照已经发生的成本金额确认收入，直到履约进度能够合理确定为止。

8. 政府补助

政府补助是指政府以向一个企业转移资源的方式，来换取企业在过去或未来按照某项条件进行有关经营活动的那种援助。这种补助不包括那些无法合理作价的政府援助以及不能与正常交易分清的与政府之间的交易。政府补助（包括以公允价值计价的非货币性政府补助）只有在以下两条得到合理的肯定时，才能予以确认：①企业将符合补助所附的条件；②补助即将收到。

其会计处理方法主要有两种：资本法，在这种方法下，将补助直接贷记股东权益；收益法，在这种方法下，将补助作为某一期或若干期的收益。

政府补助分为两类：与资产有关的补助和与收益有关的补助。

9. 借款费用

借款费用是指企业发生的与借入资金有关的利息和其他费用，可以包括：①银行透支、短期借款和长期借款的利息；②与借款有关的折价或溢价的摊销；③安排借款所发生的附加费用的摊销；④按照《国际会计准则第 17 号——租赁会计》确认的与融资租赁有关的财务费用；⑤作为利息费用调整的外币借款产生的汇兑差额部分。

借款费用应在发生的当场确认为费用，若该借款费用直接归属于相关资产的购置、建造或生产的借款费用，则该借款费用应作为该项资产成本的一部分予以资本化。

项目在国内总部借款所发生的资金占用费，属于合同支出，被苏丹税法认可。贷款必须与公司签订内部贷款协议，利息支出也需要有公司盖章的利息支出单。因此，该项支出增加时，要办理与国内的各项签证资料。

10. 外币业务

外币业务相关准则适用于：①对外币计价的交易的会计处理；②通过合并、比例合并或权益法对已包括在企业的财务报表中的国外经营的财务报表进行换算。

外币交易在初次确认时，应按交易日报告货币和外币之间的汇率将外币金额换算成报告货币予以记录。

交易日的汇率通常是指即期汇率。为了便于核算，常常使用接近交易日的汇率。例如，一个星期或一个月的平均汇率可能用于在当期发生的所有外币交易。但是，如果汇率波动较大，那么使用一个时期的平均汇率是不可靠的。

在每一个资产负债表日：①外币货币性项目应以期末汇率予以报告；②以外币历史成本计价的非货币性项目应采用交易日汇率予以报告；③以外币公允价值计价的非货币性项目应采用确定价值时存在的即期汇率予以报告。

11. 所得税

所得税准则适用于：①所得税会计；②在本准则中，所得税包括各种以应税利润为基础的国内和国外税额。所得税也包括应由子公司、联营企业或合营企业支付的、对分配给报告企业的利润的征税，例如预提税。

企业应当区分临时性差异和永久性差异，根据可抵扣暂时性差异和应纳税暂时性差异，分别确认递延所得税资产和负债。

12. 长期股权投资

股权投资主要形式分为：通过联营和合营等投资方式形成股权投资；企业合并形成股权投资。

（1）初始计量：联营和合营的股权投资按照付出的成本进行计量；除同一控制下的企业合并外，所有的合并投资都采用购买法进行计量，即为了获取对子公司的控制权支付的现金、票据、其他资产或者法定发行的债券或者股票等支付的对价。

（2）后续计量：国际上通用的是权益法和成本法进行计量核算，两者适用范围是成本法适用于不具有重大影响的股权投资，权益法适用于具有重大影响和控制的股权投资。

本章资料来源：

◎《对外投资合作国别（地区）指南——苏丹》

◎《苏丹 2013 年鼓励投资法》

第五章　塔吉克斯坦税收外汇会计政策

第一节　投资环境基本情况

一、国家简介

塔吉克斯坦共和国（英语：The Republic of Tajikistan），简称塔吉克斯坦，位于阿富汗斯坦、乌兹别克斯坦、吉尔吉斯斯坦和中国之间，是中亚五国中唯一主体民族非突厥族系的国家，也是中亚五国中国土面积最小的国家，面积为 14.26 万平方千米（其中，93% 为山区，耕地面积约 4.9 万平方千米，占国土面积 35%），人口 900 万人。首都杜尚别，人口 82.3 万人。全国共分为三个州（省）、一个区、一个直辖市。该国水资源丰富，占整个中亚一半以上，居世界第八位，开发量不足 10%。矿产资源种类全，储量大。有世界第二大银矿区，锑矿在亚洲仅次于中国和泰国。有相当储量的石油和天然气，但是无法有效开发。煤炭资源丰富，品质较高。气候为典型大陆性气候，冬、春季雨雪较多，夏、秋季干燥少雨。夏季最高气温高达 40℃，冬季最低气温 –20℃。官方语言为塔吉克语和俄语，官方货币为索莫尼（根据 2018 年 7 月 18 日塔吉克斯坦央行公布的汇率 1 美元约合 9.4196 索莫尼）。

二、经济情况

塔吉克斯坦是一个贫穷、多山的国家，经济以矿产开采、金属加工、农业为主。工业主要由食品加工和轻工业、大型水电设施和大型铝厂组成，目前运营远低于其产能。农业以棉花为主要作物，全国可耕地面积不到 7%，70% 的粮食需要进口。约有 100 多万塔吉克斯坦公民在国外工作，其中 90% 在俄罗斯[1]。据世界银行统计，2017 年塔吉克斯坦国内生产总值为 72.42 亿美元，世界排名第 136 位，GDP 增长率约为 4.5%，人均 GDP 约

---

① 数据来源：美国中央情报局塔吉克斯坦概况。

819 美元。塔吉克斯坦是上海合作组织的创始会员国，独联体国家的成员国，以及伊斯兰合作组织成员国和 WTO 成员方。近年来，塔吉克斯坦政府不断增加公共投资，道路、基础、供水、供电等基础设施状况大为改观，外资吸引力进一步提高。

三、外国投资相关法律

目前塔吉克斯坦法律法规较为健全，使用"大陆"法律体系。与外国投资相关的法律法规有《投资法》《外国公民在塔吉克法律地位的法令》《塔吉克斯坦共和国关于对外经济活动的法令》《塔吉克斯坦政府的决议和法令》《环境保护法》《外商投资法》《劳动法》《税法》《外汇调节与管理法》等。

外国企业在塔吉克斯坦可注册的形式为：合资公司、子公司、分公司和代表处，其中合资公司和子公司属于法人实体，而分公司和代表处不属于法人，只属于非居民企业在塔的常设机构。

根据《投资法》规定，外国企业员工中 70% 的员工应为塔吉克斯坦公民，但在某些情况可以突破这个限制。根据塔吉克斯坦《劳动法》第 36 条规定，由于市场条件的波动，雇主有权更改工人合同（报酬、工时、责任等）。如果工人不接受修改后的合同，工人可以被解雇，但有权获得相当于两个月工资的遣散费。塔吉克斯坦政府要求签订劳动协议（合同）或未签订劳动合约（合同）情况下雇佣居民自然人，并向其发放工资、酬金和其他收益的法人及其独立经营单位、非居民常设机构、个体企业（用人单位）都需缴纳社会税，社会税税率规定为：投保人缴纳 25%，被保险人缴纳 1%。

根据《塔吉克斯坦共和国政府与中华人民共和国政府关于互免公务旅行签证的协定》的规定，持有外交护照、公务护照和因公普通护照的中国公民，在塔停留 30 天之内无需办理入境签证，但工作签的有效期不能够超过一年，期满后需要续签，旅游签可以在塔吉克斯坦停留 45 天。

四、其他

俄罗斯和中国经济放缓、大宗商品价格低迷和汇率波动阻碍了塔吉克斯坦经济增长，该国国民生产总值的增长率从 2016 年的 6.9%，下降到

2017 年的 4%，2017 年从俄罗斯汇到塔吉克斯坦的侨汇较去年 2016 年下降了近 65%[①]。塔吉克斯坦政府为了缓解食品和其他消费品的通胀压力，经常推迟索莫尼的贬值，但当地币索莫尼贬值仍然较快。尽管 2016 年塔吉克斯坦政府花费了近 5 亿美元来救助该国的银行业，但目前该国银行业仍处于困境之中。目前塔吉克斯坦政府正在大举借债，修建罗贡水电站。近年来塔吉克斯坦不断增长的公共债务目前约占 GDP 的一半，可能会导致其财政困难。

第二节　税收政策

一、税法体系

塔吉克斯坦税收体系以《税务法典》为主。新版《税务法典》是由塔政府于 2012 年 9 月 17 日颁布，并于 2013 年 1 月 1 日起开始实行，2018 年 2 月 21 日塔国总统签署了关于塔国税法修正和补充的第 1511 号文件，与原税法相比，新版税法本着增加透明度、高效、公平、公正原则，对征税和报表程序做了进一步简化，并致力减轻纳税人负担。

塔吉克斯坦政府至少与 20 个国家或组织签订了避免双重征税协定，包括中国、比利时、德国、西班牙等国家，其中塔吉克斯坦政府与中国签订了《对所得和财产避免双重征税和防止偷漏税的协定》，从居民、常设机构、不动产所得、营业利润、国际运输、关联企业、股息、利息、特许权使用费等多个方面进行了规定。该协定在中国的适用税种为个人所得税和企业所得税；在塔吉克斯坦适用的税种为自然人所得税、法人利润税、不动产税。

塔吉克斯坦于 2011 年在圣彼得堡签署了独联体国家自由贸易协定，并于第二年开始生效。

---

① 《税收法典》：2012 年塔吉克斯坦总统签署颁布。

二、税收征管

（一）征管情况介绍

塔吉克斯坦实行税收中央集权制，税收立法权、征收权、管理权均集中于中央，主要税法依据宪法制定，由国家税务委员会报请议会审议通过后，由总统颁布。国家税务委员会和海关总署为税收具体监管和执行部门，并被授权解释税法及实施条例，国家税务委员会机构设置为总局、杜尚别分局、哈特隆州分局、戈尔诺—巴达赫尚自治州分局、杜尚别纳税大户监管局、各城市监管局、技能培训中心以及驻外代表处。所征收税款统一上缴国家财政。

（二）税务查账追溯期

塔吉克斯坦税务机关可以在相应纳税期日历年度结束后五年内对纳税人税金进行计算（查定）、重审（修正），并根据计算（查定、修正）税金进行追缴，同时纳税人也有权在日历年度结束后五年内要求返还或抵扣税金。

（三）税务争议解决机制

塔吉克斯坦税务纠纷解决机制有以下四种方式。

协商解决：税务机关与争议当事人通过协商解决问题，不需要通过上级税务行政机关和司法机关。协商解决可以减少争议双方的矛盾，缩短争议解决的时间，减少争议解决的环节。但协商解决争议是解决方式中法律效力最低的一种，不确定因素较多，同时会涉及咨询费用。这种解决方式是目前使用最多的一种解决方式，也是成本耗费最低的一种解决方式。

投诉解决：纳税人在收到税务稽查报告、税款、罚款和利息计算查定，以及税务机关其他决议提出的书面投诉书后30个日历天内递交，向上级税务机关，或者国家税务机关针对下属税务机关的决议、行动及其作为或者不作为提出投诉。这种争议解决方式的法律效力略高于协商解决方式。此种方式是行政机关行使内部监督权的一种表现。相对于协商解决效率较低，而且它不能涵盖所有的税收争议，管辖范围有限。

诉讼解决：纳税人依照塔吉克斯坦共和国法律规定的程序对税务机关进行起诉。但是，由于处理纳税人投诉而暂停征收纳税人全部或部分税款的情况，并不能免除纳税人因未及时将税款转入预算而产生的利息，其中包括自提交投诉书到作出投诉裁决期间产生的利息。这种解决方式是最具法律效力、最公平的一种，但诉讼成本较高。企业可以聘请专业机构进行税务诉讼事项，同时提供相应的诉讼材料，通过法院进行税务诉讼，但时间周期较长，诉讼费用较高。

其他方式：由于政府层面协调不到位，导致的税务纠纷事项，在处理税务纠纷过程中，可以通过政府部门之间沟通机制来解决。

三、主要税种介绍

（一）企业所得税（利润税）

1. 征税原则

企业所得税，以当年利润为计税基础，塔吉克斯坦企业所得税的税率按照企业性质不同划分为生产制造型企业、其他性质企业和外国企业。企业所得税的纳税人为法人，所有外国非自然人主体如果不能证明其为所得税法的共有产权人（如果书面协议为共同占有财产或共同进行经营活动协议或占有者不少于二人的其他书面协议，但却没有法人机构，则占有人应依照其参与份额纳税），将其视为企业纳税人。同时，塔吉克斯坦也引入了居民纳税人与非居民纳税人的概念，对于居民纳税人纳税对象为扣除税法规定的扣除额后的总收入；对于非居民企业，其课税对象是其通过固定场所从塔吉克斯坦共和国获得的、扣除税法规定的此类收入对应的扣除额后的总收入。

2. 税率

（1）生产制造型企业，自2017年1月1日起税率为13%。

（2）除上述性质的企业外，其他性质企业，自2017年1月1日起税率为23%。

（3）塔吉克斯坦纳税年度期间为1月1日至12月31日，每月月底进行预缴所得税，待至每年年底将该年的预缴税额合计，并于次年4月10日前完成去年所得税的缴纳。

（4）非税收居民取得来源于塔吉克斯坦共和国的收入与其在该国常设机构无关时，应在收入支付地按照总收入缴纳所得税，并且不作任何扣除

（税务代理提供服务或完成作业的非税收居民，且未进行增值税登记，应对这些作业或服务按规定缴纳增值税除外），缴纳所得税时的税率如下：

红利——依照 12% 的税率纳税；

利息——依照 12% 的税率纳税；

居民企业依据风险保险和再保险合同支付的保险费——依照 6% 的税率；

在塔吉克斯坦共和国和其他国家间进行国际通讯或国际运输时，居民企业为远距离通讯和运输服务所作的支付（海运费支付除外）——依照 5% 的税率，而海运费支付——依照 6% 的税率；

在塔吉克斯坦共和国获得税法规定的工资，无论工资支付形式和地点——按本税法规定的个人所得税税率；

取得上述未作规定的其他收入——依照 15% 的税率。

此外，对于外国企业的常设机构，在其常设机构的所得税基础上，还应按 15% 的税率对其常设机构纯利润补缴税。

3. 税收优惠

（1）下列情况免征利润税：①宗教机构、慈善机构、政府间和国家间（国际）非营利性组织免征利润税，但其经营活动获得的利润除外；②非营利性组织所得用于非营利性活动的无偿拨款、无偿资产和资助，以及所得会费和捐款免征利润税；③会计税务年内同时存在下列情况的企业免征利润税（从事商业活动，中介活动，供销和购置业务的企业除外）：至少 50% 的员工残疾人；至少 50% 的劳务报酬和其他物质奖励，包括实物奖励，用于残疾人；④塔吉克斯坦国家银行、居民存款保险基金会、免征利润税；⑤居民企业从居民企业获取的红利免征利润税；⑥新型商品生产企业，如果自首次注册之日起，其创始人在进行注册之日后 12 个日历月内未按照规定期限和投资金额的，免征利润税。

（2）如果企业重新注册或重组，企业所有人发生变动，权利组织形式发生变更，以及其他类似变动，依照本条第（1）款第⑥点不享受免征利润税（免税期）优惠。享受（或之前享受过）税收优惠制度的人员也不能享受此优惠。

（3）在转用特殊税制或相反情况下，根据纳税人申请，本条第（1）款第⑥点规定的优惠期可延长。

4. 所得额的确定

《税收法典》① 规定所得税的纳税额为纳税期内的总收入减去税法规定的扣款项。企业应纳税所得额的计算，依照一般税收制度纳税的情况，应以权责发生制为原则。

（1）可扣除项包括：①可扣除会计期间与该收入相关的所有确认实际产生的支出；②可扣除慈善机构实际支付用于开展慈善活动的款项，但不能超过应税利润的 10%；③可扣除贷款实际支付的利息，但额度不应超过根据塔吉克斯坦国家银行规定的偿还利率加算利息额的三倍；④可扣除提供商品、工程和服务所得收入已被记入经营活动总收入相关的坏账。坏账的累计储备不得超过会计期内收入的 10%；⑤可扣除科学研究、项目设计、试验设计工作费用，固定资产及其社保购置费用及其他投资支出除外；⑥可扣除经营活动中使用的固定资产及无形资产的折旧费；⑦可扣除固定资产的各类维修费用，但不得超过单类账面价值 10%，超出部分应增加该类别的账面价值；⑧可扣除投保人根据强制保险合同缴纳的保险费，储值型和返还型报销合同规定的保险费除外。

（2）不可扣除项包括：①与经营活动无关的支出；个人企业主基于代理专利权之上的购买商品（作业、服务）相关的支出；建设、使用和维持工程项目的支出。②任何超出塔吉克斯坦共和国财政部规定定额的招待费（额度由税务局根据公司情况核定），以及其他类似费用（庆典费用、宾客招待费用等），皆不予以扣除。由于此项费用需由财政部核定，部分公司为规避税务风险直接不予以扣除。③无偿（慈善）转让的财产，提供的工程施工及服务价值不予扣除。④供员工或股东个人支配使用的轿车相关费用，不予扣除。⑤因违法、违规的各种罚款不能税前扣除。

（3）对于亏损的弥补，税法规定，如果纳税人准予扣除的扣款项超过总收入（经营活动亏损），超过部分准予在下一纳税期征税前在盈利中进行抵补，期限为三年（含）；资产出售或转让（经营活动所用资产，或出售、转让利润免税的资产）时产生的损失可以通过该资产出售或转让所得利润进行抵补，如果损失无法在当年抵补的，准予在后续纳税期通过资产出售

---

① 《税收法典》：于 2012 年塔吉克斯坦总统签署颁布。

或转让利润进行抵补，期限为三年（含）。

5. 反避税规则

（1）关联交易。由于当地企业产业链不够完善，涉及关联交易的业务较少，税法对于关联交易未给予充分的关注。

（2）转让定价。塔吉克斯坦转让定价遵循经合组织的转移定价指南，按照公平合理价格进行转让定价，主要为了确保转让价格公正性。主要的方法有：（1）可比非受控价格法；（2）再销售价格法；（3）成本加成法。在市场上不能提供类似产品的市价时，优先采用第一种方法。

（3）资本弱化。企业支付给关联方的利息支出可以税前扣除，但需要提供相关的关联企业之间的资金贷款协议和外汇收款证明。

对于除贷款购置固定资产或建造固定资产所产生的利息外，对于关联方的借款利息，所得税税前扣除不应超过纳税期内根据塔吉克斯坦国家银行规定的偿还利率加算利息额的三倍。

6. 征管与合规性要求

企业所得税的缴纳实行"分次预缴、年度清算"的方式。缴纳方式分为月度预缴和季度预缴。月度预缴应于次月 15 日前申报并支付税款。每月按照上一年度的税务利润和适用的税率预缴，每次预缴的金额为上年利润税金额乘以系数 1.1 的 1/12 或当月总收入 1% 的最高值。季度缴纳于下一季度的开始月 15 日前向财政缴纳税款。每季度按照上一年度的税务利润和适用的税率预缴，每次预缴的金额为上年利润税金额乘以系数 1.1 的 1/4 或当季度总收入 1% 的最高值。

预缴的企业所得税的税款应计入年度应交所得税款内。预缴的企业所得税税款超过年度应纳税税款的部分可以冲减其他应交税款或返还给纳税人。企业所得税的预缴是强制性要求，如逾期缴纳应相应加算滞纳金，日滞纳金为欠缴（预缴）金额的 0.05%。企业所得税汇算清缴截止时间为次年的 4 月 10 日。

企业如逾期申报、未申报以及逃税将被处以罚款及罚息。纳税人纳税申报金额与税务局估算的金额相比较，如果存在金额低估会处以低估金额 25% 的罚款，一年内多次违反该条款处以 40% 的罚款。根据《税收法典》第五篇第 73 条如果纳税人在塔吉克斯坦共和国税法规定期限内未缴清税款，存在欠缴的情况，纳税人必须支付自支付期限到期之日起欠缴税款付清之日间产生的相应利息。每个日历日的利息为应付税款金额的0.05%，但不对利息和罚金计算利息。

（二）增值税

1. 征税原则

根据《税收法典》第160条，在塔吉克斯坦境内从事商品生产和流通、提供劳务和服务，以及所有进口应税商品均应缴纳增值税，并于每月月底进行纳税申报。

2. 计税方式

根据《税收法典》第161条：如果从事经营活动的人员去年总收入超过50万索莫尼，则须登记为一般增值税纳税人。对于采用一般计税方式征收的企业，其增值税进项税可以抵扣，采用简易征收的企业，增值税进项税不可抵扣。

3. 税率

塔吉克斯坦的增值税税率分为三档：18%，5%，0%。在塔吉克斯坦境内从事商品供应、作业完成、提供服务等行业的企业，税率为销售金额的18%。在塔吉克斯坦境内从事食品生产和销售、商贸批发和零售、采购和供应、建筑业以及出口行业仅缴纳5%的增值税，但进项税不可抵扣，此规定对于进口商品后在塔吉克斯坦境内销售不适用。塔吉克斯坦将在2019年对增值税税率进行修订，拟将部分行业增值税从5%提高到18%，具体细则将在2019年颁布。

4. 增值税免税

《税收法典》第169条规定四大类共21种情况属于免税范围，主要有：出售、转让、租赁不动产；为国家赔偿提供金融服务；货币及有价证券；为国家机构提供医疗、教育服务；人道主义援助；为国家处罚机构提供各类服务；进口重要项目所需建筑商品；残疾用品；稀有金属、宝石、棉产品；进口药物、初炼铝及相关商品、军事装备等。

5. 销项税额

《税收法典》第166条规定增值税税基为销售货物或提供的服务全部价款。符合下列条件的可进行应税交易价格调整：取消相关业务或者变更其

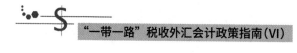

特性；变更应税交易成本；对因价格降低和其他原因产生的相应业务补充进行变更；全额或部分返还商品；坏账。

6. 进项税额抵扣

《税收法典》第 183 条规定下列增值税进项税可以抵扣：以纳税人名义（名称）开立的增值税发票，并且在发票中独立标明了增值税的应向供货方缴纳的税额；货物报关单；铁路或航空运输工具上发放的票券；公共服务供货方所使用票据。下列情况不允许抵扣：轻型汽车；娱乐或接待费用；增值税发票中未单独注明增值税税额；虚假发票、虚假海关的申报。

7. 征收方式

对于一个纳税期内不低于 70% 的应税收入适用零税率的纳税人，其用于抵扣的税额超过当期内应纳税额部分，在税务机构收到纳税人按照国家授权机构规定的格式提交的关于返还超出部分的申请后 30 日内，由财政机构与税务机关一同进行返还。除此之外的其他纳税人用于抵扣的税额超过当期应纳税额的部分，可以在之后三个纳税所属期内抵扣应纳税额以及纳税人在其他税种的未清税款，以及之前年度未清的增值税款。抵扣后剩余部分应在三个纳税期期满后 30 日内从财政机构返还给纳税人。

8. 征管与合规性要求

增值税按月申报，截止日期为每月 10 日之前。逾期申报、未申报以及逃税将被处以税款金额 25% 的罚款以及每个日历日应付税款金额 0.05% 的罚息。

（三）个人所得税

1. 征税原则

塔吉克斯坦引入了居民纳税人与非居民纳税人概念，对于居民纳税人指塔吉克斯坦共和国公民、申请加入塔吉克斯坦共和国国籍的自然人或申请塔吉克斯坦共和国绿卡的自然人，以及任何连续 12 个月内在塔吉克斯坦连续居住超过 182 天的外国公民；非居民纳税人指使馆人员（或其家属）、国际组织或外国公职人员（或其家属）和在塔吉克斯坦共和国经停的人员。居民纳税人就全球收入纳税；非居民纳税人只就其源于塔吉克斯坦的所得纳税。

2. 申报主体

个人所得税由扣缴义务人从源泉扣缴。以个人为单位进行申报，由所在企业或者政府机构代扣代缴，并于每月 15 日前申报缴纳。

3. 应纳税所得额

根据《税收法典》第八章第 96 条应纳税所得额，包括下列纳税人在纳税期内获得的任何收入（与支付地点和方式无关）：

居民纳税人从塔吉克斯坦共和国内及（或）国外获得的收入；

非居民纳税人从塔吉克斯坦共和国国内获得的收入。

塔吉克税法规定个人的总收入分为工资收入、非雇佣工作的活动收入以及任何其他收入，其中工资收入指自然人获得的任何薪金、利润或酬金（包括实物和非物质形式）以及以退休金或其他形式获得的以前雇佣工作收入，或将要进行的雇佣工作的收入；非雇佣活动收入具体指利息、股息、财产租赁（租用）收入和 / 或财产出售的增值收入、授权使用费及其债权人免除的纳税人债务等；其他收入指上述以外的其他收入。

4. 扣除与减免

未达到个人所得税起征点免征个人所得税。各类国家战争英雄、劳动英雄、参加过军队的各类人员、残疾人、因原子工程事故影响的公民等可享受不同程度的减免政策。

5. 税率实行累进税率

如果税法未作其他规定，个人在主要工作地点取得的雇员收入按下列税率征收所得税：

表5-2-1 个人所得税累进税率表

序号	月收入	征税额/率
1	未超过免税标准	不征税
2	超过免税标准但不高于 140 索姆尼	按超过部分的 8% 征税
3	140 索姆尼以上	在第二档的基础上，加上超过 140 索姆尼金额的 13%

数据来源：塔吉克斯坦政府颁布的《税收法典》。

自然人取得的利息、股息、财产租赁（租用）收入和 / 或财产出售的增值收入和授权使用费等非雇佣活动收入按 13% 的税率征税，但不享受各类国家战争英雄、劳动英雄、参加过军队的各类人员、残疾人、因原子工程事故影响的公民等可享受的减免政策，被保险人社会税扣除除外。此外，对于非居民的工资收入，按 25% 的单一税率征收。

6. 征管与合规性要求

个人所得税按月申报，截止日期为每月 15 日之前。惩罚逾期申报、未申报以及逃税将被处以税款金额 25% 的罚款以及每个日历日应付税款金额 0.05% 的罚息。

（四）关税

1. 关税体系和构成

2018 年塔吉克斯坦正式加入欧亚联盟，该联盟内部贸易往来享受零关税待遇。目前欧亚联盟的其他成员国有白俄罗斯、哈萨克斯坦、俄罗斯、亚美尼亚和吉尔吉斯斯坦。其他国别进口货物需按照海关征收管理办法缴纳关税。

2. 税率

塔吉克斯坦的关税税率为 0%~15%，采取从价计征、从量计征、复合计征等方式，其中从价计税方式较多，与工程项目相关税率如表 5-2-2：

表5-2-2　关税税率表

货物名称	税率
肉蛋奶制品、糖果、海鲜、肉类等食品	5%~15%
橡胶及橡胶制品	10%
玻璃及玻璃制品	15%
黑色金属、铜及其制品、镍及其制品	5%
铝及其制品	15%
水泥	15%
沥青	5%
机械设备配件	5%
汽车和其他机动车辆	5%
机械设备	15%
家具、床上用品、床垫、垫子和类似的填充家具、灯具和照明设备	15%

数据来源：塔吉克斯坦政府颁布的《海关法》。

3. 关税免税

塔吉克斯坦现有 Sughd、Panj、Dangara 和 Ishkashim 四个自由贸易区在建自由经济区，根据《塔吉克斯坦共和国自由经济区法》[①]，自由经济区内从事经营相关行业的企业实施免除关税政策。

为支撑某个项目或者是招商引资的需要，海关部门会根据《海关法》[②]以政府令的形式单独针对某个项目或者某个企业出具确认免税的免税文件，免税范围和优惠范围根据免税协议确定。工程类项目免税范围一般为建设该项目所进口物资、机械设备，主要包括钢筋、水泥、沥青、车辆、机械设备等大宗材料。免税期限为项目合同上规定的施工期限，如遇工程延期需要向海关提供由业主出具的延期证明并办理延期免税文件。但生活物资、豪华车辆不在免税范畴。

4. 设备出售、报废及再出口的规定

企业以免税的名义临时进口的设备，免税到期前，办理相关手续可以免税出口到其他国家，免税到期后，如果需要出售或者停留在当地国家，需要由监管机构鉴定残值后出具书面文件，按残值补缴全额关税并取得结关单后方可出售。全额关税进口设备，企业可以自行报废；对海关税收优惠进口设备的报废必须通过海关监督管理机构认定残值，补齐相应关税后进行报废，同时申请海关管理机构进行销关。

（五）企业须缴纳的其他税种

土地税。纳税人是转为一般税制的农业产品生产者，以及不征收单一税的土地用户。税基为土地用户证明文件中指出的地块面积，或其拥有实际使用的地块面积。政府每五年规定一次每公顷土地的税率，小于 800 平方米部分按照规定汇率征收；大于 800 平方米小于 2000 平方米部分按照 2 倍税率征收；大于 2000 平方米部分按照 5 倍税率征收。

不动产项目税。纳税人是不动产项目的所有者，以及不动产的使用人。税基为当地土地税的 10~50 倍，按照面积征收，楼房按照各楼层面积征收。对土地征收的不动产税按照土地面积，并实行按地区差别税率。对建筑物征收的税率参照表 5-2-3：

---

① 《塔吉克斯坦共和国自由经济区法》：2004 年经总统签署颁布。

② 《海关法》：2006 年经总统签署颁布。

表5-2-3　不动产项目税率表

不动产类型	面积	每平方米税率
居住建筑物（房子）	小于 90 平方米	3%
	大于 90 平方米	4%
商业活动、公共饮食和居民日常服务点	小于 250 平方米	12.75%
	大于 250 平方米	15%
用于其他目的的不动产项目	小于 200 平方米	9%
	大于 200 平方米	12%

注：对建筑物的税率按地区以系数调整，如首都杜尚别系数为1，其他地区适当下调。

数据来源：塔吉克斯坦政府颁布的《税收法典》。

消费税。税基为除免纳税产品外在塔吉克斯坦境内生产或进口应税商品。消费税的纳税人是在塔吉克斯坦境内生产或进口应税商品的所有法人和自然人。

表5-2-4　消费税税目及税率表

项目	商品名称	消费税税率
1	酒精，无酒精及含酒精饮料	0.01~2.5 欧元 / 升
2	加工烟草，烟草的工业替代品，烟草产品	0.40~0.85 欧元 / 千件，12%
3	矿物燃油，所有种类的原油及其蒸馏生成物；沥青物质；矿物蜡；液化气	6.6~50 欧元 / 吨
4	轮胎及充气橡胶外胎	5%~10 %
5	载人用小汽车及其他机动载人交通工具	10%
6	由贵重金属和宝石制成的珠宝制品	5%

数据来源：塔吉克斯坦政府颁布的《税收法典》。

道路使用税。纳税人为按通用税制纳税和有征税对象的纳税人，按月征收。若当期费用大于当期收入的70%，应缴当期费用为基数；若当期费用小于当期收入的70%，则以当期收入的70%为基数征税。当期支出定义范围指为购买商品、劳务、服务所耗费的支出，不包含固定资产的建设、购买及安装支出。

表5-2-5　道路税税率表

期间	经济活动种类	税率
2013 年 1 月 1 日起	贸易、采购、供销经济活动	0.50%
	其他经济活动	2%
2015 年 1 月 1 日起	贸易、采购、供销经济活动	0.25%
	其他经济活动	1%
2017 年 1 月 1 日起	贸易、采购、供销经济活动	0.25%
	其他经济活动	1%

注：由于塔吉克政府财政收入不足，道路税已延期至 2020 年 1 月 1 日。
数据来源：塔吉克斯坦政府颁布的《税收法典》。

自然资源税。纳税人是资源使用者。税基依据开采的矿产品的不同种类，税率为 0.5%~10%。

交通工具税。纳税人是掌握和（或）使用具有征税对象的运输工具的相关人员。用于自行式运输工具的税基是以马力为单位的发动机功率。免税对象为：履带式车辆、城市公交车和残疾人专用车辆，属于苏维埃社会主义共和国联盟英雄、社会主义劳动英雄等私人所有的非经营用汽车（限一辆）。

表5-2-6　交通工具税税率表

征税对象的名称	税率，结算指标的百分比
摩托车和小轮摩托车	2.5%
以小轿车为基础的带篷载重汽车和皮卡	6%
轻型汽车	7.5%
客车（12 座以下）	7.5%
客车（13~30 座）	8.5%
客车（超过 30 座）	9.5%
载重汽车和其他载重量小于 10 吨的汽车运输工具	11%
载重汽车（载重量为 10~20 吨）	12.5%
载重汽车（载重量为 20~40 吨）	13.5%

征税对象的名称	税率，结算指标的百分比
载重汽车（载重量超过 40 吨）	14.5%
拖拉机、带有施工用发动机的运输工具，不包括农业用途此类工具	2%
小艇、小船和其他浮动自行式运输工具	15%
铁路火车头	1%

数据来源：塔吉克斯坦政府颁布的《税收法典》。

各类自行式运输工具、自行式机器和机械装置的税率每年在一个日历年的 2 月 1 日之前公布在国家主管机关的电子网页上。

销售税（初炼铝）。纳税人是在塔吉克斯坦境内、外市场销售初炼铝的法人和自然人。税基为应税商品的价值。税率：初炼铝——3%。

（六）社会税

1. 征税原则

应缴纳的社会税的计算基础为月度员工薪酬的 26%（员工承担 1%，企业承担缴纳 25%），每月 15 日之前申报。

2. 外国人缴纳社会税规定

塔吉克斯坦税法对外国公民的以下收入免缴社会税：非塔吉克斯坦共和国公民的自然人为塔吉克斯坦共和国驻外使馆提供工程施工和服务而获得的收入；在实施塔吉克斯坦共和国政府投资项目的框架内外国公民的雇佣劳动收入。外国公民除了上述情况以外的收入需要缴纳社会税。

第三节 外汇政策

一、基本情况

塔吉克斯坦中央银行为外汇管理机构，负责外汇政策制定和对商业银行外汇结算的监督和管理。塔吉克斯坦官方货币为索莫尼，实行浮动汇率，最大面值为 500 索莫尼。

近两年来，受世界经济金融危机和俄罗斯经济持续低迷影响，索莫尼汇率持续走低，由 2015 年初的 1 美元兑换 5.3 索莫尼，贬至目前的 1 美元兑换 9.420 索莫尼。塔吉克斯坦主要商业银行有对外经贸银行、农业银行、东方银行、储蓄银行和工业银行等。由于经济危机持续发酵影响，塔吉克斯坦金融系统陷入系统性危机，工业银行已宣布破产，农业银行作为其最大国有商业银行，也在倒闭边缘。塔吉克斯坦央行虽采取了一系列紧急救助措施，但总体收效甚微。

塔吉克斯坦外汇管理制度相对比较宽松，允许美元、欧元等国际通用货币与当地币的双向自由兑换；进口用汇无需任何申报即可获得；对外国投资的本金和利润汇出方面相对比较放松，最初投资总额和申报的利润总额均可以汇出国外。

二、居民及非居民企业经常项目外汇管理规定

（一）货物贸易外汇管理

塔吉克斯坦货物贸易外汇业务目前没有相关政策的限制，只需提供货物相关购货合同、海关资料等文件给银行即可办理。

（二）服务贸易外汇管理

塔吉克斯坦对于服务贸易外汇管理并没有明确的规定，视同货物贸易，但需要从塔吉克斯坦税务局取得完税证明。

（三）跨境债权债务外汇规定

塔吉克斯坦关于跨境债权与债务在外汇结汇购汇政策，对于小额债权债务，只要能够提供双方的债权与债务合同给银行，通过银行机构内部的内控审核，即可办理；对于大额的债权债务，需要向国家外汇管理局机构提供证明文件，方可办理。

（四）外币现钞相关管理规定

1. 外币现钞相关管理规定

根据《外汇调节与管理法》[①]第 8 条，除了列举的几种情况（包括用于

---

① 《外汇调节与管理法》：2013 年经总统签署颁布。

境外差旅费、向国家相关部门如外交部支付的签证费等）之外，居民间的外汇交易是禁止的。因此，对于经注册的企业，在向银行申请提取账户内美元现金时，银行会要求提供书面文件以证明该现金是用于境外差旅费或支付国家相关外事部门的费用。但对于自然人提取个人账户内的美元现金，则无限制。

目前该项规定并未得到充分执行，鉴于美元的币值相对当地币稳定，流通性高，当地个人和企业都偏好于收取美元现金，因此企业中存在很多美元支付的现象。由于塔吉克斯坦外汇储备较少，银行提取大额外币现金一般比较困难，特别是大型企业，一般美元支出都采用银行汇款方式。

2. 结汇、购汇相关政策

塔吉克斯坦现行《外汇调节与管理法》第 9 条的规定，居民和非居民可以通过经授权的银行和塔吉克斯坦国家银行指定的授权机构办理外汇兑换。塔吉克斯坦境内除银行外，还有很多银行指定的货币兑换点，基本可以实现自由兑换。

3. 外汇账户的相关管理规定。

根据《外汇调节与管理法》第 11 条和第 12 条，居民和非居民均可以在塔吉克斯坦经授权的银行（有外汇经营资质）开立外币和本币账户，开户后需按规定向塔吉克斯坦央行及税务局备案。

三、居民企业和非居民企业资本项目外汇管理

根据塔吉克斯坦《外汇调节与管理法》第 7 条，居民与非居民间的外汇交易无限制。因此自境外收款和向境外汇款是允许的，但需要提供相应文件，如贸易项目下需提供货物相关文件等，而资本项目下如外国投资的收益等需在当地完税后可汇出。

四、个人外汇管理规定

个人允许拥有外汇账户，对于提取和汇兑个人账户内的美元、卢布等外币没有限制。但由于目前塔吉克斯坦经济困难，美元较为短缺，因此提取大额美元较为困难。携带 3000 美元以上现金出入境需要申报。

第四节 会计政策

一、会计管理体制

（一）财税监管机构情况

在塔吉克斯坦注册的企业如果有经济业务发生，均需按照国际财务报告准则（IFRS）[①]体系要求建立会计制度进行会计核算。税务局根据地域及行政功能进行分类，由下属部门戈尔—巴达赫尚自治区的税收管理局、哈特隆州税务管理局、杜尚别税务管理局、粟特州税务管理局、大客户税务管理局、税务监管机构、税务培训学习中心、国际税务合作局对企业进行监管，各企业需要按照统一格式上报会计和税务资料。

（二）事务所审计

根据塔吉克斯坦的会计和审计法律法规要求，无论是居民企业或者非居民企业，均需要接受会计师事务所进行第三方审计。

（三）对外报送内容及要求

会计报告中主要包含以下内容：①企业基本信息，行业分类、经营范围、股东情况、公司地址、银行账户信息、税务登记号等；②企业经营情况表，资产负债表、利润表、现金流量表、所有者权益变动表；③披露信息，费用类、资产类、历年营业额（五年内）、权益变动；④关联交易中，采购定价相关的证明材料及交易申明。

上报时间要求：会计报告须按公历年度编制，于次年的4月30之前完成。

二、财务会计准则基本情况

（一）适用的当地准则名称与财务报告编制基础

塔吉克斯坦采用国际财务报告准则（IFRS），并于2011年5月27日

[①] 国际财务报告准则（IFRS）指国际会计准则理事会现时发布的国际财务报告准则系列。

由塔吉克斯坦共和国财政部制定和批准了统一的会计科目表。企业在此基础上自行制定企业会计政策进行经济业务的会计处理和财务会计报告编制。

塔吉克斯坦的会计核算制度与税法联系紧密,在会计核算中会充分考虑税法规定,所以纳税申报时对会计报表纳税调整项较少,与税务政策趋于一致。会计核算按照国际财务报告准则(IFRS)处理,在纳税申报时,对与税法不一致的事项进行必要纳税调整,并以调整后的税务报表作为报税依据。

(二)会计准则适用范围

随着塔吉克斯坦经济的发展,塔吉克斯坦的会计准则也逐步与国际会计准则相接轨。所有在塔吉克斯坦注册企业均需按照国际财务报告准则(IFRS)处理进行会计核算并编制报表。

三、会计制度基本规范

(一)会计年度

公司会计年度与历法年度一致,即公历年度1月1日至12月31日为会计年度。

(二)记账本位币

塔吉克斯坦采用索莫尼作为记账本位币,货币简称TJS。

(三)记账基础和计量属性

《会计核算和财务报告法》①第九条规定:企业可根据塔吉克斯坦法律、国际标准和国家标准、单位经营活动要求和特点自行决定会计核算的记账基础,可以采用收付实现制或者权责发生制。

《会计核算和财务报告法》第十五条规定:企业以历史成本基础计量属性。未提及重估价值计量的情况。

《会计核算和财务报告法》规定:一般的会计原则有合法性原则;真实性、有序性(第六条)、连续性、可理解性、适当性、可靠性、可比性(第七条)、一致性、完整性(第十条)。

---

① 《会计核算和财务报告法》:2011年经总统签署颁发。

四、主要会计要素核算要求及重点关注的会计核算

（一）现金及现金等价物

现金（资产）包括钱柜里的实物现金；企业的结算（往来）和外汇账户上的现金以及存款账户。

现金等价物（现金等价物）是短期的（3个月内到期），流动性强的，易于兑换为已知数额现金的，能经受其价值变化的微小风险的。对于从购买日起，3个月内到期短期投资、国库券、商业票据和存款证也被视为现金等价物。

现金流量表中列示的现金及现金等价物和IFRS准则中概念一致。

（二）应收款项

应收款项指公司发生在金融、经济活动过程中和自己对公司债务人所拥有的权利以及对其资产和其他资源具有拥有权的流动资产。财务报表中应收账款分为当前（短期）的和长期的。应收账款为偿还（托收）期限在12个月或是交易期内的视为短期的。所有其他的应收账款则视为长期的。

在资产负债表中应收账款归类为可交易和不可交易的。可交易应收账款在资产负债表中呈现为账户和应收票据。不可交易应收账款发生在实施不同于公司日常经营的其他业务。不可交易应收账款示例如下：备用金、预付款、红利和应得利息、返还的物品和包装、提起的诉讼、保险赔偿、保证金、存款等。

《税收法典》第18章第115条明确企业资产的坏账准备可以从税前扣除，但坏账的累计储备不得超过会计期内所得收入的10%。

（三）存货

根据《国际会计准则第2号——存货》，存货——即资产：在正常经营中用于销售的；在生产过程中用于此类销售的；以原料或是材料形式用于生产过程中或是在提供服务时使用。

存货这种资产的形式为：在主体经营中用于销售的成品，货物包括货物在运输途中所有权发生更换；半成品，产成品，服务等；原料、材料库存，购买的半成品和配件；构件和零件，燃料，包装和包装材料，备件等其他用于生产或是完成工作及服务的材料。

存货出库可以采用先进先出法和平均法（移动平均或加权平均）。企业应根据存货的性质和使用特点选择适合的方法进行存货的出库核算。确定存货的期末库存可以通过永续盘点和实地盘点两种方式进行。

存货期末计量采用初始成本与可变现净值孰低法，若成本高于可变现净值时，应根据存货的可变现净值与账面价值的差额计提存货跌价准备并计入会计科目作为存货的备抵项。

（四）长期股权投资

根据国际会计准则，所有非短期投资都属于长期投资。主要用于保护、改善和发展实业和贸易关系的投资，通常称作贸易投资，不是用于销售的，则归为长期投资。其他投资，如房地产投资，也归类为长期投资，尽管他们很容易能够变现。

长期投资通常被计入购置成本并在以后可以统计到资产负债表里：在具有市场份额的有价证券的情况下按购置成本及基于总投资组合的市场价值的最小值。在使用重新估值的情况下，应确认定期重新估值的政策，所有种类的长期投资应同时重新估值。

所有长期投资的账面价值应考虑投资价值的贬值，临时的除外，这种减少应该为每个单独投资进行确定。

长期投资通常要考虑到购置成本。但是当发生长期投资贬值时，临时的除外，其账面价值减少是为了承认这种贬值。

由于其重要性，大多长期投资在单独基础上进行评估。如果公司按照购置成本和基于投资组合的生产价值的最小值使用估值，那么临时减少和恢复这样的减少计入自有资本。与账面价值临时贬值无关的减少，如果它不能补偿以前的重新估值，列入损益表。

购置的短期和长期债券代表两个独立的有价证券组合和按照最小购置成本及公平（市场）价值进行估值的方法分别应用于每个投资组合。

（五）固定资产

固定资产指企业为生产产品、提供劳务、出租或者经营管理而持有的、使用时间超过 12 个月的，价值达到一定标准的非货币性资产，包括房屋、建筑物、机器、机械、运输工具以及其他与生产经营活动有关的设备、器具、工具等。根据税法，在塔吉克斯坦价值超过 800 索莫尼（130 美元）的有形资产可视为固定资产进行折旧。在塔吉克斯坦固定资产采用历史成本计量，税法对不同类型的固定资产税前扣除的最大折旧率进行了规定，采用余额递减法进行折旧：

表5-4-1 固定资产折旧率

序号	固定资产	最大折旧率
1	汽车道路建筑机械、特种设备、计算机和外围设备、数据处理设备	20%
2	卡车、公共汽车、专用车辆和拖车、所有行业的机器和设备、铸造工程压锻设备施工设备、农业机械设备、汽车和办公家具	15%
3	电力设备、涡轮设备、电动马达和柴油发电机组安装电力传输装置、管道	8%
4	建筑、铁路运输结构、河流和湖泊客船	7%
5	其他类别中未列出的其他可折旧资产	10%

数据来源：塔吉克斯坦政府颁布的《税收法典》。

（六）无形资产

无形资产是可识别的非货币资产，没有物理形态，用于生产或者提供商品和服务，用于出租和行政目的的资产。

无形资产的主要特征：没有具体的物质体现；对未来收益的高度不确定性；不用于转卖；长期使用；无形性，无感知和无实体。无形资产初始计量以历史成本，企业应在其预计使用期限内对资产计提摊销。无形资产期末计量按可回收价值计量，如果发生减值，计入减值准备。

（七）职工薪酬

由于根据塔吉克斯坦的会计法，企业可以采用收付实现制或者权责发生制，对于采用收付实现制的企业，企业支付职工工资，奖金，津贴，补贴、职工福利、社会保险费、非货币性福利、其他与获得职工提供的服务相关的支出等职工薪酬项目直接进入人工费科目核算；对于采用权责发生制的企业支付职工工资，奖金，津贴，补贴、职工福利、社会保险费、非货币性福利、其他与获得职工提供的服务相关的支出等职工薪酬项目进入应付职工薪酬科目核算。确认和计量方法与中国会计准则的职工薪酬类似。

（八）收入

企业收入主要核算企业销售商品、提供劳务所引起的经济利益的流入。对于采用收付实现制的企业，只有当企业通过交换商品或服务获得了现金，方可确认为收入。采用权责发生制的企业收入的核算方法与中国的会计准则类似。根据塔吉克斯坦财政部第41号令《关于承包合同的核算条例》规定，承包方可以通过两种办法确认收入：①在可准确计算完成部分的收入和成本时，可按照建设项目中已完成的部分确认收入；②在项目全部完成时确认收入。已完成部分的金额可根据合同中有关合同价格和结算方式的条款确认。

（九）政府补助

国家补贴是以转让公司资源的形式提供的国家援助，换取履行与公司经营活动有关的某些要求。国家补贴是一种国家援助，其区别在于：

能合理评估，

与公司的日常活动分开。

国家补贴包括无须返还的国家贷款；赠款与资产补贴，其主要条件是公司应购买、建造或购置长期资产；补贴与收入有关的其他补贴，而不是与资产有关的赠款。

（十）借款费用

借款费用是指企业因借款而发生的利息及其相关成本。借款费用包括借款利息、折价或者溢价的摊销、辅助费用以及因外币借款而发生的汇兑差额等。对于因购置固定资产而产生的借款费用可以予以资本化，其他类借款费用需计入当期损益，所得税税前扣除不应超过纳税期内根据塔吉克斯坦国家银行规定的偿还利率加算利息额的三倍。

（十一）外币业务

外币交易是指以外币计价或要求以外币结算的一种交易，包括企业在下列情况下产生的交易：①买入或卖出以外币计价的商品或劳务；②借入或借出以外币为收付金额的款项；③成为尚未履行的外币交易合同的一方；④购置或处理以外币计价的资产，或者产生或结算以外币计价的债务。

对于外币业务发生时，按照当日塔吉克斯坦央行发布的外币兑索莫尼的及时汇率入账，于资产负债表日按照当日塔吉克斯坦央行外币兑索莫尼的及时汇率入账，差额进入财务费用—汇兑损益。

（十二）所得税

塔吉克斯坦所得税采用应付税款法，不区分时间性差异和永久性差异，不确认递延所得税资产和负债，当期所得税费用等于当期应交所得税，年末所得税费用会进行结转，余额为0。

本章资料来源：

◎《税收法典》

◎ 国家税务总局《中国居民赴塔吉克斯坦投资税收指南》

◎ 德勤会计师事务所《塔吉克斯坦税收投资指南》

◎《塔吉克斯坦会计法》

◎《海关法》

第六章 泰国税收外汇会计政策

第一节　投资环境基本情况

一、国家简介

泰国，全称泰王国（The Kingdom of Thailand），是君主立宪制国家。泰国位于亚洲中南半岛中部，东南临泰国湾（太平洋），西南临安达曼海（印度洋），西部和西北部与缅甸接壤，东北部与老挝交界，东南部与柬埔寨为邻，南部狭长的半岛与马来西亚相连。泰国国土面积约 51.31 万平方公里，海岸线长达 3219 公里，人口约 6841 万（2017 年）。泰国有 30 多个民族，泰族为主要民族，占人口总数 75%，其他民族还有华族、马来族、高棉族、克伦族、苗族等。佛教是泰国的国教，全国 95% 的人口信奉佛教（主要为小乘佛教）。官方语言为泰语和英语。货币为泰铢（Baht）。

二、经济概况

泰国自然资源较为丰富，制造业方面基础良好，区位优势显著，属于出口导向型新兴工业国家。泰国的代表性产业，即农业中的大米、橡胶业、工业中的汽车和零部件产业以及服务业中的旅游业，持续发力，尤其是中国赴泰游客的增多，以及中国进口泰国产品数量、种类的扩充，也使得泰国经济从中受益，发展态势持续向好。

1995 年 1 月 1 日，泰国加入 WTO 世界贸易组织，有利于泰国直接并主动地参与国际经济合作和国际分工，有利于扩大出口和利用外资，有利于促进技术进步、产业升级和经济结构调整，大大促进了泰国经济的发展。且自 1989 年 11 月 APEC 亚太经济合作组织成立之初，泰国即成为其成员国，并入选 2018 年最具投资潜力的前五国之一。此外，泰国还在 1961 年 8 月 8 日，与马来亚（现马来西亚）、菲律宾、新加坡、印度尼西亚共同成立了东南亚国家联盟（简称"东盟"），截至 2012 年已发展至 10 个成员国，为区域经济增长、社会进步、文化发展、和平稳定做出了积极的贡献。

2018年6月，泰国中华总商会联合朱拉隆功大学经济学院首次正式发布了"泰国中华总商会经济指数"调研报告。报告显示，2018年第一季度泰国国家经济总体状况稳定，趋向良好，主要原因在于国内消费的提升和国际出口的扩大。同时，泰国与中国的经济联系日益密切，贸易往来不断增加。2018年6月20日，泰国中央银行将2018年GDP增速预期上调至4.4%，而3月预期为增长4.1%，这已是泰国央行第5次上调今年成长预期。但由于三季度泰国经济增长放缓，出口和入境游创收下挫，泰国汇商银行最新发布的2018年泰国经济增长预期报告决定下调全年经济增长预期，调低至4.2%。但整体来看，泰国2017年经济增长3.9%，已属五年来最快增速。

同时，泰国政府也表示泰铢走强会给经济带来巨大影响但不会长期持续，而祥和的国内政局却能为经济成长带来积极的提振。泰国中央银行将会使用有效的调控工具，以确保泰铢对美元中间汇率在可控的范围内波动。

三、外国投资相关法律

在泰国，投资设立企业的形式包括合资/合伙企业（两合企业）、私营有限责任公司、公众有限责任公司、合营/合作企业、外国公司分支机构（分公司）、外国公司代表处、跨国公司地区代表处。在泰国注册上述不同的企业形式，特别是设立有限公司等，均需到泰国商业部商业发展厅企业注册处进行申请。

泰国主管投资促进的部门是泰国投资促进委员会（Board of Investment，简称BOI），投资促进委员会办公厅（Office of the Board of Investment）是隶属于泰国工业部的国家厅局级单位，负责审核和批准享受泰国投资优惠政策的项目、提供投资咨询和服务等。

泰国属于大陆法系国家，具有较为完备的法律制度体系。与外国投资和贸易相关的主要法律有：《公司法》《税法》《投资法》《贸易法》《利用外资法》《知识产权法》《经济贸易监督法》《解决经济贸易纠纷法》《外商经营企业法》《关税法》《外汇管理法》《海关法》《商业竞争法》和《外籍人工作法》等。泰国司法环境总体良好，但司法执行效率较低，拖而不决的现象比较常见。

根据泰国《外商经营企业法（Alien Business Act）》（1999）规定，限制外国人投资的行业包括三类：因特殊理由禁止外国人投资的业务；涉及国家安全稳定或对艺术文化、风俗习惯、民间手工业、自然资源、生态环境造成不良影响的投资业务；本国人对外国人未具竞争能力的投资业务。

泰国《劳动保护法（Labour Protection Act）》明确了雇主和雇员的权利及义务。劳工部就业厅于 1979 年颁布的《外籍人工作从业限制工种规定》和 2004 年颁布的《外籍人工作申请批准规定》是泰国官方受理、审批外籍人在泰国工作申请的主要依据。泰国劳工部就业厅是外籍人在泰国工作许可的归口管理部门。

《泰国土地法（Land Code Promulgating Act，B.E.2497）》由泰国内务部颁布，自 1954 年 12 月 10 日起实施。外国人及外籍法人根据内务部法规，经内务部部长批准可拥有土地，以作为居住和从事商业、工业、农业、坟场、慈善、宗教等活动需要之用。并针对不同用途对外国人最多可持有的土地面积作出规定。

泰国给予外国投资很多优惠，包括优惠政策、行业鼓励政策和地区鼓励政策。优惠政策包括税务以及非税务上的优惠权益。行业鼓励政策涉及七大类行业。地区鼓励政策是指 BOI 对各级投资区域分别给予不同程度的投资优惠政策。

一直以来，中泰双方不断加强经贸合作。1985 年 3 月 12 日，中泰两国政府在曼谷签署了《中华人民共和国政府和泰王国关于促进和保护投资的协定》。1986 年 10 月 27 日，中泰两国政府签署了《关于避免双重征税和防止偷漏税的协定》。1994 年 3 月 16 日，中泰两国政府签署了《关于民商事司法协助和仲裁合作的协定》。2000 年 3 月 10 日，中泰两国政府在北京签署了《中华人民共和国政府和泰王国关于中国加入世界贸易组织的双边协议》，协议附件中列出了中国给予泰国的货物贸易和服务贸易减让表。

第二节 税收政策

一、税法体系

泰国税收的基本法律为《税法典》[①]（Revenue Code），该法主要规范个人所得税、企业所得税、增值税、特别营业税和印花税。泰国财政部有权修改《税法典》条款，税务厅负责依法实施征税和管理职能。另外，《燃油所得税法案》[②] 管理石油和燃气的特许经营行为，《海关法案》[③] 管理关税和进出口行为，消费税和财产税由其他法律管辖。

泰国的税收可分为直接税和间接税两大类，直接税包括个人所得税、企业所得税、石油天然气企业所得税，间接税和其他税种则包括增值税、特别营业税、预提所得税、关税、印花税、消费税、社会保险税、房地产税、遗产税（公历 2015 年 11 月 5 日起施行）。此外，泰国并未征收资本利得税和赠与税。

二、税收征管介绍

泰国财政部是泰国负责财政和税收管理的主管部门，下辖财政政策办公室、总审计长厅、财政厅、海关厅、国货税厅、税务厅、国债管理办公室等 8 个厅和政府彩票办公室、烟草专卖局、住房银行、泰国进出口银行、扑克牌厂、资产管理公司等 16 个国有企业。其中负责税收征收管理的主要是税务厅、国货税厅，以及负责关税征收的海关厅。

税务厅主要负责征收所得税、增值税、特种行业税以及印花税，国货税厅征收特定商品消费税，海关厅负责进出口关税的征收。地方政府负责财产税以及地方税的征收。泰国税务厅成立于 1915 年，是泰国财政部负责

---

① 《税法典》：佛历 2481 年（公历 1938 年）由国王签署颁发，国会法案通过后生效。

② 《燃油所得税法案》：由泰国税务局颁布。

③ 《海关法案》：佛历 2469 年（公历 1926 年）由泰国国资委办公室颁布。

税收征管的最高管理机关，主要征收和管理以下税种：个人所得税、企业所得税、增值税、特别营业税、印花税和石油所得税。税务厅的组织机构在全国分为两个部分，即中央税收管理和各府税收管理机构。

国货税厅实行厅长负责制，下设税务管理处、收入处、审计监督局、法律事务局、税收计划局及各府的消费税办公室等部门。主要依据消费税法案对规定的某些商品或服务征收消费税，应税商品或服务主要包括：汽油及汽油制品、非酒精饮料、空调等电器、铅晶制品、汽车、摩托车、游艇、香水、羊毛地毯、电池、赛马场和高尔夫球场等场所。大部分商品为从价税，对汽油和非酒精饮料则按价或按数量和重量计算。

海关厅是财政部直属的政府机构，主要负责关税的征收，并代征进出口环节的增值税、消费税等；负责海关监管工作，打击走私、偷逃税等违法行为及国际贸易便利化。

三、主要税种介绍

（一）企业所得税

1. 征税原则

居民企业需为其全球收入纳税；非居民企业只就其来源于泰国的收入纳税。居民企业所获得的来源于国外的收入按与来源于泰国的收入相同的方式缴纳企业所得税。经登记的外国分支机构和合伙企业与有限公司一样交税，但只对其来源于泰国的收入课税。未经登记但在泰国有应税来源的实体，其来源于泰国的收入应按与有限公司相同的方式纳税，但只对其来源于泰国的收入课税。

2. 税率

对于一般纳税人，泰国的企业所得税税率最高为净利润的 30%，自 2015 年 1 月 1 日起调整为净利润的 20%。针对不同类型的纳税企业税率有一定差异，或可降低所得税税率，具体情况如下：

（1）对于纳税年度结束时，注册资本不超过 500 万泰铢、销售商品或服务的收入不超过 3000 万泰铢的中小企业实行累进税率：自 2015 年 1 月 1 日起，净利润不超过 30 万泰铢的部分免税；净利润在 30 万 ~300 万的部分，税率为 15%；净利润超过 300 万泰铢的部分，税率为 20%。

（2）泰国证交所（SET）的上市企业、新上市企业以及新生股票投资市场（MAI）的新上市企业，自2015年1月1日起，税率为净利润的20%。

（3）银行从国际金融机构获得的利润，税率为净利润的10%。

（4）从事国际运输的外国公司，税率为收入总额的3%。

（5）从泰国获得股息但在泰国无经营业务的外国公司，税率为收入总额的10%。

（6）从泰国获得非股息收入但在泰国无经营业务的外国公司，税率为收入总额的15%。

（7）在泰国从事经营业务的外国公司，税率为汇出利润的10%。

（8）协会和基金会，税率为收入总额的2%或10%。

3. 税收优惠

（1）可免缴企业所得税的利润分红。

①依据泰国法律成立的、未在泰国证券市场注册的公司，若从依据泰国法律而成立的、为促进农业、商业或工业提供贷款而依据泰国专门法律成立的联合基金或金融机构中获得的利润分红，或从共同贸易活动中获得的利润分红，在特殊条件下，只需将利润分红的一半计为净利润以计算企业所得税。

②依据泰国法律成立的、在泰国证券市场注册的公司，若从依据泰国法律而成立的公司、为促进农业、商业或工业提供贷款而依据泰国专门法律成立的联合基金或金融机构中获得的利润分红，或从共同贸易活动中获得的利润分红，在特殊条件下，无需将获得的全部利润分红计为净利润。

③依据泰国法律成立但未在泰国证券市场注册的公司，若持有支付分红的有限公司的股份不少于具有投票权股份25%的，且支付分红的有限公司未间接或直接持有接受分红的有限公司的股份的，在特殊条件下，该持股公司无需将从支付分红的有限公司获得的分红计为净利润以计算企业所得税。

（2）与《促进投资法》相关的收入。

①公司或法人股份公司根据《促进投资法》获得促进投资的，可以获免企业所得税。按照投资促进委员会的规定，从获得促进投资的经营活动中获得的净利润，从获利之日起可免征企业所得税3~13年不等。

②从获得促进投资的业务中取得收入的公司或法人股份公司，可免缴

企业所得税：根据合同获得促进投资者的商誉费、版权费及其他特许权使用费，委员会已同意免除的，自该促进投资项目取得收入之日起五年内不用缴纳所得税，其标准和方法由委员会规定；从获得促进投资免缴企业所得税的业务中获得的利润分红，在投资者获得促进投资支持免缴企业所得税期间，不用缴纳企业所得税。

（3）根据与泰国政府签订的或将与外国政府签订的免税协议（佛历2505年（公历1962年）法案（第18号）），给予减免企业所得税。

（4）在泰国联合经营的业务中，支付给下列对象的利润分红可免缴企业所得税（佛历2500年（公历1957年）法案（第10号））：

①依据泰国法律成立的公司或法人股份公司；

②依据外国法律成立的，在泰国经营业务的公司或法人股份公司。

（5）支付财政部认证的政府机构或私人研究机构用于科研和发展科技的收入，可100%免缴企业所得税。

（6）依据《私立中小学校法》成立的私立中小学校、依据《私立高等学校法》成立的高等学校，经营所得的净利润免除企业所得税。相应的，从上述学校的净利润中获得的利润分红同样免除企业所得税。

（7）给予根据泰国法律成立的公司或法人股份公司免除与在国外所缴纳的企业所得税的税额相等的企业所得税。

（8）最新减免政策：

①对于符合所有泰国税务局制定的规定和条件的，在2017年1月1日至2017年12月31日期间新办的股份有限公司纳税人，给予五个财政年度的免税期优惠。

②从2016年1月1日开始允许对于雇佣年龄超过60岁雇员的企业所得税成本双倍扣除。双倍扣除必须满足以下条件：年龄超过60岁雇员必须为泰国国籍，并且不能是董事或雇主股东；向年龄超过60岁雇员支付的工资每月不得超过15000泰铢；年龄超过60岁的雇员人数不超过其雇员总人数的10%。

③允许中小企业对其自2017年1月1日至2019年12月31日期间购买或租赁在数字经济促进局注册登记的电脑软件程序产生的费用进行双倍扣除。中小企业是指年度总收入不超过3000万泰铢，并且财政年度期末实

缴资本最多为 500 万泰铢的公司。

④对于雇佣国家福利群体且符合下列条件的公司在 2018 年 1 月 1 日起至 2019 年 12 月 31 日止的期间给予费用 150% 税前扣除：扣除人数不超过雇员总人数的 10%；对于属于国家福利人群的雇员同时在一家以上公司工作，仅为首先雇佣的公司享受税收扣除；支付给属于国家福利人群雇员的月工资不超过 15000 泰铢；公司要符合收入部门发布的其他条例、规程和条件。

此外，泰国政府正努力把泰国打造成区域商务中心，因此制定了一系列有关设立国际总部（IHQ）以及国际贸易中心（ITC）的投资促进政策。具体情况如下：

（1）国际总部（IHQ）。国际总部（IHQ）的定义为根据泰国法律注册成立的公司，并为在泰国或者境外的分支机构或关联企业提供以下服务：管理或技术服务；支持服务（包括：普通业务管理、业务策划和业务联络；原材料及零部件采购；产品研发；技术支持；市场推广及营销；人力资源管理及培训；为各项业务提供咨询和指导；经济和投资的分析和研究；信用管理及控制；税务局规定的其他服务）；财务管理（包括：由财务中心根据外汇管理法批准的财务管理业务，向泰国金融机构或相关企业提供泰铢贷款业务）。国际总部（IHQ）申请享受税务局优惠权益的条件如下：①为集团内依照泰国法律设立的公司提供管理、技术和支持服务；②每个会计周期的最后一天已缴注册资金不少于 1000 万泰铢；③国际总部在泰国境内每个会计周期的支出不少于 1500 万泰铢。

企业在泰国设立国际总部（IHQ）可以享受的泰国税务厅提供的优惠权益包括以下内容。

①自批准次日起，可享受免企业所得税（CIT）15 年。免企业所得税的收入类别包括：为集团内依照外国法律设立的公司提供管理或技术服务，提供辅助服务或提供金融管理服务；从集团内依照外国法律设立的公司获得的利息、红利收入；从集团内依照外国法律设立的公司股份转让中获得的收入；境外采购或者销售所得的收入，而上述商品并没进入泰国，或者按海关规定只是途经泰国或者更换船只的转口贸易，以及向依照外国法律设立的公司提供的国际贸易服务所得的来自境外的收入。

②可享受企业所得税税率 10% 的收入包括：为集团内依照泰国法律设立的公司提供管理或者技术服务，提供辅助服务或者提供金融管理服务；从集团内依照外国法律设立的公司获得的收入。

（2）国际贸易中心（ITC）。国际贸易中心（ITC）的定义是，根据泰国法律注册成立，并且向根据外国法律成立的外国企业购买及销售商品、原材料及零部件，或者从事国际贸易相关服务的公司。其中，与国际贸易相关服务包括：商品采购；待出口商品的保存服务以及产品交付前的仓储及库存服务；产品包装和包装材料；商品运输；商品保险；提供咨询和技术服务以及与产品有关的培训服务；税务局规定的其他服务。

国际贸易中心（ITC）申请享受税务局优惠权益的条件如下，若国际贸易中心某一年无法达到其中任何一项条件，即被取消该年度的优惠权益：①每个会计周期的已缴注册资金必须不少于 1000 万泰铢；②国际贸易中心在泰国境内的支出（销售和管理支出）每年不少于 1500 万泰铢。

企业在泰国设立国际贸易中心（ITC）享受的泰国税务厅提供的优惠权益。自批准次日起，可享受免企业所得税（CIT）15 年。免企业所得税的收入类别包括：①境外采购和销售所得的收入，而上述商品并没进入泰国，或者按海关规定只是途经泰国或者更换船只的转口贸易；②为外国公司提供的国际贸易和相关服务所得到的来自外国的收入。

4. 课税基数

《税法典》规定，有义务缴纳企业所得税的纳税人，根据不同情况，依据不同的课税基数来计算企业所得税，计税基数分别是：①净利润；②扣除开支前的收入；③在泰国内或从泰国获得的收入；④汇往国外的利润。

以净利润为基数的法人公司或法人股份公司的收入，不需要再以扣除开支前的收入或汇往国外的利润为基数重复课税。反之，以扣除开支前的收入或在泰国内或从泰国获得的收入为基数课税的法人公司或法人股份公司的收入，也不需要以净利润为基数重复课税。

缴纳净利润所得税后，若将剩余的利润汇往国外的，还须以汇出利润为基数再次缴纳企业所得税，例如，分公司将利润汇给国外的总公司等。但以扣除开支前的收入或在泰国内或从泰国获得的收入为基数课税的法人公司或法人股份公司，即使将税后利润汇往国外，也不需要以汇出利润为基数课税。

5. 所得额的确定

泰国企业间所得的红利免征 50% 的企业所得税。对于拥有其他公司超过 25% 的股权或在泰国证交所上市的企业，所得红利全部免税，但要求该企业所持股份在此前已持有至少 3 个月，此后继续持有的时间也不短于 3 个月。

（1）按净利润缴纳企业所得税的相关规定。在计算应纳税所得额时，可以用作税前扣除的费用包括：

日常必要的支出，其中企业研发成本、职业培训成本和残疾人保障设备提供费用可以双倍税前扣除；

利息，资本公积或储备基金所产生的利息支出除外；

坏账，损耗，公积金供款；

税款，但向泰国政府缴纳的企业所得税和增值税除外；

从过去五个会计期间结转的净亏损；

业务招待费以收入总额的 0.3% 为限可作税前扣除，且不可超过 100 万泰铢；

捐赠金额不超过净利润 2% 的部分可作税前扣除；

对捐赠给公共教育机构的款项以及用于维修公众公园、公众游乐场及运动场的开支，可获进一步课税扣除；

不超过规定额度的折旧等。

在计算应纳税所得额时，不可以用作税前扣除的费用包括：

各种准备金，税法有特殊规定的除外；

按照部级条例规定设立的基金，不包括公积金；

用于个人、赠与和慈善用途的费用，公益慈善或公众福利的除外；

超限额的业务招待费和服务费；

因增补、变更、扩充、改良资产而发生的资本或费用支出，为维持资产现状而发生的修理费除外；

公司或合伙企业的罚款、罚金、刑事处罚支出、所得税等；

合伙企业的合伙人撤回的非报酬类资金；

股东或合伙人的工资薪酬超过适当数额的部分；

实际上并未发生的费用，或在其他会计期间支付的费用但却没计入该会计期间，而在下一会计期间计入的费用；

公司或合伙企业占用资产的报酬；

企业或合伙企业本身的权益资本、资本公积和储备基金所产生的利息支出；

通过保险或其他保护合同获得的损害赔偿金或以前会计期间的损失，但截至本会计期间结转五年的净损失除外；

不是为了获得利润或出于商务目的才产生的费用；

资产的购入成本，或与资产购置、销售有关的费用支出，但仅限于在没有合理原因的情况下超过正常成本和费用的金额；

因经营业务而损失或耗尽的自然资源的价值；

规定外（Section 65 Bis）的资产贬值价值；

无法辨认收款人的费用；

因从会计期间结束后取得利润所发生的任何费用支出等。

（2）按未扣除支出的收入全额计算缴纳企业所得税的相关规定。未扣除支出的总收入的企业所得税有两种情况：

依照外国法律成立的公司或法人股份公司运营国际旅客或货物运输业务所得到的收入。此类企业所得税的计算方式，需以未扣除任何支出的总收入为基数，按 3% 的税率计算企业所得税。

基金会或协会的收入。基金会或协会须在扣除支出前缴纳企业所得税。来源于经营业务、商业、农业、工业、运输业等方面的收入，按未扣除支出前的收入全额的 2% 税率计算缴纳企业所得税。来源于其他方面的收入，按未扣除支出前的收入全额的 10% 税率计算缴纳企业所得税。

（3）有来源于泰国的收入缴纳企业所得税的相关规定及计税方法。依照外国法律成立、未获得在泰国经营许可，但从泰国取得应税所得的公司或法人股份公司，仅就其来源于泰国境内的所得在泰国缴纳企业所得税，由付款方在支付时直接扣缴应缴税款。取得公司或法人股份公司或联合基金的红利、利润分红及其他利益的税率为 10%，其余所得的税率均为 15% 税率。

（4）汇出境外的利润缴纳企业所得税的相关规定和计税方法。汇出利润到境外的公司或法人股份公司，要从汇出的利润中按 10% 税率缴纳企业所得税，于汇出利润当月结束的7天内提交所得税申报表（PND54）和缴纳税款。

6. 代扣代缴所得税

特定类型的收入所得须付款方自源头直接代扣代缴所得税，而代扣代缴所得税的税率取决于收入所得的类型和纳税义务人纳税状况。付款方须在发生付款行为的次月七日内将纳税申报表（Form CIT 53）和税款上缴至主管税务机关。扣缴的税款可以在纳税义务人履行纳税义务时进行抵扣。针对不同类型的收入，代扣代缴所得税的税率如下：①股息红利所得，适用税率为10%；②利息所得，适用税率为1%，对于支付给协会或基金会的利息，适用税率则为10%；③版税或稿酬所得，适用税率为3%，对于支付给协会或基金会的版税或稿酬所得，适用税率为10%；④广告费，适用税率为2%；⑤支付给泰国公司或者在泰国有常设分支机构的外国公司的专业技术服务费，适用税率为3%（工程承包服务适用该税率）；支付给在泰国没有常设分公司的外国公司的专业技术服务费，适用税率为5%；⑥奖金等偶然所得，适用税率5%；⑦政府机构支付给企业的所有类型的收入均需征收1%的代扣预缴所得税；⑧各类收入如根据合同确定的应付款总额少于1000泰铢，则无需对所支付款项代扣税款。

7. 反避税规则

泰国没有一般的反避税条款。但泰国的税务局有权对任何公司或个人的商业事务进行调查，以确定纳税申报表披露是否正确以及信息是否完整。因此，如果任何方案由于支出的本质不是为了获得利润或出于商务目的才产生而减少纳税人的应税收入，则可能会导致不被允许税前扣除。

与总部、共同控制下的子公司、其他分支机构或其他相关实体有业务往来的企业需要在法定审计账目中披露此类相关方业务往来及其性质。根据《税法典》的条款，泰国的税务局有权认定，纳税人通过提供商品或服务（或出借资金，此时认为获得了低于市场价值的回报）获得了市场价值回报。部门训令已经发布了转让定价方针，并确认根据泰国《税法典》，税务局有权在以下情况调整企业税收目的收入和支出：在无正当理由的情况下，没有得到补偿，或获得的补偿低于市价；以及在无正当理由的情况下，所支付的费用高于市价。尽管没有准备转让定价文件的正式要求，但基于税务机关的申报要求和指引，相关文件仍须在企业所得税申报截止之日前准备完毕。如果有足够的文件支持，纳税人可自行纳税调整。

此外，泰国没有受控外国公司条款，没有资本弱化规则，但某些情况下有中外权益比例要求。

8. 征管与合规性要求

在泰经营的企业必须在会计年度终了之日起 150 日内完成企业所得税纳税申报（Form CIT 50），同时缴纳税款。任何将要把利润以资金形式汇出泰国的企业均须在汇出之日起的 7 日内，基于汇出的利润金额申报（Form CIT 54）并缴纳税款。

除年度纳税申报以外，企业还须就净利润进行纳税预报（Form CIT 51），即企业预估年度净利润及应缴纳税款，并于会计年度的前 6 个月终了之日起的 2 个月内支付预缴税款。该预缴税款可以在年度应纳税额中抵扣。

对于在泰国无经营业务的外国公司来说，须按照统一税率缴纳税款，并由付款人在付款时自源头代扣预缴所得税。付款人须在发生付款行为的次月七日内完成纳税申报（Form CIT 54），并将税款上缴至主管税务机关。

各公司均须自行完成纳税申报，不允许企业所得税合并申报。若企业低估其整年利润超过 25%，则在缴纳前半年税款时征收最高 20% 的罚款。其他情况下，对未缴税款每月征收 1.5% 的滞纳金。对由税务机关正式追缴的所得税款，将处以最高相当于应付税款 100% 的罚款。

9. 双重征税规定

根据双重征税协定（DTA）与收入来源国的相关条款，公司可以将境外收入在境外所承担的税项通过认定为双边或单边的所得税抵免额，抵减所得税应纳税额。超出应纳税额部分的所得税抵免额不得结转或回冲。

如果要求根据双重征税协定减税，法人企业必须说明其境外收入已经在计算所得税时考虑在应税收入总额内，然后才能抵扣在境外所缴纳的税金。为了要求享受减税措施，企业必须提供正式收据作为已在境外缴纳税金的证明。

在泰国开展业务的外国公司，该公司在该国为居民纳税企业，并且该国与泰国签订了双边税收协定的情况下，只有该公司在泰国设有常设机构时，才会对该公司通过那种业务得到的利润征税。对于在泰国没有常设机构（PE）或固定基地的协议国公司，其定义为特许权使用费、利息或股息的收入，如已与泰国签署双边税收协定，则根据协定规定的代扣税率征税。中国、中国香港分别与泰国签署了双边税收协定。协定的代扣税率如表6-2-1所示：

表6-2-1 双边税收协定代扣税率

收款国（地区）	股利	利息	特许权使用费
中国	10%	10%适用于银行或金融机构（包括保险公司）的收款人；15%适用于其他利息支付	15%
中国香港	10%	10%适用于银行或金融机构（包括保险公司）的收款人；15%适用于其他利息支付	5%适用于转让或有权使用任何文学、艺术或科学作品的版权；10%适用于转让任何专利、商标、设计或建模方案、秘方或流程的转让；15%适用于其他特许权使用费

数据来源：KPMG《泰国投资指南》（2018年版）。

（二）增值税

1. 征税原则

泰国的增值税和特别营业税自1992年1月1日起实施征收，取代原有的商业税，是基于普通消费的间接税。任何在泰国销售应税货物或者提供应税劳务并且年营业额超过180万泰铢的个人或单位，在泰国均须缴纳增值税。

2. 纳税人

增值税纳税人包括在泰国境内的销售商品者、提供商务或专业技能的服务者及商品进口商。具体可分为三大类：经营者、进口商和法律规定的特殊情况下的有纳税义务的纳税人。

3. 征税范围

增值税征税范围包括：在泰国境内销售商品或提供商业、专业技能服务和进口商品到泰国境内。商品销售必须是在泰国境内发生的才在增值税征收范围内。在泰国境内提供的服务，除了提供的服务和接受的服务在泰国境内以外，还包括：在泰国境内产生的服务，无论接受服务是在境外或境内；在境外产生的服务，在境内接受服务。此外，进口商无论是否在泰国登记，均须缴纳增值税，由海关在货物进口时代征。某些企业无需缴纳增值税，但要缴纳特别营业税。

4. 计税方式

泰国增值税纳税企业通常采用一般计税方式，其中大型企业联合会下属的大型企业需开具有纳税人识别号的增值税发票。

5. 税率

增值税的普通税率为10%（不包括地方行政增值税），但是目前法令宣布临时减税，将税率从10%降至6.3%，加上地方行政税收0.7%，合计税率为7%。

下列经营项目的增值税适用零税率：①商品出口；②符合法律规定的在泰国境内产生并在境外使用的服务；③经营者为法人的国际空运或海运服务；④根据国外贷款或资助项目向政府部门或国有企业销售商品或提供服务；⑤向联合国、联合国的专门机构、大使馆和领事馆销售商品或提供服务；⑥同一保税仓库之间、免税区经营者之间（无论是否在同一免税区）所进行的提高商品效益、增加商品价值的有形商品销售和无形服务提供，也包括保税仓库和免税区经营者之间的商品销售和服务。

6. 税收优惠

（1）以下商品销售（非出口）或服务免征增值税。

①农作物销售，无论是植物的杆、茎、叶、壳、苗、根、花朵、头、荚、核或者其他部分以及植物的提取物，为使上述新鲜的农作物处于新鲜或保鲜状态，而采取的冰冻冷藏或其他方式加工储存，或者将其变干、变碎、分离成块或其他储存方式；大米或经过碾米处理的农产品，但不包括木材、柴或其他经过锯削加工的农业作物，以及厅长签署令规定的按照行业要求生产的听装、盒装或箱装食品。

②动物销售，无论是否有生命，无论是动物身上的各种肉、蛋、奶水和其他原料，为使上述动物或其动物产品处于新鲜或保鲜状态，而采取冰冻冷藏或其他方式加工储存，或者将其变干、变碎、分离成块或其他储存方式；但不包括厅长签署令规定的按照行业要求生产的听装、盒装或箱装食品。

③肥料销售。

④鱼料、饲料销售。

⑤专门用于动植物的药品或化学产品销售。

⑥报纸、杂志、教材销售。

⑦为政府公立的教育机构、私立高等教育机构、私立学校提供教育服务的，免增值税。

⑧提供艺术和文化方面服务的，免增值税。

⑨提供治疗、查账、辩护服务或从事其他部长批准的厅长签署令所规定的自由职业（仅限于法律保护范围内的自由职业）。

⑩法律规定的医疗部门提供的医疗服务。

⑪部长批准的厅长签署令中所规定的研究或学术服务。

⑫图书馆、博物馆、动物园提供的服务。

⑬根据劳动力雇佣合同所提供的服务。

⑭组织业余体育比赛的服务。

⑮公众演员提供的符合国家批准的、法律允许的服务。

⑯泰国境内的运输服务。

⑰国际运输服务（非空运和海运）。

⑱提供不动产租赁服务。

⑲为地方政府提供服务，但不包括为地方政府提供的商业服务和赚取利润而提供的服务。

⑳国家部门商品销售或提供服务，所得收入（未扣除支出前）全部上交政府。

㉑为宗教利益或国内慈善公共事业所进行的商品销售或服务，所得收益不能用于其他方面支出。

㉒根据法令（国王或内阁依据法律颁布而未经议会通过的法令）规定的商品销售和服务。

（2）以下商品进口免征增值税。

①上述（1）中提到的商品。

②从其他国家进口到免税区的商品，特指符合法律规定的免除进口税的商品。

③符合《关税法》规定被划分在免关税范围内的商品。

④进口并处于海关保护下的商品，被退送回外国并按照《海关法》退还进口税的商品。

⑤政府教育机构、国家教育法体系内的私人教育机构、法律规定的有义务教育的部门等进口的商品。

（3）年收入不超过 180 万泰铢的小型企业经营者享受相应增值税优惠。

7. 增值税税基

增值税的税基是收到的或应收的货物或服务的总价值。税基不包括增值税本身，也不包括发票上的折扣和免税额。不同情形的应税行为计税依据规定如下：

（1）商品销售和服务的税基为收取的价款或者从商品销售或服务获得的价值，无论是货币、财产、酬劳、服务费或者任何其他可以计量的利益形式，包括消费税（Excise Tax，下同）。

（2）商品出口的税基为以离岸价格成交出口的商品价值，加上消费税或规定的其他税费或手续费（不包括出口税）。

（3）国际运输的服务费税基指因运送乘客或商品而收取的未扣除任何开支前在国内收取的运送费、手续费或任何其他利益。

（4）出口商品的税基指以到岸价格成交进口的商品价值，加上进口关税、消费税、促进投资法律规定的特殊费用、税和法律规定的其他费用。

（5）符合法律规定的烟草和石油产品税基为商品零售价减去增值税后的商品价值，即不含税价格。

（6）其他特殊情况。

8. 征收方式

在泰国境内，任何需要缴纳增值税个人或实体，都必须在经营业务发生前或者其营业收入达到纳税临界点的 30 天内登记为增值税纳税义务人（Form VAT 01）。纳税人有几个分支机构的，必须向总部所在地的税务局提交登记申请。

增值税的纳税义务人按照自然月每月计算缴纳（或申请退回）增值税。计税方法分以下两种：

（1）普通注册经营者的计税方式：应缴税额 = 销项税额 − 进项税额，

如果进项税额多于销项税额，则有权利获得退税。需要注意的是，泰国大部分发票上都有增值税，但例如娱乐、餐饮有关的招待费发票上的增值税不可用于进项税抵扣，但可计入费用，作为企业所得税抵扣之用。

（2）零税率的计算方法：适用增值税零税率的纳税人，仍须每月进行纳税申报。计算方法与需缴纳7%增值税的注册经营者一样。

9. 征管和合规性要求

增值税纳税期限为一个日历月。因此，增值税申报表必须按月提交。纳税人须在次月15日内向地方税务局报送增值税申报表（Form VAT 30）并缴纳税款。如果纳税人从事多地区经营活动，除非税务局批准，否则每个经营地点必须分别提交申报表并缴纳税款。在泰国接受境外服务，泰国的服务接收方有义务代扣代缴境外提供服务方应缴纳的增值税（Form VAT 36）。如销售货物或提供服务亦须缴纳消费税，则须于次月的15日内把增值税申报表及税款连同消费税申报表及税款一并交到消费税主管税务部门。进口货物则必须将增值税申报表及税款送缴至进口地的海关。

纳税人违反增值税相关法律条例规定，将会受到罚款、缴纳滞纳金等相应的处罚。罚款将根据实际情况以税额的倍数或百分比来计算缴纳。滞纳金则按照每月1.5%的利率计算缴纳。情节严重的还有可能被追究法律责任。严重违法者将被处以3个月以上七年以下的监禁，例如：无资格开具发票者擅自开具发票，故意使用假发票谋利的行为等。

10. 退税

如果进项税额超过销项税额，纳税人有权申请现金退税，或留抵以后会发生的需缴纳的增值税。每个月发生的进项税额留抵期限仅为6个月，申请退税的期限为纳税申报期截止日起的三年内。若由于工作人员的责任，超过规定日期延迟退税的，注册经营者有权利得到每个月应退税款1%的利息。购进货物用于出口的出口经营者，可以请求退回已经缴纳的进项增值税。

（三）个人所得税

1. 征税原则

泰国居民或非居民在泰国取得的合法收入或在泰国的资产，均须缴纳个人所得税。征税对象为个人工资薪金所得、劳务报酬所得、利息所得、股息红利所得和其他经营所得等。

2. 纳税人

个人所得税的纳税人分为居民和非居民两种。任何纳税年度内只要在泰国居住累计超过 180 天即成为居民纳税人，须就其来源于泰国的应税所得和来源于国外汇入泰国的应税所得征税；而非居民纳税人仅就其来源于泰国的应税所得征税。

3. 应纳税所得额

应税收入包括现金和其他形式的收入，因此，任何从雇主或其他主体所获得的福利，如免租金的房屋、雇主代表雇员缴纳的税款等，也被视为雇员的应税收入。应税收入分为以下八种类型：

（1）向用人单位提供劳务的工资薪金所得。

（2）因固定或临时的工作职责或职务所获得的收入，包括手续费、中介费、减免费、工作赞助费、会议津贴、退职金、由雇主代付的房租以及债务。

（3）来自商誉、版权、特许经营权、其他权利的收入以及因遗嘱、法律行为或法院判决而取得的收入。

（4）分红收入，在泰国银行的存款利息收入，从法人公司、合伙企业或共同基金中获得的利润份额，因减少资本、增持资本、发放奖金而取得的收入，因法人公司或合伙企业合并、收购、解散所取得的收入，因股权或合伙人持有的份额转让而取得的收入。

（5）因出租财产所获得的收入，以及因违反分期收款的销货或租赁合同所取得的罚没收入。

（6）专门职业所得，如法律、医疗、建筑、工程服务、会计及艺术等。

（7）承包工程和其他劳动合同所得。

（8）商业、农业、工业、交通运输或者其他在第一条到第七条未涉及的经营业务所取得的收入。

4. 扣除与减免

在计算个人所得税的应纳税所得额时，允许有一定的扣除和减免。应纳税所得额的计算公式为：应纳税所得额 = 应税收入 – 抵减项 – 可以扣减的津贴补贴。允许在税前扣除的所得包括：

（1）应纳税所得额第 1 项、第 2 项及第 3 项中因商誉、著作权及其他特许经营权所得允许扣除 50%，但不超过 10 万泰铢。

（2）应纳税所得额第 5 项，出租财产所获得的收入，可税前扣除 10%~30%。

（3）应纳税所得额第 6 项、第 7 项及第 8 项，按照从业类型所取得的收入，可税前扣除 30%~60%。

（4）应纳税所得额第 3 项中因商誉、著作权及其他特许经营权所得，以及第 5 项、第 6 项、第 7 项、第 8 项，若可提供税务局认可的证明文件，可以实际发生额为税前扣除的金额。

允许在税前扣除的费用包括：

（1）纳税人个人有 60000 泰铢的免税额（不管在泰国境内居住时间达到 180 天与否）。

（2）纳税人的配偶也有 60000 泰铢的免税额（要求在泰国境内居住时间达到 180 天）。

（3）纳税人未满 25 周岁、并正在接受全日制教育的子女、未成年子女、限制行为能力或无民事行为能力的子女、养子女，每个人有 30000 泰铢的免税额（要求在泰国境内居住时间达到 180 天，且限三个子女）。

（4）纳税人及其配偶的父母年龄超过 60 岁且收入低于 30000 泰铢的，每赡养一位老人可有 30000 泰铢的免税额；扶养限制行为能力或无民事行为能力的亲属或非亲属，每人可有 60000 泰铢的免税额；此外，泰国居民年满 65 岁（含）以上者，可享受最高 19 万泰铢的免税额。

（5）纳税人向泰国保险机构支付十年期以上的人寿保险费，每人每年可以 10 万泰铢为限作为税前扣除额（不包括支付人寿保险的其他附属保费，如健康保险或意外险），此外，若该人寿保险为储蓄型保险，且可提供 20% 以上年报酬率，则该笔保费不得作为人寿保险的扣除额。

（6）纳税人为其父母或其配偶的父母在泰国保险公司投保的人寿或非人寿保险费，每年扣除额以不超过 15000 泰铢为限。

（7）为了鼓励泰国居民进行长期储蓄以保障退休生活，纳税人的长期投资基金也可享有特定扣除额，每人每年扣除总额以不超过 50 万泰铢为限：①给付泰国保险公司符合资格的退休年金保险，扣除金额不得超过应纳税所得额的 15%，且以不超过 20 万泰铢为限；②对已登记的年金基金上缴数，扣除金额不得超过应纳税所得额的 15%，且以不超过 50 万泰铢为限；③对退休基金（RMF）上缴数，扣除金额不得超过应纳税所得额的 15%，且以不超过 50 万泰铢为限；④对国民储蓄基金（NSF）上缴数，扣除金额不得超过应纳税所得额的 15%，且以不超过 50 万泰铢为限；

（8）纳税人因购买或建造位于泰国境内且用于居住的房屋建筑物而产生的房屋贷款利息部分，以实际支付费用为免税额，但不超过 10 万泰铢。

（9）纳税人或配偶缴纳的社会保险费，以每人的实际支付费用为免税额。

（10）符合下列性质的捐赠，可以实际捐赠金额的 200% 作为应纳税所得额的抵扣额，但不得超过课税净额（应纳税所得额 – 所得扣除额 – 费用扣除额）的 10%。①以支持教育为目的的捐赠，如校舍建筑、电脑、书籍及教师等，以及其他经教育部核准的捐赠；②对教育机构（包括公立、私立机构）捐赠书籍或电子设备，用以推广阅读之用；③对安全创意媒体发展基金（Safe and Creative Media Development Fund）的捐赠，或其他与艺术、文化、图书及考古学相关的捐赠；

（11）对教育机构、公共医疗设施、经核准的慈善团体及教育科技发展基金（Technology Development Fund of Education）的捐赠，扣除额不得超过课税净额（应纳税所得额 – 所得扣除额 – 费用扣除额）的 10%。

5. 税率实行累进税率

个人所得税采取累进税率：

表6-2-2　个人所得税分级次税率表（佛历2560年（公历2017年）

单位：泰铢

应纳税所得额	税率	累计税款
0~150000	免税	0
150001~300000	5%	7500
300001~500000	10%	27500
500001~750000	15%	65000
750001~1000000	20%	115000
1000001~2000000	25%	365000

应纳税所得额	税率	累计税款
2000001~5000000	30%	1265000
5000001 及以上	35%	∞

如果属于应税收入八种类型中（2）~（8）项的收入，在每年赚取超过60000泰铢时，纳税人应将以应纳税所得额乘以 0.5% 得到的应纳税额，并与按照累进税率计算的应纳税额进行比较，取较高者为实际的应纳税额。

6. 单独征税

以下几类收入，纳税义务人在计算应税收入时不得计算在内或者可选择不计算在内：

（1）不动产销售所得：纳税人在计算应税收入时，不得将遗赠所得及赠与所得的不动产价值计入在内。但如果是出于商业目的所做的不动产销售，则该部分收入必须包含在应税收入内；

（2）利息收入：下列利息收入可以根据纳税人的选择，在计算应税收入时不包括在内，但须从源头代扣代缴 15% 的税款：政府机构发行的债券利息；财务公司支付的贷款利息；依据泰国特定法律成立的，通过贷款来促进农业、商业或工业发展的金融机构所支付的利息；在纳税年度内收到的商业银行存款利息总额不超过 20000 泰铢；

（3）股息：泰国居民纳税人从已登记的公司或共同基金取得的已在源头代扣代缴 10% 所得税的股息，可以选择不计入应税收入，但纳税义务人将不能申请该类退税或税收抵免。

7. 代扣代缴所得税

对于某些类型的收入，需要付款人从源头代扣代缴所得税，即由付款人向税务机关代为报送个人所得税申报表（Form PIT 1/2/3）并缴纳税款。扣缴的税款可以在纳税义务人履行纳税义务时进行抵扣。不同收入类别代扣个人所得税的税率不同：财产租赁收入，税率为 5%；服务和专业费用，税率为 3%；广告费，税率为 2%；推广销售所产生的费用或折扣，税率为3%；给付除公共交通费以外的交通费，税率为 1%；竞技竞赛、偶然所得的奖金，税率为 5%。

8. 纳税申报

泰国以自我申报方式申报并缴纳个人所得税，纳税人须自行于规定时间内申报及缴纳应纳税额。

有下列情况的个人，无论是否有应纳税额，均须申报其年度个人所得税：①无配偶的个人，其年度所得超过 60000 泰铢；②无配偶的个人，其年度所得中的第 1 项工资薪金所得超过 12 万泰铢；③有配偶的个人，其年度所得超过 12 万泰铢；④有配偶的个人，其年度所得中的第 1 项工资薪金所得超过 22 万泰铢。

纳税人应当在应纳税年度后的 3 个月内，向税务机关报送个人所得税申报表并缴纳税款。除此之外，若纳税人有财产租赁所得、专业服务所得（医疗、法律、工程、建筑、会计、艺术等），以及其他工商经营所得，则纳税人在纳税年度的前 6 个月内获得的收入，还须在 9 月结束前向税务机关提交半年纳税申报表并缴纳税款。代扣代缴的税款和半年预缴的税款可以在年末计算纳税义务时进行抵扣。

9. 征管与合规性要求

主要有罚金、额外费用和处罚三种：

（1）罚金、额外费用：纳税义务人未在规定时间内支付税款的，自超过提交税务清单的规定时间起至支付税款之日，每月需加付应支付税款的 1.5% 的额外费用，除了获得税务厅厅长允许的情况，可延长支付的时间，但要加付 0.75% 的额外费用；

被检查工作人员发传票传唤，并被发现未提交项目清单或提交了项目清单但金额不足的情况，除了按（1）补缴外，还需缴纳应纳税款的 1 倍或 2 倍的罚金。但上述罚金可经部长批准，由厅长出台相关规定给予减免。

（2）处罚或刑罚：纳税人不提交纳税人识别号的，处以 2000 泰铢以下的罚款；不做账目写明收入或每日收入的情况，处以 2000 泰铢以下的罚款；不在规定时间内提交个人所得税 90 号、91 号和 94 号表格的情况，处以 2000 泰铢以下的罚款；为了逃税漏税而故意提供虚假信息、虚假证据或诈骗的情况，将处以 3 个月到七年有期徒刑，并处以 2000 泰铢到 2 万泰铢的罚款；为了逃税漏税而故意忽视且不提交税务清单的情况，将处以 5000 泰铢以下罚款，或处以 6 个月以下有期徒刑，或二者并罚。

（四）社会保障税

从 2004 年 1 月 1 日起，泰国要求所有雇主按每个雇员工资的 5% 向社会保障基金缴纳社会保障税（每人每月的最大限额为 750 泰株）。政府雇员的社会保障税已降至工资额的 2.75%（每人每月的最大限额为 412 泰株）。

（五）关税

目前的进口关税税率在 0%~80% 的范围内。关税应根据进口产品的成本计算，包括运往泰国的货物和保险（到岸价格）。同时，以进口货物的到岸价格（包含进口关税）为税基缴纳 7% 的进口增值税。如果不能通过进口商品的交易价值确定海关估价，则将使用其他五个替代方法之一确定海关估价，包括完全相同或类似的商品的交易价格、推算价格、计算价格和撤退价格。

需要缴纳出口关税的商品共有九类，其中包括大米和糯米、金属废料、牛类动物皮、三叶橡胶、木材、锯材和木制品。出口关税和出口增值税根据离岸价格计算，目前的出口关税税率在 0%~40% 的范围内，出口增值税税率为 0%。外贸交易受到外汇管制法律及各种许可协议的条款的制约。

（六）印花税

印花税是依据《税法典》所征收的一种税，按照印花税条例，对 28 类凭证征税。缴纳印花税的方法，称为"贴足印花税票"，指的是：

（1）贴印花。指通过在应税凭证上贴足印花并加盖完税章，缴纳税款不少于应缴纳的税额后可在印花上划线注销。

（2）盖印花。指通过在应税凭证上加注印花标记或提交凭证由税务工作人员加盖印花税税讫专用章，缴纳税款不少于应缴纳的税额后可在印花上划线注销。

（3）税目税率、纳税人以及划线注销人相关规定请见表 6-2-3。

表6-2-3　印花税税率表

序号	印花税税目及范围	印花税额	纳税义务人	印花税票划线注销人
1	租赁土地、房屋、其他建筑、水上住房等[1]	租赁期间的租金、无偿给付的款项或两者的总金额，每 1000 泰铢缴纳 1 泰铢	出租人	承租人

续表

序号	印花税税目及范围	印花税额	纳税义务人	印花税票划线注销人
2	转让企业、组织、团体和其他机构等发行的股票、债券、公债和证券[2]	交易价格或凭证标示价格（取较高者），每1000泰铢缴纳1泰铢	转让人	受让人
3	租赁财产[3]	租赁财产取得的所有收入，每1000泰铢缴纳1泰铢	出租人	承租人
4	雇佣定作加工[4]	约定的雇佣费，每1000泰铢缴纳1泰铢	受雇者	被雇者
5	从银行贷款或同意透支[5]	最高可贷款金额或同意透支金额，每2000泰铢缴纳1泰铢	放贷者	贷款者
6	保险单[6]	灾害保险单：按每份保险单的保费，每250泰铢缴纳1泰铢	受保人	受保人
		人寿保险单：从保险中获益的金额，每2000泰铢缴纳1泰铢（人寿保险单的印花税若高于20泰铢的，减按20泰铢征收）	受保人	受保人
		其他保险单：从保险中获益的金额，每2000泰铢缴纳1泰铢。	受保人	受保人
		年金保险单：按投保金额进行贴花，投保金额每2000泰铢缴纳1泰铢印花税。如无法计算具体金额，则按年金成本的三十三又三分之一倍计算投保金额后，再按每2000泰铢缴纳1泰铢计算印花税	受保人	受保人
		保险受益者转让收益权的保险单1泰铢	受保人	受保人
		续约原来的保险单记录按原保险单标准收取	受保人	受保人

续表

序号	印花税税目及范围	印花税额	纳税义务人	印花税票划线注销人
7	授权书[7]	单次授权给个人或多人：10 泰铢	授权者	授权者
		多次授权给个人或多人共同行使权利：30 泰铢	授权者	授权者
		多次授权，且多人根据授权打理各自业务：30 泰铢	授权者	授权者
8	公司会议表决的授权委托书	单次授权委托会议表决的授权书：20 泰铢	授权委托者	授权委托者
		多次授权委托会议表决的授权书：100 泰铢		
9	汇票、本票[8]	汇票或有类似汇票作用的凭证：每张缴纳 3 泰铢	支付者	支付者
		本票或有类似本票作用的凭证：每张缴纳 3 泰铢	出票者	出票者
10	提货单[9]	2 泰铢	立据人	立据人
11	股票、债券或债务证明[10]	公司、协会或其他机构发行的股票、债券或债务证明：5 泰铢	持凭证人	持凭证人
		各国政府在泰国出售的债券：每 100 泰铢缴纳 1 泰铢		
12	支票或各类取代支票的指令	每张缴纳 3 泰铢	付款人	付款人
13	含利息的定期银行存款单	5 泰铢	收款人	收款人
14	信用证[11]	泰国开具的金额低于 10000 泰铢：30 泰铢	开具凭证者	开具凭证者
		金额等于或高于 10000 泰铢：20 泰铢		
		国外出具但是在泰国支付：每次缴纳 20 泰铢	泰国总负责人	泰国总负责人

续表

序号	印花税税目及范围	印花税额	纳税义务人	印花税票划线注销人
15	旅行支票	泰国出具的，每张缴纳 3 泰铢。	出票人	出票人
		国外出具但在泰国支付的，每张缴纳 3 泰铢	泰国境内首位持有人	泰国境内首位持有人
16	担保书 [12]	每件缴纳 1 泰铢	担保人	担保人
17	债务担保 [13]	没有金额限制：10 泰铢	担保人	担保人
		金额超过 1000 泰铢但不超过 10000 泰铢：5 泰铢		
		金额在 10000 泰铢以上：10 泰铢		
		金额不超过 1000 泰铢：1 泰铢		
18	典当 [14]	每项的债务总额，每 2000 泰铢缴纳 1 泰铢	接受抵押人	接受抵押人
19	货仓收据单	1 泰铢	货仓管理员	货仓管理员
20	送货指令凭证 [15]	1 泰铢	指令者	指令者
21	代理 [16]	特别授权：10 泰铢	发起人	发起人
		一般授权：30 泰铢		
22	仲裁人的裁决	存在异议需要进行仲裁的金额，每 1000 泰铢缴纳 1 泰铢 没有涉及金额或价格的情况：10 泰铢	仲裁者	仲裁者
23	配套或三联单凭证 [17]	原件纳税不超过 5 泰铢：1 泰铢 原件纳税超过 5 泰铢：5 泰铢	若没有另一方为合同对象的，原凭证纳税人即为现凭证纳税人；若有另一方为合同对象，则另一方合同对象为纳税人	原凭证划线注销人

续表

序号	印花税税目及范围	印花税额	纳税义务人	印花税票划线注销人
24	提供给注册人的有限公司契约合同书	200 泰铢	股东	股东
25	提供给注册人的有限公司规章制度	200 泰铢	委员会	委员会
26	提供给注册人的有限公司新规章制度或更新的契约合同书副本	50 泰铢	委员会	委员会
27	股份公司的合同书	签订的合同书：100 泰铢 修改后的合同书：50 泰铢	股东	股东
28	收据[18]	每张金额或尾款自 200 泰铢起征收印花税，1 泰铢	立据人	立据人

注：1. 租赁合同未指明租赁期限，则视租赁期限为三年。某一方的租赁合同根据注1. 的规定到期或满三年时，若财产在出租人知情的情况下仍被承租人持有，并且出租人不提出异议或双方不制定合同，视为原合同已重定且不指明租赁期限。新合同生效之日起的30天内须缴纳印花税。

2. 泰国政府发行的公债；转让合作社或农业合作银行发行的股票、债券以及债务证书，均不需要缴纳印花税。

3. 租赁财产用于种田、耕地、农业用园的不需要缴纳印花税。

4. 在签订雇佣合同时未明确雇佣价格，则按雇佣价格的一般标准缴纳税款；收取雇佣费或原先缴纳税款不完全的，须按每次收取雇佣费应增加缴纳的税款纳税直至缴纳完整；雇佣定作加工结束后发现多缴税款的，可以要求归还。国外签订的合同或按合同规定工作不在泰国进行的不需要缴纳印花税。

5. 贷款合作社或农业合作银行获得贷款的不需要缴纳印花税。

6. 农业方面的犬兽保险：将会出具正式保险单的保险记录或暂时性保险单（但若投保人申请增加其他投保项到保险单中，则须先贴上与正式保险单上一致的贴花）不需要缴纳印花税。

7. 有多个授权人但不是集中在同一份凭证授权的，须根据单个授权来制定。不需要缴纳印花税的情况为任命自己的职员、授权作为代表在法院起诉的任命书和授权书；根据相关的动物法律条例作出转移或其他行为的授权书；接受钱财或物品的授权书；合作社作为授权者的授权书和授权合作社为代表处理事务并获得不动产权的授权书。

8. 若出具的是整套票且首页已经贴上完整的印花，则其他页不必再贴，不需要缴纳印花税，但必须在尾页签注"已纳税"。

9. 整册出具的提货单，每页都须贴上完整的印花。

10. 合作社的股票、债券、债务证明不需要缴纳印花税。

11.用证由泰国出具但在国外付款的，须制作信用证副本放在泰国保存。缴纳税款的，须贴上完整的印花，尤其是信用证副本。

12.水路、陆路、空运等运输业务出具。凭证上须有工作人员或运输货品人员的签名，没有出具提货单的需在凭证上注明。若担保书是整套的，则需在每页贴上印花。

13.政府给国民贷款或借款且以农业消费为目的的债务担保；合作社给成员贷款或借款的债务担保，不需要缴纳印花税。

14.典当行依法开具的抵押票；与贷款有关，已根据第5条法规贴上完整印花的，不需要缴纳印花税。

15.送货指令凭证指的是明确承、托运双方业务关系的运输单据的凭证，此凭证直接表明身份或直接印上承、托运人的姓名，此身份有权接收在船坞、海港或货仓里的商品。有时为了能顺利收取货品存放租借费，港口的货主会在凭证上签字或委托他人签字，以此证明货运应税凭证的真实性。

16.以合作社为主要代理的授权。

17.须缴纳税款的一方为合作社不需要缴纳印花税。

18.收入须缴纳增值税或特别营业税的收据不需要缴纳印花税。

已经缴纳印花税的凭证副本免税。需要纳税的一方是政府、宗教团队等机构的免税，与泰国的国际经济技术合作协议相关的义务人、联合国组织、联合国专门机构及以上组织和机构中在泰国工作的工作人员或专家，根据公约或协议有义务免税时给予免税。依照以下法律成立的法人免征印花税：①《管理君主财产条例》（公历1936年第8条）；②《储蓄银行条例》（公历1946年第5条）；③《泰国港口条例》（公历1951年第17条）；④《泰国铁路条例》（公历1951年第19条）；⑤《橡胶园福利基金》（公历1962年第25条）；⑥此外还有其他免税的情形。

不在规定时间内缴纳印花税，除了会受到强制纳税的处罚，以及会增加征税额度外，甚至可能会受到刑事指控。

更值得注意的是，若凭证没有贴足完整的印花，原件、配套、三联单或凭证副本将无权使用，因此也不能作为基本证据进行民事诉讼。只有贴足印花缴纳完整印花税额，并在印花上划线注销后的凭证才可以使用。

（七）企业须缴纳的其他税种

1. 石油所得税

在泰国，生产或出口原油的企业在所得税纳税方面被单独列出来特别对待。这些企业据此所缴纳的所得税被称作石油所得税。根据《石油所得税法》（1989年），需缴纳该税的企业为：拥有钻探特许权的企业、拥有钻探特许权共同利益的企业及出口拥有钻探特许权企业所开采的所有原油的企业。石油所得税的计税基础为任何与原油交易相关的活动所得，包括：石油销售所得，运输至炼油厂的原油价值，作为使用费付给政府的原油价值，通过转让钻探特许权及业务的资产及权利而获得的所得，以及其他任何与石油交易有关的活动所得。企业来源于石油交易的净利润按 50% 的税率征税。

2. 特别营业税

某些泰国企业不包括在增值税制中，而是要缴纳一种替代税。特别营业税以收入总额的百分比计算。其中，商业银行业务、其他类似金融业务和不动产销售按 3% 征收，人寿保险按 2.5% 征收。对于商业银行、金融机构、证券公司和不动产信贷公司业务及经营与商业银行类似的常规交易业务取得的收入减按 0.01% 征收。另外，城市税作为特别营业税的附加税征收，税率为 10%。上述企业涉足与声明的主要活动不直接相关的交易时，则可能要缴纳增值税。无论是否有应付的特别营业税，都应在次月 15 日内按月进行申报。申报在营业所在地的地方办事处进行。如果有多个营业地，除非获得了税务厅厅长关于合并申报的许可，否则必须在每个营业地单独申报。

3. 消费税

消费税按从价、从量或混合方式对以下商品征收。混合方式是从价方式和从量方式的结合（二者中取较高者）。消费税适用于以下产品类别（不考虑本国制造还是进口）：石油及相关产品；矿泉水和饮料（酒精饮料和非酒精饮料）；某些电器；某些玻璃和水晶产品；汽车；游艇；香水和化妆品；其他产品，如地毯、大理石、电池等；赛马场等娱乐场所；酒类；鼻烟和烟草类；扑克牌。当产品从工厂发出时，本地制造的商品的消费税随之产生。对于进口商品，消费税则是在进口时征收。

消费税的计算值基于本地制造的商品的工厂交货价格或者 CIF 价格加上关税（包括营业税）。除了消费税外，对于上述所有产品（除烟草和扑克牌外），都要征收消费税 10% 的国内税。

第三节 外汇政策

一、基本情况

泰国财政部授权泰国中央银行对外汇买卖和兑换履行监管职责，由泰国中央银行下设的外汇管理和政策部具体实施，具体监管所适用的法律基础来自《外汇管理法》（1942 年）[①]，以及根据该法发布的部委法令第 13 号（1954 年）[②]。

泰国法定货币为泰铢，可自由兑换。泰国实行有管理的浮动汇率制度，汇率由外汇市场供求决定。当泰铢波动较大且偏离基本面时，泰国中央银行可进行汇率干预。

2017 年，泰国经济基本面向好、出口增长快速、资本流入较多，是使得泰铢汇率走强的重要原因。以中国国家外汇管理局 2016 年 12 月 30 日发布的人民币汇率中间价以及各种货币对美元折算率为基数，截至 2017 年 12 月 29 日，泰铢对美元汇率升值约 8.80%，泰铢对人民币升值约 3.28%。故此，泰国于 2017 年内多次放宽外汇管制，力图让资本外流的通道更加宽阔顺畅，以鼓励资本外流的方法来拉低泰铢汇率。

据《经济日报》2017 年 6 月 12 日报道，泰国央行宣布放宽外汇管制，允许泰国公民更多投资海外证券市场。泰国央行将允许资产规模在 5000 万泰铢的投资者直接投资海外证券市场，每年投资上限为 100 万美元。

据泰国《中华日报》2017 年 9 月 4 日报道，泰国央行发布公告，放宽国内投资者投资境外资产配额限制，从之前的最高 750 亿泰铢提高至1000 亿泰铢。与此同时，泰国央行还决定放宽外汇兑换交易的监管机制，允许企业和个人与境外机构和银行根据自身需要进行自由兑换。

---

① 《外汇管理法》：佛历 2458 年（公历 1942 年）由泰国财政部颁布。

② 部委法令第 13 号：Ministerial Regulations NO.13（B.E.2497）Issued under the Exchange Control Act（B.E.2485），佛历 2497 年（公历 1954 年）由泰国财政部颁布。

由此可以看出，泰国的外汇管制作为宏观调控手段，松紧有度、政策灵活。在泰国投资的中资企业应高度重视泰国外汇管制政策的变化趋势和汇率的未来波动走势，以避免企业利润被投资目标国货币汇率贬值所侵蚀，并为利润汇回国内或者兑换成主要国际货币提供便利。

二、居民及非居民企业经常项目外汇管理规定

（一）货物贸易外汇管理

进口方面，部分货物进口须获得许可证；出口方面，等值5万美元以下出口货款可留存境外，但等值5万美元以上出口货款需在出口后360天内收回，并在收汇日360天内存入外汇账户或办理结汇。煤炭、木炭及纺织品等出口须获得许可证，并存在数量限制。

（二）服务贸易、收益和经常转移外汇管理

收汇方面，等值5万美元以下收入可留存境外，但5万美元以上收入需在出口后360天内汇回。

三、居民企业和非居民企业资本和金融项目外汇管理

直接投资：泰国企业投资境外机构，股权占比不得低于10%。而外商投资企业资本金需在签订合同360天内存入指定银行外汇账户。同时，泰国外汇管制法规定外资公司向其海外总部汇出利润将征收10%的所得税，汇出款项的公司在汇款7天内须付清税金；对投资基金、离岸贷款等投资外汇没有限制，但须在收到或进入泰国7天内出售或兑换成泰铢，或存入一家授权银行的外汇账户；投资基金、分红和利润以及贷款的偿还和支付利息，在所有适用税务清算之后，可自由汇出，本票和汇票也可自由汇出。

证券投资：非居民境内投资以及居民境外投资股票、债券、衍生工具等，不得超过经监管机构批准的额度。非居民境内发行或出售泰铢计价的债券、货币市场工具须经泰国中央银行批准。

信贷业务：泰国法人每年向境外非关联公司提供借款不得超过等值5000万美元。非居民向国内金融机构提供外债，借款总额不能超过等值1000万泰铢；非居民从国内金融机构借入流动性资金总额不得超过等值6

亿泰铢。

四、个人外汇管理规定

个人经常项目：因私旅游项下现钞支取限额为 5 万泰铢，但前往越南、中国（仅云南省）等与泰国接壤国家的游客，现钞支取限额为 200 万泰铢。游客携带超过 45 万泰铢现钞出境须向海关申报，携带超过 2 万美元外币现钞出入境，须向海关申报。个人每日存钞不得超过等值 1 万美元。个人向境外转移自有资金、转移遗产、捐赠，每年不得超过等值 100 万美元。

个人资本项目：居民个人向非居民个人提供贷款，须获得泰国中央银行批准。泰国自然人投资境外机构，股权占比不得低于 10%。员工福利计划购买境外关联公司股票、认股权证和期权，每年不得超过等值 100 万美元。居民个人购买境外房地产，每年不得超过等值 5000 万美元。

五、金融机构外汇业务管理政策

泰国国内金融机构向柬埔寨、老挝、缅甸等国机构提供泰铢直接贷款须获得泰国中央银行批准；国内金融机构向获批在泰国工作的非居民个人提供个人消费贷款不得超过 500 万泰铢；国内金融机构可以为非居民交易提供担保，但需从境外金融机构获得备用信用证作为抵押。

泰国金融机构开展对外直接或间接投资，股本占比存在限制。商业银行、地产银行、金融公司和信贷融资公司等金融机构接受境外投资，不得超过其自身股本总额的一定比例。一是金融机构开展对外直接或间接投资，需在一定限额以内，即不得超过所有公司股本总和的 20%。二是非居民对内投资金融机构，外国投资者股权仅限于本地注册银行、金融公司和信贷融资公司总股本的 25%。

泰国国内商业银行单一货币外汇敞口头寸与资本额之比不得高于 15% 或 500 万美元（以金额较高者为准），外汇敞口总头寸与资本总额之比不得高于 20% 或 1000 万美元（以金额较高者为准）。

第四节 会计政策

一、会计账簿和法定记录

泰国《会计法》（2000年），规定了财务报表必须包含财务信息，以及支持财务报表而需留存的会计记录要求。泰国商业部商业发展厅厅长有权发布规章来规定企业必须妥善保管的会计账簿和其他会计资料。泰国专业会计师联合会（FAP）[①]根据国际财务报告准则颁布了《公开实体泰国财务报告准则》。FAP还颁布了《非公开实体会计准则》。

此外，泰国《会计法》（2000）第12条还规定了企业应当妥善保管会计记录的一般原则，具体条文如下：

"在会计档案保管方面，保管人员必须将会计核算所需的文件准确、完整地送交给记账人员，以便会计记录能够按照会计准则，如实反映企业的经营成果、财务状况或财务状况变动。"

会计记录的文字可以使用外语，但同时还应附上泰文译本。所有会计记录都应当使用墨水书写、打字输入或者印刷。

二、会计期间

新设立的公司或者合伙企业应当自注册之日起满12个月时结算账户。此后，每满12个月就结算一次。如果企业希望更换会计期间，则必须取得税务厅厅长的书面批准。

[①] 泰国专业会计师联合会（Federation of Accounting Professions，FAP）：泰国专业会计师联合会是由会计专业人士组建的一支具有法人资格和自我监管能力的民间行业组织，是国际会计师联合会成员之一。它的职责包括：制定会计准则、审计准则和其他相关准则，会计人员从业资格的颁发和吊销、会计人员的继续教育培训、纪律处罚违反会计相关法规和会计职业道德的行为。

三、报告要求

泰国《会计法》（2000 年）规定，所有法人公司、合伙企业、外企分支机构、代表处和区域办事处以及合资企业都必须在每个会计期末编制相应的财务报告。财务报告都必须经注册公共会计师审计并发表审计意见。但是，对于根据泰国法律规定组建的合伙企业，并且资本、资产、收入不满足部长级规定中的最低标准，则其财务报告不受此约束。企业必须在每个会计期间结束之日起 150 日内，将经过审计的财务报告的副本连同年度所得税申报表一并提交至税务厅。

四、会计准则

泰国的公认会计准则与国际财务报告准则基本一致，对于泰国会计准则尚无明确规定的事项，可以参考国际会计准则（IAS）、国际财务报告准则（IFRS）和美国通用会计准则（US GAAP）。此外，会计政策以及法定会计公约是泰国公认的会计方法。泰国注册会计师和审计师协会是促进公认会计准则实施的权威组织。企业选用的会计政策必须始终保持一致，有些变更可能需要取得税务厅的批准才能实行。

五、审计准则和要求

每个会计年度，法人实体（例如有限公司、已注册的合伙企业、外企分支机构、代表处或者区域办事处以及合资企业等）都必须将经过注册公共会计师审计的财务报表提交给税务厅和工商登记处。泰国的注册公共会计师基本上都认可并执行符合国际审计准则的审计标准。

六、中泰企业会计准则体系比较

（一）中泰会计准则体系制定方式的比较分析

中泰两国的历史文化、制度背景和法律环境不同，经济发展水平不一致，两国会计准则的制定方式差异较大。

两国准则制定机构的性质不同。大陆法系的国家会计准则一般由政府机构制定，成文法系的国家会计准则的制定则由行业民间组织完成。在泰国,会计准则由会计职业联盟(FAP)负责制定,之后经会计职业监督委员会(APSC)[①]批准生效。会计职业联盟(FAP)属于民间行业自律组织,但它是在泰国《会计职业法》的授权下行使会计准则的制定职能,具有一定官方约束的色彩,因此,泰国会计准则体系属于民间制定和政府监管的混合模式。我国属于高度集权的国家,会计准则由财政部制定,属于典型的官方制模式,并以行政法规的形式颁布,相对泰国的会计准则而言,具有极高的权威性。

两国准则制定的方法不同。会计准则的制定方法有原则导向和规则导向两种。原则导向的会计准则倾向用高度概括、简单、明了的文字对编制财务报表的会计原则进行规范,对具体交易和事项不作详细规定,具有一定的解释弹性,给信息供应者更多的职业判断空间;规则导向的会计准则相反,对每类交易事项的会计处理方式都有较精准的文字及条文进行详细的界定,注重技术细节,不同的处理方式有着明确的界限。泰国会计准则起步早,会计水平比较高,会计准则中仅对交易事项的会计处理和财务报告列示提出应遵循的原则,属于原则导向的会计准则体系。我国会计准则起步比较晚,会计规范由会计制度模式向会计准则模式转换,鉴于我国传统会计规范的影响以及我国会计人员整体职业判断能力的限制,规则导向的会计准则体系更适合我国国情,因此,我国41项具体会计准则之下,还配套了准则的应用指南。

(二)中泰会计准则体系构成的比较分析

我国企业会计准则体系由三个层次和一个特殊项组成。三个层次是指我国会计准则体系:第一层次——《企业会计基本准则》,第二层次——41项《企业会计具体准则》,第三层次——《企业会计准则应用指南》;特殊项是指对于规模小、业务量少的小企业采用核算程序简单的《小企业会计准则》。泰国的会计准则体系是在"编制与呈报财务报表框架"下设置各项具体会计准则。

[①] 会计职业监督委员会(The Accounting Profession Supervision Committee,APSC):会计职业监督委员会代表政府行使监督职能,监督FAP管理会计事务和制定会计准则的工作,该机构由来自政府、私营经济实体、会计、法律方面的14名专家组成。

（1）基本准则与财务报表框架比较。财务会计概念框架最早是由美国财务会计准则委员会（FASB）^①提出的理论。它是指由一系列相互关联的目标和基本概念组成的体系，可以用来评价现有的会计准则、指导未来会计准则的制定和发展，为会计目标指引方向。我国《企业会计基本准则》的主要内容包括会计目标、会计基本假设、会计基本原则、会计信息质量特征、会计要素等，我国的《企业会计具体准则》和《小企业会计准则》，都是在《企业会计基本准则》的指导下制定的，因此，我国《企业会计基本准则》在整个准则体系中起着指引方向的作用，在某种程度上相当于我国现阶段的财务会计概念框架。泰国的《编制与呈报财务报表框架》^②从内容上看，与我国《企业会计基本准则》有类似之处，它包括财务报表目标、基本假设、财务报表的质量特征、财务报表要素等，在发展未来准则和复审现有准则的过程中，准则制定机构将受本框架的指导。显然，《编制与呈报财务报表框架》相当于泰国的财务会计概念框架，但是在《编制与呈报财务报表框架》中明确规定："本框架不是一份会计准则，本框架的任何内容都不能取代任何具体的会计准则。当本框架与会计准则之间有所抵触的情况下，应当以会计准则要求为准。"由此可见，我国的基本准则相对泰国的财务报表框架而言，具有更强的法律约束力。

（2）具体会计准则比较。我国具体准则分为两大部分：41项企业会计准则，主要适用于上市公司、大中型企业；《小企业会计准则》，适用于规模小、业务简单的小企业。泰国没有针对小企业制定会计准则。两国具体准则的构成大部分是一致的。

2006年，为了适应资本市场发展和经济发展的需要，我国财政部构建了新的企业会计准则体系，实现了与国际会计准则的趋同，而泰国会计准则起步较早，起点高，20世纪70年代中期就开始制定会计准则，在制定过

---

① 美国财务会计准则委员会（Financial Accounting Standards Board，FASB）：美国财务会计准则委员会成立于1973年，是一个独立于美国注册公共会计师协会（AICPA）和其他任何利益集团的民间职业组织。其职责在于取代依附于美国注册公共会计师协会的会计原则委员会（APB），以制定公认准则。该委员会由7位专职委员组成，其中4位成员必须是注册公共会计师，其余3位至少应熟悉编制财务报表的各种问题。
② 《编制与呈报财务报表框架》：2006年颁布，泰国专业会计师联合会颁布。

程中还借鉴了国际会计准则的成果。中泰两国对国际会计准则趋同的积极态度使得两国会计准则的很多会计理念和会计处理方法都类似，比如，资产负债表观和综合收益观的运用、公允价值的概念引入与计量的方法等。当然两国还保留着适合自己国家特色的空间，比如泰国的《资产减值准则》中规定，当有证据表明以前年度确认的资产减值损失不再存在或已减少，则需要把确认的减值损失转回；而我国的《资产减值准则》却规定，该准则范围内资产计提减值后不允许转回。这主要是根据我国目前所处的经济环境和上市公司利用资产减值调节利润情况严重，以及会计人员的职业判断能力相对较弱等原因而做的规定。在泰国经济和社会结构中农业具有重要地位，《农业》（TAS 58）就是针对这个行业制定的规范。1997年泰国发生金融危机，导致泰铢大幅度贬值，不仅给泰国经济造成重大灾难，而且迅速波及菲律宾、马来西亚、新加坡和印度尼西亚等整个东南亚地区，最终引发了震惊世界的亚洲金融危机。为了应对特殊的经济环境，泰国准则制定机构颁布了《在恶性通货膨胀中的财务报告》（TAS 28），而我国目前没有这方面的相关准则。由此可见，中泰两国的具体会计准则既有类同相通之处，又保留着各自的特色，这是由两国的制度背景和经济环境的不同决定的。

七、主要会计要素核算要求以及重点关注的会计核算

（一）现金及现金等价物

现金是指库存现金及可随时用于支付的银行存款，现金等价物是指持有的期限短、流动性强、易于转换为已知金额现金及价值变动风险很小的投资。

（二）应收款项

应收账款是指企业在正常的经营过程中因销售商品、产品、提供劳务等业务，应向购买单位收取的款项，包括应由购买单位或接受劳务单位负担的税金、代购买方垫付的各种运杂费等。

应收账款通常按实际发生额入账。计价时还需要考虑商业折扣和现金折扣等因素。当应收账款不能全额收回时，要对应收账款计提坏账准备。

（三）存货

存货初始计量以历史成本计量确认，包括买价以及必要合理的支出。存货的初始核算：存货的采购成本不包含采购过程中发生的可收回的税金。不同存货的成本构成内容不同，通过采购而取得的存货，其初始成本由使该存货达到可使用状态之前所发生的所有成本构成（采购价格和相关采购费用）；通过进一步加工而取得的存货，其初始成本由采购成本、加工成本、以及使存货达到目前场所和状态所发生的其他成本构成。存货由全部商品、原材料和有关的供应品、半成品、产成品组成。

存货出库可采用先进先出法和平均法（移动平均或加权平均）。企业应根据存货的性质和使用特点选择适合的方法进行存货的出库核算。

存货期末计量采用初始成本与可变现净值孰低法，若成本高于可变现净值时，应根据存货的可变现净值与账面价值的差额计提存货跌价准备并计入会计科目作为存货的备抵项。

（四）长期股权投资

长期股权投资是投资企业为了与被投资企业建立长期关系或为了自身的经营和发展而持有的被投资企业的权益投资。投资按照是否对被投资企业有单独控制、共同控制、重大影响等不同情况，分别使用成本法、权益法进行核算。

成本法适用的范围：①企业能够对被投资单位实施控制的长期股权投资；②企业对被投资单位不具有控制、共同控制或重大影响，且在活跃市场没有报价、公允价值不能可靠计量的长期股权投资。投资单位采用成本法时，长期股权投资的账面价值不受被投资单位盈亏和其他权益变动的影响。只有在被投资单位分配现金股利的时候，才确认投资收益，相应的调整长期股权投资的账面价值。

权益法适用的范围：①共同控制；②重大影响。权益法下，长期股权投资的账面价值受被投资单位的所有者权益变动的影响。长期股权投资的账面价值需要根据被投资单位的所有者权益进行调整。当所有者权益发生变动，投资单位的长期股权投资的账面价值相应进行调整。被投资单位实现盈利时，所有者权益的留存收益增加，投资单位的长期股权投资要调增，确认投资收益，发生亏损时，冲减长期股权投资的账面价值。在被投资单位分配现金股利的时候，被投资单位的所有者权益减少了，所以要冲减长期股权投资，确认应收股利。被投资单位其他权益发生变动时，也需要调整长期股权投资的账面价值。

（五）固定资产

固定资产初始计量以历史成本计量确认，企业应在其预计使用期限内对固定资产计提折旧。固定资产期末计量按可回收价值计量，如果发生减值，计入减值准备。

（六）无形资产

无形资产初始计量以成本计量，企业应在其预计使用期限内对资产计提摊销。无形资产期末计量按可回收价值计量，如果发生减值，计入减值准备。

（七）职工薪酬

职工薪酬核算所有支付给职工的各类报酬，对雇员薪酬必须在成本发生期间内按规定的类别进行确认，而非在其支付或应付时确认。

（八）收入

收入是指企业在一定的期间内，由正常经营活动所产生的经济利益流入的总额。收入主要包括销售商品取得收入、提供服务取得收入以及利息、特许权使用费和股利收入等。

收入的计量应以已收或应收的公允价值进行计量。交易所产生的收入额通常由企业与资产的购买方或使用方所达成的协议来决定。该项金额是以企业已收或应收的价款的公允价值为根据，并考虑了企业允诺的商业折扣和数量折扣进行计量。

（九）借款费用

借款费用是指企业因借款而发生的利息及其相关成本。借款费用包括借款利息、折价或者溢价的摊销、辅助费用以及因外币借款而发生的汇兑差额等。企业发生的借款费用，可直接归属于符合资本化条件的资产的购建或者生产的，应当予以资本化，计入相关资产成本；其他借款费用，应当在发生时根据其发生额确认为费用，计入当期损益。符合资本化条件的资产，是指需要经过相当长时间的购建或者生产活动才能达到预定可使用或者可销售状态的固定资产、投资性房地产和存货等资产。

（十）政府补助

政府补助，是指政府以向一个企业转移资源的方式，来换取企业在过去或未来按照某项条件进行有关经营活动的那种援助。这种补助不包括那些无法合理作价的政府援助以及不能与正常交易分清的与政府之间的交易。政府补助，包括以公允价值计价的非货币性政府补助，只有在以下两条得到合理的肯定时，才能予以确认：企业将符合补助所附的条件；企业能够收到政府补助。

政府补助的后续会计处理方法则是收益法，在这种方法下，将补助作为某一期或若干期的收益。

（十一）外币业务

外币交易时，应在初始确认时采用交易发生日的即期汇率折算为记账本位币金额，当汇率变化不大时，也可以采用当期平均汇率或者期初汇率核算。

资产负债表日，外币货币性项目采用资产负债表日的即期汇率折算为外币所产生的折算差额，除了为购建或生产符合资本化条件的资产而借入的外币借款产生的汇兑差额按资本化的原则处理外，其他类折算差额直接计入当期损益。以公允价值计量的外币非货币性项目采用公允价值确定日的即期汇率折算为人民币所产生的折算差额作为公允价值变动直接计入当期损益。

在每一个资产负债表日：①外币货币性项目应以期末汇率予以报告；②以外币历史成本计价的非货币性项目应采用交易日汇率予以报告；③以外币公允价值计价的非货币性项目应采用确定价值时存在的即期汇率予以报告。

（十二）所得税

采用资产负债表负债法核算递延所得税，区分时间性差异和永久性差异，并根据性质确认递延所得税资产和负债，当期所得税费用等于当期应交所得税加递延所得税资产和负债的变动额。

本章资料来源：

◎ 国家税务总局《中国居民赴泰王国投资税收指南》

◎ 国家外汇管理局"一带一路"国家外汇管理政策研究小组《"一带一

路"国家外汇管理政策概览》（2017 年）

◎ 中国对外承包工程商会《中企对泰国投资指南》

◎ 广西财经学院，陆建英，《中泰企业会计准则体系比较——基于中国—东盟会计区域协调背景的思考》。

◎ 广西财经学院课题组，《泰国和马来西亚税收制度考察报告》，广西财经学院学报 2008 年 2 月第 21 卷第 1 期。

◎ 广西财经学院课题组，《泰国税收改革及其对我国的启示》，经济研究参考 2009 年第 41 期（总第 2241 期）。

◎ 中华人民共和国驻泰王国大使馆经济商务参赞处网址：http：//th.mofcom.gov.cn/

第七章　坦桑尼亚税收外汇会计政策

第一节　投资环境基本情况

一、国家简介

坦桑尼亚联合共和国，英文名为 The United Republic of Tanzania。坦桑尼亚位于非洲东部、赤道以南，南纬 1°29′~12°，东经 29°~41°，由坦噶尼喀（大陆）和桑给巴尔（岛）两部分组成，领土总面积为 94.5 万多平方公里（其中桑给巴尔 2657 平方公里），是东非地区最大的国家。北与肯尼亚和乌干达交界，南与赞比亚、马拉维、莫桑比克接壤，西与卢旺达、布隆迪和刚果（金）为邻，东濒印度洋，海岸线长 840 多公里。拥有数量较多的天然海港，具有明显的地缘优势和辐射能力。坦桑总人口约 4500 万。坦桑人分属 126 个民族。截至目前，坦桑全国共有 31 省，其中坦桑大陆 26 省，桑岛 5 省。多多马（Dodoma）是政治首都。达累斯萨拉姆（Dar es Salaam）是坦桑第一大城市和东非重要港口，是全国政治、经济、文化中心。阿鲁沙（Arusha）是坦桑尼亚外交和国际关系的重要中心，东非共同体总部位于此地。斯瓦希里语（Kiswahili）为坦桑的国语，和英语同为官方语言，用于官方文件、行政、商业、高等教育等。阿拉伯语在桑给巴尔岛应用广泛。货币为坦桑尼亚先令（Shillings）。

二、经济情况

坦桑经济以农牧业为主，结构单一、基础薄弱、发展水平低下，是联合国公布的 48 个世界上最不发达国家之一。近五年来，该国 GDP 年均增长率约 7%，世界银行等国际机构预计坦桑 GDP 增长率未来几年仍将保持在 7% 左右。2017 财年，坦桑尼亚 GDP 约 516.14 亿美元，人均 GDP 约 1040.51 美元。落后的基础设施状况严重影响坦桑经济发展，基础设施项目成为坦桑吸引外资的主要行业，包括公路、电力、桥梁和港口等。大规模的基础设施建设使得坦桑对水泥、瓷砖等建筑材料的需求量较大，吸引大批外资企业进入坦桑市场进行工程的承包和投资。

坦桑尼亚通过各种地区组织和国际组织与其他国家开展合作，是东非共同体（EAC）、南部非洲发展共同体（SADC）以及非洲联盟（AU）的成员。由肯尼亚、乌干达、坦桑尼亚、布隆迪和卢旺达五国组成的东非共同体（EAC）总部设在坦桑尼亚阿鲁沙市。东非共同体制定的《东非共同体海关管理法》，其目的是要实现贸易自由化，基本原则是，对任何特定产品的内部关税税率都不能超过共同对外关税税率。根据《东非共同体关税同盟协议》第十二条的规定，肯尼亚与东部非洲其他成员国共同商定，对进入到东非共同体地区的产品，设立了三种共同对外关税税率，最低为0%，中等为10%和最高为25%的税率。

坦桑尼亚是联合国及其专业机构世界银行、国际货币基金组织以及世界贸易组织（WTO）等国际组织的活跃成员国。

三、外国投资相关法律

在坦桑尼亚，投资设立企业的形式包括独资企业、合伙企业、合资企业、法人公司以及外国公司登记的办事处。所有公司必须在工贸部所辖的商业登记及发牌机构（Business Registration and Licensing Agency，BRELA）办理注册登记。

外国人或企业在坦桑注册公司有两种情况：一种是在坦桑注册的本地公司，发放公司注册证书（Certificate of incorporation），注册地点是坦桑；另一种是注册总部在外国的公司，其注册证书叫守法证书（Certificate of compliance），注册地点是总公司所在的国家。

2009年11月，坦桑出台了国家公私合营政策（National Public Private Partnership Policy，PPP）。坦桑实施的多数PPP项目是通过维修改造和新注资的方式运营现有企业，从而获得政府授予的特许经营权。

坦桑尼亚法律法规较为健全，基本沿用英国法律法规体系。

坦桑投资相关主要法律法规有：《坦桑尼亚投资法》《桑给巴尔（Zanzibar）投资保护法》《石油（勘探和生产）法》《石油法（开采和生产）》《矿业法》《国家环境法》《收入税法》《专利法》《贸易和服务商标法》《移民法》《外汇法》《雇佣和劳工关系法案》《仲裁条例》《合同条例》《经营活

动登记法》《出口加工区法》《经济特区法》等。

根据《坦桑尼亚投资法》(1997),任何公司在申请进行新投资时,应向坦桑尼亚投资中心提交包含以下材料的申请:拟设企业的名称和地址、法律形式、各董事或股东的姓名、地址、国籍和持股情况;项目管理的资格、经验及其他相关事项;拟进行的商业活动的性质和拟进行该活动的地点;建议的资本结构或投资额和未来五年的预计增长;投资如何融资;有足够的资金用于投资的证据。

坦桑投资方面的相关规定,投资方式分为直接投资和间接投资,外国投资允许有100%的股份在下列基础设施行业:高速公路建设、桥梁、电信、机场、铁路、自来水分布、电力。但要求投资者具备专有的技术如航线、海运,高科技工业、房地产、制药等行业,并提供相应职业技术人员的证书及推荐书等。外商投资在当地并购企业和在当地并购上市没有硬性规定,根据《公司法》,只需要通过律师重新起草公司备忘录,修改并购公司的备忘录,重新注册。

劳工法律方面。《劳工法》特别规定以下内容。①试用期:对签订书面合同的雇员,坦桑尼亚法律规定其试用期不得超过3个月,试用期满后成为长期雇员。②最低工资标准:坦桑最低工资标准是按不同行业领域分别制定的,即针对医疗卫生、农业、工商业、航空等十几个领域规定了不同的最低工资标准。③解除雇佣关系:根据坦桑尼亚法律,雇主对终止雇佣的事由承担举证责任,雇主需要证明终止雇佣的原因与雇员的行为、能力有关或与业务要求有关,或者雇主多次向雇员发出书面警告,雇员仍无改进的,可以解除雇佣关系。雇主解除雇佣关系,雇主应至少提前28天书面通知雇员,并告知终止雇佣的原因及日期。④工作签证:坦桑尼亚劳动部负责受理外国人的工作签证申请。坦桑尼亚移民局负责受理外国人的居住证申请,外国人在向劳动部申请工作签后,需向移民局申请居住证,两证齐全才能在坦桑合法从事工作。坦桑尼亚对外籍劳务无配额制度,但无论是管理人员还是技术人员,均要求本科(含)以上学历。

四、其他

坦桑政府将其鼓励投资的领域分为最惠领域和优先领域。最惠领域包括农业和以农业为基础的工业、采矿业、石油天然气、旅游、基础建设、交通、航空、通讯、金融和保险服务等领域。在这些领域的投资，其资本货物免缴进口关税。优先投资领域包括能源、化工、制造业、纺织与皮革生产、自然资源开发、渔业、林业、人力资源、建筑、房地产开发、管理咨询、电视广播以及以出口为导向的项目等领域；在这些领域的投资，其资本货物只需缴纳5%的进口关税。

制造业。坦桑希望能够利用其区位优势，成为整个东非的制造业基地。近年来，随着坦桑大量天然气资源的发现，越来越多的外资开始看好坦桑市场，来坦桑投资创业的人越来越多。目前，工业增加值占GDP的比重已从以前的10%提高到22.2%，但同时，当地多数基本生产和生活品还是主要依靠进口，当地工业产品替代进口的潜力依然很大。

农业。坦桑政府高度重视发展农业，农业是坦桑吸引外资的最惠领域。2011年1月，坦桑政府提出"南方农业发展走廊"的规划蓝图，吸引外资到坦桑投资农业开发、种植及农产品加工等行业。坦桑拥有4400万公顷可耕地土地，其中已耕种土地面积727.8万公顷，仅占可耕地面积的23%。

第二节　税收政策

一、税法体系

坦桑现实行的税收体系以2007年坦桑尼亚发布的《财政法》为主，期间政府逐年对《财政法》进行过修订。现行的《财政法》（2018年度）于2018年6月30日由现任总统马古富力签署的坦桑尼亚联合共和国特别公报第5卷第99号进行修订公布。

坦桑尼亚制定了《坦桑尼亚法典》，除《增值税法案》《征管法案》外，大部分税收基本法都收录在该法典中。主要的税收法案包括税收实体法、税收程序法和涉外税收法案。

（1）税收实体法包括《所得税法案（2008年）》《增值税法案（2014

年.)》《港口服务费法案》《机动车（税务登记和转让）法案》《酒店法案》《航空服务费法案》《道路和燃油税法案》《印花税法案》《税务管理与关税法案》。

（2）税收程序法包括《税收征管法（2015年）》《税收诉讼法》《坦桑尼亚税务局法案》。

（3）涉外税收法案主要是与东非关税同盟相关的税收法律，包括东非共同体关税同盟《成立协议》《基本规章》，以及《东非共同体关税管理法案》2004年及2011年修订案。

目前，中坦两国政府仍在就签署避免双重征税协定事宜进行磋商。已与坦桑签署了避免双重征税协议的国家有：丹麦、印度、意大利、挪威、瑞典、肯尼亚、乌干达、赞比亚和芬兰。正在与坦桑商谈签署该协议的国家有：南非、韩国、津巴布韦、阿联酋、俄罗斯、塞舌尔、毛里求斯、埃及和阿曼。

二、税收征管

（一）征管情况介绍

坦桑尼亚是联邦制国家，中央和地方都有税收立法权，坦桑尼亚的税收基本法由议会制定和颁布。坦桑尼亚主要税收管理机构为坦桑尼亚税务局（Tanzania Revenue Authority，以下简称TRA）和坦桑尼亚海关。坦桑尼亚税务局（TRA）是一个半自治的政府机构，根据1995年议会通过的11号法案成立，主要负责中央政府税收和一些非税收入的管理。坦桑尼亚海关全称为"坦桑尼亚联邦税务局关税与消费税部"。它在联邦税务局中与征收增值税和收入税以及其他税收的部门并立。坦桑尼亚联邦税务局归坦桑尼亚财政部领导。

坦桑尼亚实施中央政府和地方政府的两级税收体制。地方政府的收入来自市议会和区议会等地方当局管辖范围内对发展、财产、服务、农产品和牲畜以及商业营业执照等征收的税费。

坦桑税收结构由直接税收和间接税收两部分组成。直接税收指收入所得税和财产税，包括企业所得税、个人所得税、小型业主所得税（含推定税额）、资本收益税、个人技能和发展培训税及预提税等，由收入所得税征收部门负责管理；间接税收指消费税和国际贸易税收，包括增值税、印花税、进口税、消费税和燃料税等，由海关和消费税征收部门及增值税征收部门负责管理。增值税征收部门同时还负责为中央政府征收其他各项费用。直接税和间接税统一委托坦桑尼亚税务局（TRA）代为征收。

（二）税务查账追溯期

根据坦桑尼亚注册会计师协会要求，在坦桑尼亚注册的公司会计凭证需保存至少八年，除非税收专员以书面通知的形式另作规定，税法提到的文件均应保留从所得年年末算起或者从文件相关所得年年末算起至少五年。

根据坦桑尼亚税法规定：如果未能保留凭据、申报报表、收入申报表，按税法规定需支付罚款；如果未纳税或低估分期的应付预缴税需要支付未纳税款或低估部分的税款及复利利息；如果做出虚假或误导性陈述需支付税款缴付不足部分的50%或100%的罚金。

（三）税务争议解决机制

坦桑尼亚税务如果发生税务争议，纳税人可以提供足够证据，向相关税务机构解释。在实际操作中，坦桑尼亚对发生的税务争议通常采取如下解决方式：

1. 税收事先裁定

税收事先裁定是税务机关应纳税人申请，对纳税人未来特定事项所涉及的指定税务问题，按照法律法规做出解释，以帮助纳税人消除税务上的不确定性。当纳税人无法确定预期交易如何适用税法时，可向税务机关提交书面申请，申请中需提供完整、准确的交易信息且确保交易按照申请所述进行。税务机关就此对纳税人发布税收事先裁定。

2. 税收异议

纳税人在履行纳税义务过程中，纳税人认为税务机关做出的税务决定侵害了个人权益，可在税务决定送达30日内通过向税务机关提出异议来反对该税务决定。纳税人应以书面形式提出异议，在其中陈述提出异议的理由，并缴纳不可争议税款或评估税款的三分之一中的较高额。

3. 上诉

坦桑尼亚设立的上诉机关有税务上诉委员会（Tax Revenue Appeals Board）和税务上诉仲裁处（Tax Revenue Appeals Tribunal）。纳税人认为税务机关对税收异议做出的裁决侵害了个人权益，或认为税务机关根据海关法律法规做出的税务决定侵害了个人权益，可根据《税收上诉法》有关规定向委员会提请上诉。如果纳税人不认可委员会的裁定结果，可向仲裁处提请上诉。如果纳税人认为仲裁处所做决定侵害了个人权益，可向上诉法院提请上诉。

4. 税务和解

纳税人行为违反税法规定时，纳税人可以向联邦税务局长申请与税务机关协商和解。和解决定应以书面形式下达和通知该违法行为纳税人，书面决定应包括违法行为、应纳税总额、应没收财产、补缴税款和没收财产时间等内容。

根据坦桑尼亚税法规定，对纳税人未能在税款应付当日或之前缴纳税款的，税务机关可以书面通知限制其离境，直至纳税人支付税款或做了令税务机关满意的付款协约。

三、主要税种介绍

（一）企业所得税

1. 征税原则

居民企业，是指依法在坦桑尼亚境内成立，或者依照外国（地区）法律成立但实际管理机构在坦桑尼亚境内的企业。居民合伙企业，是指在一个纳税年度中，该合伙企业的法人合伙人有一方为坦桑尼亚的居民纳税人。居民信托投资公司，是指在坦桑尼亚境内成立，该信托公司的受托人是坦桑尼亚的居民纳税人；且该企业至少有一名可以单独、联合他人或通过中间方控制该公司或者董事会决定的成员为坦桑尼亚居民纳税人。非居民企业，是指除却上述定义外的其他企业。

对居民企业在税务年度内来自境内、境外商业经营或投资的应税收入，课以企业所得税；对非居民企业仅就其来源于坦桑尼亚的应税收入，课以企业所得税。现行坦桑尼亚联合共和国企业所得税实行分类征收制度，应税所得分为经营收入与投资收入。其中经营收入是指企业在该年度通过经营所获得的利得或利润。投资收入是指企业在税收年度进行投资获得的利得及利润。

2. 税率

居民企业和非居民企业常设机构取得的所得，按 30% 的税率缴纳企业所得税。但在达累斯萨拉姆证券交易所新上市的公司，可连续三年使用 25% 的低税率，符合条件的公司必须将 30% 以上的股份向公众发行；汽车、拖拉机和渔船的装配商在经营的前五年享受 10% 的优惠税率；连续三年亏损的居民企业（不包括从事农业、健康、教育的企业）为年营业额的 0.3% 代扣代缴。根据不同的税源分类，并分别采取居民企业和非居民企业两种不同计征方法，税率表如表 7-2-1：

表7-2-1　企业所得税税率表

税源	居民企业	非居民企业
（1）企业所得税	30%	30%
（2）对连续三年持续亏损的公司（不包括农业企业、提供医疗或教育的企业）	每年营业额的 0.3%	—
（3）对在达市证券交易所新上市公司，连续三年有最少 30% 的股份发行给公众的	25%	25%
（4）一家公司新设立的工厂，用于组装机动车、拖拉机、渔船或舷外机马达，并自开始生产与坦桑政府达成五年协议的	10%	—
（5）国内常设机构总收入	—	30%
（6）非居民所有分公司汇回收入（分公司汇款）	—	10%

数据来源：2018 年 7 月坦桑尼亚税务局发布的《2018/2019 年度税收和关税一览表》。

资本利得税（Capital Gains Tax）是指土地房屋的出售、交换、转移等征收的所得税。资本利得税计算方法：土地或者房屋的评估价值减去卖方获得成本、大型的改良支出及交易过程中发生的其他费用。资本利得税税率表如表 7-2-2：

表7-2-2　资本利得税税率表

税源	居民企业	非居民企业
法人实体或个人资产	10%	20%
免税政策适用的处置投资资产： 1. 出售私人住房：获利为小于或等于 1500 万坦先令； 2. 出售耕地：市场价值小于 1000 万坦先令； 3. 出售股份：个人所持有的控股少于 25% 的达市证券交易所的股份		

数据来源：2018 年 7 月坦桑尼亚税务局发布的《2018/2019 年度税收和关税一览表》。

预提税（Withholding Tax）是指商业活动中购买商品或接受劳务所支付的金额征收的税。征收范围：非居民及居民企业。非居民企业的预提税额视为最终税收，但是对外国资本贷款利息无预提税。对于含预提税的支付，预提税额可视为税额预付以抵消最终税收。预提税税率如表 7-2-3 和表 7-2-4：

表7-2-3　预提税税率表

税源	居民企业	非居民企业
（1）①来自达市上市公司的红利	5%	5%
②享有的控股 25% 或以上的公司的红利	5%	—
（2）来自其他公司的红利	10%	10%
（3）针对收集转账收取的佣金	10%	
（4）利息	10%	10%
（5）版税	15%	15%
（6）管理和技术服务费（矿业，原油和天然气）	5%	15%
（7）运输（临时的外籍驾驶和作业员）	—	5%
（8）①租赁收入：土地和建筑物	10%	20%
②租赁收入：飞机租赁	10%	15%
③租赁收入：其他设备	0%	15%
（9）跨国界运输	—	5%
（10）保险费	0%	5%
（11）自然资源支付款	15%	15%
（12）服务费（无论服务提供人员有无 TIN 证）	5%	15%
（13）董事酬劳（非全职董事）	15%	15%
（14）向政府及其机构供应货物（无论供应商有无 TIN 证）	总货款的 2%	—
（15）其他应代扣的款项	15%	15%

数据来源：2018 年 7 月坦桑尼亚税务局发布的《2018/2019 年度税收和关税一览表》。

表7-2-4 坦桑尼亚税收协定缔约国预提税税率（%）

内容	股息	利息	特许权使用费	管理费或技术收费
国内税率	10	10	15	15
缔约国				
丹麦	15	12.5	20	20
芬兰	20	15	20	20
印度	5/10（3）	10	10	0
意大利	10	15	15	15（6）
挪威	20	15	20	20
瑞典	15/25（4）	15	20	20
赞比亚	0（5）	0（5）	0（5）	

数据来源：2018 年 7 月坦桑尼亚税务局发布的《2018/2019 年度税收和关税一览表》。中国国家税务总局网站：《国别（地区）投资税收指南》。

3. 税收优惠

计算企业应纳所得税时，以下企业豁免所得税：东非发展银行、价格企稳和农业投入信托基金、资本市场监管机构下设立的投资者赔偿基金、坦桑尼亚银行、达累斯萨拉姆证券交易所。以下收入豁免所得税：由财政部部长签发在政府公报刊登的在坦桑尼亚境内豁免的任何利息、特许权使用费、管理和业务收入；根据《资本市场和证券法案》设立的信诚基金取得的收入；根据《出口加工区法案》享受免税待遇的投资所得；由从事航空运输商务企业支付给非居民的飞机租赁租金；初级农民合作社从事农业生产、房屋建造、批发贸易、储蓄信贷取得的收入；隶属于注册登记的农民合作社、联合会或协会，用于资助从其成员处采购农产品的农作物基金；根据《博彩法》已缴纳博彩税的收入。

4. 所得额的确定

应纳税所得额是指企业每一纳税年度的收入总额，减除不征税收入、免税收入、各项扣除及允许弥补的以前年度亏损后的余额。企业所得额按权责发生制计算，在计算企业所得额的扣除额时，只有除资本性支出外的完全或专门为生产经营发生的支出可扣除，其他支出均不能扣除。基于会计政策，对不符合税法规定的折旧和摊销不可税前扣除，但《所得税法》

规定，企业拥有并投入使用的特定有形、无形资产可享受资本（损耗）折旧免税。如果在税收年度终了时，折旧的资产价值减去耗损折旧后的金额低于 100 万坦桑尼亚先令，允许按照 100 万坦桑尼亚先令扣除。生产经营有关的利息支出、生产经营资产的维修和护理支出、环保和研发支出、公益和宗教捐赠支出、发生的资产或负债损失等可以税前扣除。但下列支出不得所得税前扣除：依本法计算的应纳税额、不当支出、罚款和罚金、为取得免税收入或最终代扣代缴款项所发生的费用支出、企业的利润分配支出。

企业发生税收亏损时，其亏损额可以结转，但对亏损的核算有如下要求：①农业经营亏损只能从农业经营利润中抵扣；②外国来源的亏损只能从外国来源的利润中抵扣；③投资亏损只能从投资所得中抵扣；④外国来源的投资亏损只能从外国来源的投资所得中抵扣。

对于居民企业已缴纳企业所得税的境外收入，可按坦桑尼亚《所得税法案》中适用该企业的平均税率计算抵免限额；未抵免税额可结转以后年度抵免，纳税人还可以选择采用费用扣除法避免双重征税。

5. 反避税规则

（1）转让定价。纳税人与居民以及非居民关联方的关联交易应遵循独立交易原则。依据 2014 年 2 月生效坦桑尼亚所得税转移定价条例规定：对坦桑尼亚受控交易以及涉及跨境交易的交易需依据常规交易原则，对进入交易或一系列受控的实体要求确定转移定价交易产生的收入和支出。如果经合组织原则或联合国转移定价准则与坦桑尼亚《所得税法》不一致，则以坦桑尼亚《所得税法》优先。在坦桑尼亚所得税转移定价采用方法包括：可比非受控价格法、转售价格法、成本附加法、利润分割法、交易净利润法等常规交易原则。坦桑尼亚《所得税转移定价条例》第 7 条第 1 项还规定：参与受控交易的任何人均应准备同期的转移定价文件，除了税法规定正常的业务记录和文件外，还需要由转移定价问题的纳税人来维护转移定价文档。

（2）资本弱化。在债务性投资和权益性投资比例不超过七比三的范围内，允许该部分利息予以税前加除。不得税前抵扣的利息支出不可结转至以后年度进行抵扣。

（3）受控外国企业、受控外国信托或公司的可分配收入减去已分配收入的差额部分应包括在控制人的收入之中征税。

（4）其他。当一项安排是以避免或减少税负为主要目的时，纳税人受一般避税规则的约束。

6. 征管与合规性要求

（1）企业在每年初根据预计经营情况预估当年的应纳税所得额，结合企业适用的所得税税率，提交预估纳税申报表。所得税预缴方式按照分季度预缴和年度清算，分别于3月31日、6月30日、9月30日和12月31日之前预缴企业相应季度的所得税，且企业在纳税年度结束后6个月内（次年的6月30日）提交财务报告和所得税汇算清缴表。

（2）企业如逾期申报、未申报、逾期缴税以及逃税将被处以罚款及罚息。对未按时缴纳企业所得税在缴纳税款基础上加收滞纳金。

（二）增值税

1. 征税原则

增值税（简称VAT）是对应税货物、服务、不动产在生产销售的每个环节中新增价值征收的一种流转税，增值税对坦桑尼亚大陆境内生产销售的货物及服务，以及进口的货物及服务征收。坦桑尼亚的增值税只对已登记的增值税纳税人征收，纳税人包括进口应税货物的进口者，销售在坦桑尼亚大陆制造货物的供应者，以及享受应税进口服务的购买者。

2. 计税方式

根据《增值税法》，坦桑尼亚的增值税只对已登记的增值税纳税人征收，同时全年应税营业额超过当地币1亿先令的纳税人需进行增值税注册登记。增值税注册申请须填交增值税101号表格，获取注册前，由坦桑尼亚税收管理局核查经营地址。

3. 税率

坦桑尼亚大陆增值税税率有两种。在坦桑尼亚大陆境内提供货物或劳务、进口应税货物或劳务到坦桑尼亚大陆的，适用标准税率18%；坦桑尼亚境内的单位或个人出口货物或相关劳务，税率为0%。

适用零税率项目包括：坦桑尼亚大陆境内的出口货物及服务；经由坦桑尼亚提供的货物方面的服务，无论该服务是直接提供或是由代理人提供给坦桑尼亚非居民；在坦桑尼亚大陆境内，所有远洋船舶或飞机提供的搬运、停泊、领航或拖拽等服务；国际运输的远洋船舶或飞机提供的修理、维护、保险、经纪或管理等服务；坦桑尼亚大陆境外提供的申请、起诉、发放、维护、转让、分配、许可等服务，以及加大知识产权使用保护的服务；由电信服务提供商提供给非居民电信服务提供商的电信服务；在坦桑尼亚大陆境外的不动产所有权土地上提供的服务等。

根据《增值税法案（2014年）》，与坦桑尼亚境外土地相关的服务或在坦桑尼亚大陆境外进行的服务，都会被认定为出口（因而符合零税率条件）。如果服务在坦桑尼亚大陆境内进行，或者服务的接受方在坦桑尼亚大陆境内接受了服务，那么该服务不适用零税率。

4. 增值税免税

自2009年7月1日起，增值税按照18%的税率征税，但是在坦桑尼亚大陆提供下列货物或服务可以享受增值税免税优惠：提供给人类消费的食物、基本农副产品和牲畜；农用货物；健康与医疗服务，经批准的药物；教育服务；载人的交通工具；航空包机服务；金融、健康、人寿保险服务；水；天然气、液化石油气、航空燃料等；飞机、飞机引擎及其零配件；太阳能电池板等；消防设备；天然气设备等；根据坦桑尼亚政府和其他政府或国际机构间的协议约定的进口货物免税等。

5. 销项税额

坦桑尼亚《增值税法》规定：增值税销项税额是指纳税人在坦桑尼亚境内销售货物或者提供应税劳务，按照销售额和规定适用税率计算并向购买方收取的增值税额。

6. 进项税额抵扣

坦桑尼亚《增值税法》规定：以下几种情况允许纳税人将其自身发生的进项税额进行抵扣：纳税人在其经济活动中，为生产应税商品，取得或进口到坦桑尼亚境内的货物、服务或不动产所发生的进项税额。

为提供商品而支付的、或应由其支付的；为进口而支付的、或应由其支付的由本法案规定征收的增值税，按照桑给巴尔现行《增值税法案》规定运输到坦桑尼亚的商品征收的进项税。

纳税人的以下进项税额是不能抵扣的：购置货物、服务和不动产用于消费活动；为取得特定会员资格或准入权发生的支出；购置或进口乘用车，乘用车零件或接受修理维护服务（该纳税人提供经营、出租或提供客运运输服务并以此为目的购置车辆的除外）。

纳税人的以下进项税额只是部分抵扣：纳税人在自身经济活动中购买货物、服务、不动产以及进口货物至坦桑尼亚大陆，但只是部分用于制造应税货物。

进项税额抵扣时间：纳税人购进货物或劳务当期及接下来连续六个纳税期间内的任一期间，都可以向税务机关申报抵扣进项税额。

7. 征收方式

应纳税人在应纳税期间的增值税净额按照全部销项税额减去允许抵扣的进项税额的差额缴纳。同时，对可能存在的其他调整事项进行相应的调增或调减。对于有免征增值税的税额，可以事先在坦桑尼亚税务局网站按规定时间进行增值税申报。

8. 征管与合规性要求

增值税必须按月按期申报，本月申报上月增值税，如逾期申报、未申报以及逃税将被处以罚金。

9. 增值税退税

增值税退税主要是对多余的进项税进行返还。退税申请人必须要保持发票的真实性及合法性，增值税纳税申报表及相关单据需要经过具有资质的审计师审计并出具审计报告后报企业纳税所在地区及总部增值税税务管理部门审核办理增值税退税。

（三）个人所得税

1. 征税原则

居民纳税人，是指在纳税年度终了时，符合以下条件的纳税人：在境内有永久居住场所；在境内连续或累计居住超过183天或在前两个纳税年度中平均每年在境内连续或累计居住超过122天；系派驻国外的政府官员和其他人员。

短期居民纳税人，是指如果其一生中在坦桑尼亚居住的时间总计不超过两年，则在任何税收年度终了时，都为坦桑尼亚的短期居民纳税人。

非居民纳税人，是指不符合上述定义的其他纳税人。

个人所得税征收范围包括居民与非居民，居民每年以来自全球各个地方所取得的收入所得额缴纳个人所得税，非居民以在坦桑尼亚境内产生的个人收入所得额缴纳个人所得税。个税起征点为：年度收入不超过204万坦先令（坦桑尼亚大陆）或216万坦先令（桑给巴尔岛），免除征收个税。

2. 申报主体

工资收入所得税由雇主每月按基数向收入税管理委员会缴纳。其他的个人所得税由个人申报缴纳。

3. 应纳税所得额

居民纳税人需对其来源于境内外的全部应税收入计算缴纳个人所得税；非居民纳税人仅就来源于境内的应税收入计算缴纳个人所得税。具体征税内容包括雇佣收入、经营和业务收入、投资收益、资本利得。

4. 扣除与减免

对于未达到个人所得税起征点和外交人员免征个人所得税。个人所得税起征点在坦桑大陆为17万坦先令/月，桑给巴尔岛为15万坦先令/月。

税收优惠：计算个人应纳所得税时，以下收入豁免个人所得税：战争中受伤或致残而得到的抚恤金和退役金；政府外交人员的薪酬；议会议员每届任期结束时获得的酬金；在海外就职的政府公务人员获得的由公款支付的国外生活津贴；在全日制教育机构获得的奖学金或教育补助金；根据司法命令或书面协议而得到的赡养费、生活费或小孩抚养费；源自坦桑尼亚联合共和国的总统或者桑给巴尔革命政府的总统的工资、职务津贴和交际津贴中的收入；特权人的收入，特权人是指《外交和领事豁免特权》和《特权法案》规定享有特权的个人；在外国政府的公共服务领域就业的个人取得的收入；符合《所得税法案》规定的因接受的礼物、继承遗产而获得的收入；其他根据在坦桑尼亚、桑给巴尔生效的任何书面法律法规享受免税待遇的投资所得。

5. 税率实行累进税率

个人所得税的征收税率采取累进税率法，即根据个人收入分别按不同比例计算，最低为9%，最高为30%。其中：

表7-2-5　坦桑尼亚大陆个人所得税税率表

单位：先令

月薪酬	税额
X ≤ 170000	免税
170000 < X ≤ 360000	（X－170000）×9%
360000 < X ≤ 540000	17100+（X－360000）×20%
540000 < X ≤ 720000	53100+（X－540000）×25%
X > 720000	98100+（X－720000）×30%
年收入 ≤ 2040000	免税
非公民（例如国外临时工）	20%

数据来源：2018年7月坦桑尼亚税务局发布的《2018/2019年度税收和关税一览表》。

表7-2-6　坦桑尼亚桑给巴尔岛个人所得税税率表

单位：先令

月薪酬	税额
X ≤ 180000	免税
180000 < X ≤ 360000	（X－180000）×9%
360000 < X ≤ 540000	16200+（X－360000）×20%
540000 < X ≤ 720000	52200+（X－540000）×25%
X > 720000	97200+（X－720000）×30%
年收入 ≤ 2160000	免税

数据来源：2018年7月坦桑尼亚税务局发布的《2018/2019年度税收和关税一览表》。

表7-2-7　坦桑尼亚小型业主税率表

单位：先令

年度营业额	不遵循	遵循
不超过4000000	无	无
4000000至7500000	150000	超过4000000部分营业额按照3%计算缴纳所得税
7500000至11500000	318000	135000加上超过7500000部分营业额按照3.8%计算缴纳所得税

续表

年度营业额	不遵循	遵循
11500000 至 16000000	546000	285000 加上超过 11500000 部分营业额按照 4.5% 计算缴纳所得税
16000000 至 20000000	862000	487000 加上超过 16000000 部分营业额按照 5.3% 计算缴纳所得税

数据来源：2018 年 7 月坦桑尼亚税务局发布的《2018/2019 年度税收和关税一览表》。

6. 征管与合规性要求

纳税人应每月向雇员代扣代缴个人所得税，于次月 7 日前完成申报和缴纳。逾期申报、未申报以及逃税将被处以罚息。

（四）关税

1. 关税体系和构成

根据东非共同体协定，目前坦桑尼亚执行东非关税同盟制定的《共同对外关税 2012 年版》（Common External Tariff 2012 version），东非建立关税同盟，取消同盟内部关税并对外统一关税。同时坦桑尼亚是世界贸易组织（WTO）的签字国，其必须履行包括海关估价协议（ACV）在内的 WTO 协议。

坦桑尼亚海关内部分为口岸管理，税务征收，税务稽查，统计和计算机联网，财务等部门。它在坦桑尼亚的所有边境口岸都设有分支机构。其职责范围除对进口货物征收关税以外还包括对进口和国内生产部门出产的特定产品征收消费税（坦桑尼亚对于烟、酒、软饮料、车辆燃油、彩电和小客车等在购买时征收消费税）。

2. 税率

坦桑尼亚海关对进口货物按照已公布的税率表征税，出口货物一般不设关税。关税分为从价税和从量税，但主要以从价税为主。关税税率在 0%~25% 的范围内变动。从价税是按照进口商品的价格，保险和运费为标准计征的关税。

坦桑尼亚目前执行东非共同体统一的关税税率。进口关税根据坦桑尼亚的进口价格征收，关税税率分别为 0%、10%、15%、25% 四种。零关税适用于初级原材料，基础设施投资所需的替代零部件、设备以及农业、渔

业、家畜、医药、全拆的摩托车零配件、计算机、移动通信设备等；10% 的关税适用于半加工产品、工业零配件、窑用耐火砖、窑用冷却剂、弯头、窑用压缩配件等；15% 的关税适用于完全加工产品、摩托车零配件、润滑油、钢笔笔尖等；25% 的关税适用于最终消费产品。税率明细表如表7-2-8：

表7-2-8 进口关税税率表

商品名称	税率
资本货物、原材料、药品、锄头、农用拖拉机和农具	0%
半成品和成品的投入	10%
摩托车零配件、润滑油和钢笔笔尖	15%
最终消费品或成品	25%

注：为保护当地工业发展，一些敏感性物品被征收高达25%的税率。
例如：1. 酸奶、甜味奶油；
    2. 甘蔗和甜菜蔗糖，和经过化学加工的固体纯糖；
    3. 用来包装产品的麻布袋和包；
    4. 旧衣服和其他的一些旧物品
数据来源：2018年7月坦桑尼亚税务局发布的《2018/2019年度税收和关税一览表》。

3. 关税免税

坦桑尼亚对进口农具和农机、计算机、抗疟疾和艾滋病药品免关税。

坦桑尼亚对出口的矿产品、木材等资源性产品没有出口退税政策。相反，在申请出口批准时还要向管理部门缴纳相当于货物10%金额的手续费。

如从东非共同体和南部非洲发展共同体成员国进口，在成员国生产的物品倘若满足标准条件，则被征收的关税税率为0%，但在出口加工区和有税率特权的工业区制造的物品除外。

坦桑尼亚在港口设有保税区。其进口货物在报关进口之前，可以存放于港口保税区。货物在报关前如果继续转运其他国家只收取保存费，不征收关税。

4. 设备出售、报废及再出口的规定

目前，坦桑尼亚对企业进口用于基建的车辆、机械等设备除特殊情况规定外，基本不免除关税。同时，根据2006年坦桑尼亚车辆注册及交易纳税执行细则规定，企业在处理车辆设备前须完税，并向税务局填报申请转户或注销设备税务登记后，企业方可根据自身情况进行出售、报废及再出口。

（五）企业须缴纳的其他税种

印花税（Stamp Duty）。主要征收对象为签订的书面法律文本、财产转让及租借协议等。应缴纳印花税的文书包括：产权转让证书、租约、股票转让、公司债券的发行和转让，税率为转让价格的1%。针对财产让给行为按其获利的1%征收；针对租赁行为，按照年租金的1%征收；针对农业用地转让每次征收500坦先令；针对法律和商业文书按照法律规定的特定费率收取。应税时间是协议签署后的30天内。提供物品和服务而开具的商业发票、将资产所有权转让给特殊目的实体，以发行资产抵押债券免征税。

消费税（Excise Duty）。征收对象是当地生产的产品和服务，例如：饮料、啤酒、酒、手机服务费、购物塑料袋、卫星电视服务、烟和汽油产品等。消费税采用从价征收消费税税率为：10%、15%、17%、20%、25%、50%。从量征收消费税主要适用于烟、啤酒、软饮料等。另外，通过银行或者电话公司转账，消费税税率为10%。

燃料税。每升汽油或柴油313先令。

石油税。基于每升煤油、柴油和汽油计费50先令。

旅游发展税。基于夜间床位收费每晚1.5美元。

铁路发展税。进口到坦桑尼亚内地的家庭用品根据海关价值收取1.5%CIF。

机场服务税。国际航线为40美元，国内航线为10000先令。

港口服务税。常住居民为500先令，非常住居民为5美元。

机动车辆首次注册费。机动车注册费用为：20万先令（501~1500CC）、25万先令（1501~2500CC）、30万先令（2500CC以上），摩托车注册费用为9.5万先令，个性化专用车牌号（三年期）1000万先令。

机动车辆过户费。汽车过户税为5万先令，摩托车过户税为2.7万先令，新证登记费为1万先令。

机动车驾照费。驾照费（每三年更新一次）40000先令；驾驶测试费3000先令；临时驾照费（每三月更新一次）10000先令。

技能发展税（Skills Development Levy, SDL）。征收范围包括常住居民与非常住居民，常住居民每年以来自全球各个地方所取得的收入所得额缴纳技能发展税，非常住居民以在坦桑尼亚境内产生的个人收入所得额缴纳技能发展税。

技能发展税的税率为个人收入的 4.5%（坦桑尼亚大陆）和 5%（桑给巴尔岛）。以下情况可免征技能发展税：①由政府财政全额负担的政府部门或公共组织职工；②外交部门；③联合国及其相关组织；④国际或他国的医疗救助、技术援助组织；⑤宗教组织；⑥慈善组织；⑦当地政府授权；⑧农场的全职雇工。

城市服务费。根据坦桑尼亚《地方政府财政法案》，所有公司应该按季度在经营业务发生地，向当地政府缴纳当季营业额 0.3% 的城市服务税（City Service Levy），用于地方政府的财政支出。

财产税。根据坦桑尼亚《地方政府财政法案》，地方政府议会、市政局可根据纳税地区房屋的价值征收财产税，纳税地区包括：阿鲁沙、达累斯萨拉姆、多多马、坦噶、姆贝亚、姆旺扎。税费标准：普通建筑 1 万先令；在一个高层建筑中，每层楼 5 万先令。

博彩税。根据坦桑尼亚 2017 年《财政法案》规定，自 2017 年 7 月 1 日起开始征收博彩税，纳税原则和税率如表 7-2-9：

表7-2-9　博彩税税率表

赌场	适用税率
1. 陆基运营赌场	博彩收入总额的 18%
2. 网络赌场	总盈利的 25%
优胜者税	适用税率
1. 博彩税	除赌场以外的所有游戏收入的 20%
2. 赌场游戏税	总收入的 12%
游戏类型	适用税率
1. 体育博彩	博彩收入总额的 25%
2. 短信彩票	博彩收入总额的 25%
3. 老虎机	每月每台机器 100000 坦桑尼亚先令
4. 国家彩票	博彩收入总额的 25%
5. 四十个机器站点	博彩收入总额的 25%

数据来源：2018 年 7 月坦桑尼亚税务局发布的《2018/2019 年度税收和关税一览表》。

（六）社会保险金（NSSF）及劳工补偿金（WCF）

1. 征税原则

应缴纳的社会保险金（NSSF）的计算基础为月度员工薪酬的20%（员工承担10%，企业承担缴纳10%）。

应缴纳的劳工补偿金（WCF）的计算基础为月度员工薪酬的1%（企业承担缴纳1%）。

2. 外国人缴纳社保规定

根据2012年修订的《坦桑尼亚社保法》规定：每个雇佣非居民的雇主需执行社保法，外国人在坦桑尼亚工作，需要按坦桑尼亚社保法规定注册，并依照上述征税原则按月缴纳社会保险金（NSSF）。

第三节　外汇政策

一、基本情况

坦桑尼亚财政部授权坦桑尼亚银行（BoT）进行外汇管理，实施和监测外汇行为。坦桑尼亚金融管理部门为中央银行，虽然坦桑尼亚银行将对外支付权授予国家商业银行、农业合作开发银行和桑给巴尔人民银行进行对外支付，但是在实践中，所有对外支付都必须经过坦桑尼亚银行批准。桑给巴尔地区的外汇经营业务由桑给巴尔人民银行负责管理。坦桑尼亚外汇管制较为宽松，其主要外汇制度包括《外汇法》《外汇管理条例》。《外汇法》为1992年颁布，后历经多次修改、完善，现行的《外汇法》为2017年6月2日颁布。

坦桑通行的外汇主要是美元和英镑，其他还包括欧元和阿联酋的第那尔。由于同处东非共同体的原因，坦桑的先令与肯尼亚、乌干达的先令也实现自由兑换，坦桑的银行还可以以这两国货币的形式发放贷款。

坦桑尼亚实行的是部分外汇管制制度，即对非居民办理经常项目外汇支付一般不加以限制，但是对资本项目却加以限制。

二、居民及非居民企业经常项目外汇管理规定

1992 年 1 月，坦桑尼亚颁布了《外汇法》，规定了国家对外币的管理和控制，以确保在国内经营的外国企业使用当地账户进行交易。尽管有法律规定，许多外国企业在本地开设账户，但仍继续使用其外汇账户进行交易。

（一）货物贸易外汇管理

对于大宗贸易，相关贸易公司只要向银行递交申请并获得批准，就可以在结算时凭单据按当时市场价格兑换和汇出外币。坦桑尼亚企业外籍人士的报酬和其他津贴，在缴纳所得税后的合法收入凭有效凭证兑换货币和汇出。

（二）服务贸易外汇管理

在坦桑尼亚支付与咨询、管理和使用费协议有关的费用，在提供符合要求的合同文件、发票及费用说明书和完税证明后即可通过经批准的商业银行办理汇付。

（三）跨境债权债务外汇规定

外汇借款汇入坦桑尼亚无政策方面的限制，对获得外国贷款所发生的费用及按照《投资法》登记的技术转让协议所发生的版税和费用在提供必要的支撑材料（如：借款协议，还款时间表，收款证明材料等）后可以通过经批准的商业银行自由兑换货币和汇出。

（四）外币现钞相关管理规定

由银行内部管理需要自主出具相关管理办法。对大额提取外币及当地币等，原则上需要提前预约。

三、居民企业和非居民企业资本项目外汇管理

坦桑尼亚对投资或工程承包项目，在完税后可以通过经批准的商业银行自由兑换货币和汇出，包括：投资和经营所得的净利润和红利；经营企业出售或清算所得的汇款（除去全部税收和其他债务之外的净收入）或投资所得的利息等。

为境外资本账户转账使用外币需通过申请人的商业银行账户向坦桑尼亚银行递交申请。

非居民企业账户分为可兑换货币账户和不可兑换货币账户。可兑换货币账户中的存款可以调出境外，不必经坦桑尼亚银行批准；不可兑换货币账户中的存款如果要调出境外须经坦桑尼亚银行批准。

四、个人外汇管理规定

根据 2016 年《反洗钱条例》及 2006 年《反洗钱法》《坦桑尼亚大陆法》《桑给巴尔反洗钱和犯罪收益条例》规定，坦桑尼亚从 2017 年 10 月 1 日起开始实施"货币和无记名可转让票据跨境申报"。

从坦桑尼亚联合共和国运出和运入任何货币和无记名转让票据，无论由自然人或随行人员或车辆进行物理运输、由航运集装箱运输还是通过邮寄方式等，任何人在进入或离开坦桑尼亚时持有等于或高于规定的申报数额的货币或 BNI，即：根据中央银行的官方兑换率，10000 美元或等值的坦桑尼亚先令及其他外币时，均需向出境口岸的海关申报。

第四节　会计政策

一、会计管理体制

（一）财税监管机构情况

在坦桑尼亚境内注册的居民企业和非居民企业，结合自身实际发生的经济业务情况和当地的年度《财政法案》、会计核算办法、税收基本法和税收规章，需建立会计制度进行会计核算和监督；税务局根据企业经营规模的大小，将纳税人分为大客户部管理的纳税人和当地所属区域的纳税人，并按规定的要求按期如实提供会计和税务资料。

（二）事务所审计

在坦桑尼亚注册的企业财务报告，每年均需要由当地在册的注册会计

师及审计机构进行审定（审计报告需盖章签字）。

（三）对外报送内容及要求

会计报告中主要包含以下内容。①企业基本信息：行业分类、经营范围、股东情况、公司地址、银行账户信息、税务登记号等；②企业经营情况表：资产负债表、利润表、现金流量表；③披露信息：费用类、资产负债类、固定资产变动、权益变动等。

上报时间要求：会计报告须按公历年度编制，于次年的 6 月 30 日前完成审计，并与年度纳税申报表一起上报企业所在地税务局。

二、财务会计准则基本情况

（一）适用的会计准则名称与财务报告编制基础

坦桑尼亚采用国际财务报告准则（IFRS），其境内的会计处理和会计核算办法也逐渐趋同于国际财务报告准则。坦桑会计核算也与税法联系紧密，税务人员根据企业提供的财务报告和财务辅助资料，把当期不符合当地税法要求的内容予以扣除，然后按照当地税法内容要求部分予以加回，具体调整事项的多少需根据企业业务情况而定。

（二）会计准则适用范围

所有在坦桑尼亚注册企业均需要按照会计准则进行会计核算并编制报表。

三、会计制度基本规范

（一）会计年度

公司会计年度可有两种选择：可按照每年 7 月 1 日至次年 6 月 30 日为一个完整的纳税年度；可按照公历时间每年 1 月 1 日至 12 月 31 日为一个完整的纳税年度。通常选择会计年度与历法年度一致，即公历年度 1 月 1 日—12 月 31 日为会计年度。

（二）记账本位币

企业在会计核算时须采用所在国的官方语言（英语或斯瓦希里语），可选择外币和当地币作为记账本位币，但对外提供财务报表时须按当地币（坦桑尼亚先令，简称 TZS）作为报表记账本位币。

（三）记账基础和计量属性

企业会计核算的基本前提为两项假设即权责发生制与持续经营。企业以权责发生制为记账基础，以复式记账为记账方法。

坦桑尼亚企业会计计量方法基本与国际财务报告准则匹配，主要方面与中国现行的会计计量方法一致。

一般原则包括：可理解性、相关性、重要性、可靠性、忠实反映、实质重于形式、中立性、审慎性、完整性、可比性。

四、主要会计要素核算要求及重点关注的会计核算

（一）现金及现金等价物

资产负债表中列示的现金是指库存现金及可随时用于支付的银行存款，现金等价物是指持有的期限短（从购买日 3 个月以内到期）、流动性强、易于转换为已知金额现金及价值变动风险很小的投资。主要涉及资产有现金、银行存款。

现金流量表中列示的现金及现金等价物和 IFRS 准则中概念一致。

（二）应收款项

应收账款的概念：指该企业因销售商品、材料、提供劳务等应向购货单位收取的款项。其内容与核算方法与 IFRS 准则基本一致。

（三）存货

坦桑尼亚存货核算准则基本与国际财务报告准则一致，其内容如下。

存货的概念及分类。存货是指：①在正常经营过程为销售而持有的资产；②为这种销售而处在生产过程中的资产；③在生产或提供劳务过程中需要消耗的以材料和物料形式存在的资产。

存货的分类具体有：为再售目的而购入和持有的货物，例如包括由零售商购入并且为了再售而持有的商品，以及为了再售而持有的土地和其他不动产等。此外，存货还包括企业已经生产完毕的制成品、正在生产的在制品和在生产过程中等待使用的材料和物料等。在提供劳务的情况下，存货包括了前述所描述的劳务费用，对此费用企业尚未确认有关的收入（见《国际财务报告准则第 18 号——收入》）。

存货的初始核算。存货的成本应由使存货达到目前场所和状态所发生

的采购成本、加工成本和其他成本所组成。存货的采购成本由采购价格、进口税和其他税（企业随后从税务当局获得的退税除外）以及可以直接归属于购买制成品、材料和劳务的运输费、手续费和其他费用所组成。存货的加工成本包括直接与单位产品有关的费用。其他成本只有当它们是在使存货达到目前场所和状态过程中发生时，才能列入存货成本之中。

存货出库的核算方法。先进先出法或加权平均成本法。

存货跌价准备。在期末，由于一些不可扭转的原因，导致存货价值低于账面价值时，应根据存货的可变现净值与账面价值的差额计提存货跌价准备。

（四）长期股权投资

长期股权投资是投资企业为了与被投资企业建立长期关系或为了自身的经营和发展而持有的被投资企业权益规定要求以上的投资。

由于坦桑实行的会计准则与国际财务报告准则一致，对于长期股权投资的会计处理是通过《国际财务报告准则第 27 号——合并财务报表和单独财务报表》《国际财务报告准则第 28 号——对联营企业的投资》以及《国际财务报告准则第 31 号——合营中的权益》这三个准则来规范的。

长期股权投资的初始计量中，第 25 号规定：除了合营企业和联营企业外，并且不属于企业合并的长期股权投资，是按照付出的成本计量。第 3 号规定：对于同一控制下的企业合并，应对该企业合并的内容进行评估，当确定该合并交易确实发生交易实质时，可以自行选择购买法或权益结合法作为会计处理的原则，否则，该项交易只能采用权益结合法进行会计处理；非同一控制下的企业合并，以购买方在购买日确定的合并成本作为初始投资成本。对于长期股权投资的后续计量，采用成本法与权益法核算。

（五）固定资产

坦桑尼亚固定资产的初始计量以历史成本计量确认，企业应在其预计使用期限内对固定资产计提折旧。按坦桑尼亚税法规定具体折旧要求如表7-4-1：

表7-4-1　坦桑尼亚税法规定固定资产折旧率及无形资产摊销年限

序号	资产类别	折旧率
1	电脑及数据处理设备、汽车以及巴士和三十座以下的小巴、载重量在 7 吨以下的货车、土木工程的运输装备	37.5%

续表

序号	资产类别	折旧率
2	30座以上的客车、重型卡车、拖车、有轨电车、火车头、一些装备像船、驳船之类的、运输设备、飞机的一些自推车，用于制造业或小作坊的工厂和机械、用于公共场所的基本设施和机械或者某些冲洗设备	25%
3	办公家具、设备、任何不包括在其他类别里的属于办公用的资产	12.5%
4	自然资源的勘探和生产权以及资产应该以自然资源的保护为原则，勘探及生产的费用摊销	20%
5	农业、放牧以及养鱼用的建筑物、结构物、大坝、水库和设施	20%
6	除了在5类中的建筑物、结构物	5%
7	除了在4类中所列的无形资产	根据资产使用年限
8	在农业上使用的设备及机械	100%

数据来源：2018年7月坦桑尼亚税务局发布的《2018/2019年度税收和关税一览表》。

（六）无形资产

根据坦桑尼亚税法规定，坦桑尼亚无形资产与固定资产一样适用确认计量的一般规范。具体是：无形资产初始计量采用历史成本，企业应在其预计使用期限内对资产计提摊销。

（七）职工薪酬

职工薪酬核算所有支付给职工的各类报酬。包括以下人员的薪酬费用：管理人员，普通员工，临时性雇佣员工等。确认和计量方法与中国会计准则的职工薪酬类似。所有员工需按坦桑尼亚法律缴纳个税及技能发展税。

（八）收入

坦桑尼亚收入确认准则与国际财务报告准则基本一致，其内容如下：

收入具体包括：销售商品、提供劳务以及他人使用企业的资产而产生的利息、使用费和股利。

商品销售收入的确认：①企业已将与商品所有权有关的主要风险和报酬转移给买方；②企业不再继续保密与所有权有关的管理权或不再对已售出商品进行实际的控制；③收入的金额能够可靠地计量；④与该交易有关

的经济利益很可能流入企业；⑤与该交易有关的已发生或将要发生的费用能够可靠地计量。

建造合同收入：在同一个年度开始并结束的工程，在工程完工并验收之后确认收入；跨越若干年度的建造工程，建造合同收入采用完工百分比法确认收入。完工百分比法：在每个会计年度，以实际完成的成本占预计总成本的比重视为完工百分比，合同总额乘以完工百分比确认为当年的营业收入。具体完工百分比的计算由年度成本占合同总成本的比重和工程进度等来确定。

利息、使用费和股利的确认：①利息应以时间为基础，考虑资产的实际收益率，按比例加以确认；②使用费应以应计制为基础，根据有关协议的性质加以确认；③股利应以股东收取款项的权利为基础加以确认。

2018 年当年或之后开始年度，《国际财务报告准则第 15 号——客户合约收益》生效，则遵循新颁布的准则：在履行了合同中的履约义务，即在客户取得相关商品或服务的控制权时，确认收入。对于在某一时段内履行的履约义务，在该段时间内按照履约进度确认收入，并按照一定方法确定履约进度。履约进度不能合理确定时，已经发生的成本预计能够得到补偿的，按照已经发生的成本金额确认收入，直到履约进度能够合理确定为止。

（九）政府补助

政府补助在同时满足下列条件时才能予以确认：一是企业能够满足补助所附的条件；二是企业能够收到政府的补助。企业虽未实际收到政府补助但获得了收取政府补助的权利且基本能够确定收到政府补助时，应确认接受政府补助的资产。

政府补助分为政府补助和政府援助，其中政府援助只是要求主体在财务报表中进行披露，政府补助则再区分为资产相关的政府补助和与收益相关的政府补助进行处理。对于补助资产入账价值的确定，一般采用公允价值计量属性，但同时也规定："通常对非货币性资产的公允价值估计，并且对补助和资产都以公允价值入账，有时也可采用另外的方式，即对补助和资产都以名义金额入账。"对于政府补助，一般采用收益法进行后续计量。采用收益法进行核算时，可以采用总额法，也可以采用净额法，只要将补助对应当单独披露的各项收益和费用项目的影响进行披露即可。同时，企业应在附注中披露：（1）对政府补助采取的会计政策，包括在财务报表中所采用的呈报方法；（2）在财务报表中确认的政府补助的性质和范围，以及关于企业以直接收益的其他形式的政府援助的说明；（3）已确认为政府援助的未满足的附加条件，以及其他或有事项。

（十）借款费用

借款费用是指企业因借款而发生的利息及其相关成本。借款费用发生的借款利息入账需提供借款协议、银行收款及付款资料、对应借款往来对账单及未来还款计划，同时按坦桑法律需缴纳利息税。

（十一）外币业务

外币交易初始确认：外币交易是指以外币计价或者是以外币结算的一种交易。包括企业在以下情况的交易：①买入或卖出以外币计价的商品或劳务；②借入或借出以外币为收付金额为款项；③成为尚未履行交易合同的一方；④购置或处置与外币计价的资产或者产生与结算以外币计价的债务。

外币交易在初始确认时应按交易日报告货币与外币的即期汇率将外币金额换算成货币金额予以记录。

汇兑差额的确认：①结算货币项目或者按照不同于在本期最初记录的或在前期财务报表所应用的汇率报告货币项目而产生的汇兑差额，应在形成的当期作为费用或收益；②由外币交易产生的任何货币项目，其发生日至结算日之间的汇率发生变动，就会产生汇兑差额。如果交易在相同的会计期间结算，所有的汇兑差额都将在当期确认。如果交易在随后的期间发生，则至本期到结算日的所有汇兑差额，应按照相应期间的汇率变动予以确认。

外币报表折算：编制外币报表的企业，应在资产负债表日，将外币报表折算为记账本位币报表，报表中不同的项目采用不同的汇率折算，具体折算规则如下：①资产负债表中的资产和负债项目，采用资产负债表日的即期汇率折算，所有者权益项目中除"未分配利润"外，其他项目采用项目发生时的汇率折算。②利润表中的项目采用交易发生时的汇率折算，也可以采用交易发生期间的平均汇率折算。③以上项目折算后产生的外币报表折算差额，在资产负债表中单列项目显示。

（十二）所得税

坦桑企业所得税采用按季度预缴，期末汇算清缴方法。期末按照坦桑《所得税法》规定调整应纳税所得额或年度税务审计后由税务局核定的应纳税所得额与现行税率的乘积确定当期所得税费用，在利润表中列示当期企业所得税费用。

五、其他

坦桑尼亚没有单独的企业合并会计准则，其执行标准参照国际财务报告准则即 IFRS 标准。

第八章 土耳其税收外汇会计政策

第一节 投资环境基本情况

一、国家简介

土耳其共和国简称土耳其，是一个横跨欧亚两洲的国家，地理位置和地缘政治战略意义极为重要，是连接欧亚的十字路口，土耳其国土面积 78.36 万平方公里，海岸线长 7200 公里，陆地边境线长 2648 公里，与亚、欧 8 个国家相邻。人口 8080 万（2018 年），土耳其族占 80% 以上，库尔德族约占 15%。92.5% 人口居住在城市及区域中心，农村及乡镇人口约占 7.5%。首都为安卡拉，为土耳其第二大城市，是土耳其政治、文化的中心，第一大城市为伊斯坦布尔。官方语言为土耳其语，货币为土耳其新里拉，货币符号：YTL，简称里拉。土耳其绝大多数居民信仰伊斯兰教，其中约 85% 属逊尼派，15% 的居民属什叶派，0.2% 的居民信仰天主教、基督教、犹太教等其他宗教，但宗教氛围较为宽松。

二、经济情况

土耳其经济发展迅速。土耳其 2017 年国内生产总值约为 8510 亿美元，同比增长 7.4%。其中农业领域增长 4.7%，工业领域增长 9.2%，建筑业增长 8.9%，服务业（包括批发和零售贸易、运输、仓储、餐饮食宿）增长 10.7%，继续呈现服务业占主体地位的发达国家式经济结构，排名世界第 17 位，位居西亚地区第一位[①]。

2017 年土耳其出口额为 1570 亿美元，由于地理位置优势，土耳其出口总额中的欧盟（最大出口伙伴）出口份额持续增加。但随着石油价格上涨和进口需求增加导致的高额贷款，截至 2017 年年底，土耳其经常账户赤字占 GDP 比重达到 5.6%[②]。

---

① 数据来源：土耳其统计局，http：//www.turkstat.gov.tr/Start.do。

② 数据来源：土耳其外交部，http：//www.mfa.gov.tr/chinese.en.mfa。

2017 年土耳其家庭最终消费支出同比增长 6.1%，占 GDP 总值的 59.1%。商品和服务出口同比增长 12%，进口增长 10.3%。2017 年员工薪酬上涨 12.9%①。

土耳其奉行在"普世价值"与国家利益之间寻求最大平衡的外交政策，联美、入欧、睦邻是其外交政策的三大支柱，同时重视发展同包括中国、日本、韩国在内的亚太及中亚、巴尔干和非洲国家关系，注重外交多元化。近年来，土耳其凭借其日益增强的综合国力和地缘战略优势，外交上更加积极进取。自西亚北非地区局势动荡以来，土耳其亦深度介入利比亚、叙利亚、伊核等地区热点问题，以提升自身对地区事务的影响力和塑造力。

三、土耳其对外国投资合作的法律法规

（一）土耳其对外国投资主要相关法律

法律体系，土耳其对外贸易和投资的主管部门是经济部。主要法律法规包括：《外国直接投资法》《海关法》《进口加工机制》《配额及关税配额行政法》《进口不公平竞争保护法》《增值税法》《自由贸易区法》《出口促进关税措施》《出口机制法规》《出口加工体系法》《外国人工作许可法》等。其中：

《外国直接投资法》明确外国投资者设立企业和股份转让的条件与当地投资者一样。在现行《贸易法》框架下，从事经营活动的企业有以下 3 种方式，即独资公司、合资公司、合作社。

《外国人工作许可法》明确外国人在土耳其工作必须取得工作许可，外国人申请工作签证和居住许可的流程和相关规定。近年来，在土耳其开展业务、劳务进入土耳其还需要解决当地人员就业问题：外籍劳务人员进入土耳其市场，需符合雇主雇佣 1 个外籍劳务人员必须同时雇佣 5 个当地劳务人员的规定。

（二）土耳其对外国投资市场准入规定

开放领域，土耳其对外国资本的参与没有限制。土耳其所有向民资开放的行业都向外资开放。外资企业可以聘请外籍经理和技术人员。

---

① 数据来源：土耳其统计局，http://www.turkstat.gov.tr/Start.do。

限制领域，外国投资进入土耳其某些行业受到限制。这些限制一是取决于土耳其加入世贸组织关于服务贸易所作承诺，二是取决于其国内立法的规定。限制行业主要有广播、石油、航空、海运、金融、房地产等。限制方式有投资禁止、股比限制、进口许可证、购置数量等。

（三）土耳其对外国公司承包当地工程规定

土耳其规范外国承包商在土耳其承包工程的法规主要是《政府采购法》等，土耳其《政府采购法》规定，本地设立的企业竞标者相较外国合资公司可享受 15% 的价格优先权，该规定构成对外国投标者的歧视。同时，参与政府采购的竞标资格需要认证，且费用昂贵、过程复杂，导致许多企业因为难以及时获得认证而无法参与竞标，降低了竞标的公平性。

第二节 税收政策

一、税法体系

土耳其有着经合组织（OECD）国家中最具竞争力的企业税收制度。实行属地税法与属人税法相结合的税收体系。外国投资者与土耳其当地公司和自然人一样同等纳税。土耳其的税收制度主要分为三大类：所得税、消费税、财产税，具体包括 14 种税。其中直接税有两种，即收入税和公司税，包括个人所得税、公司所得税。间接税有 12 种，包括增值税、印花税、交通工具税、金融保险交易税、博彩税、遗产与赠与税、房地产税、财产税、通讯税、教育贡献费、关税、特别消费税。

截至 2017 年 12 月 29 日，土耳其已经和 83 个国家签订了双重税收协定。1995 年 5 月 23 日签订了《中华人民共和国和土耳其共和国关于对所得避免双重征税和防止偷漏税的协定》，中国居民从土耳其取得的所得，按照本协定规定在土耳其缴纳的税额，可以从对该居民征收的中国税收中抵免。但是，抵免额不应超过对该项所得按照中国税法和规章计算的中国税收数额。中国企业享受协定待遇应持有《中国税收居民身份证明》至土耳其税务机关申请。

通常情况下，如果土耳其与非居民企业本国政府已签署避免双重征税协定，则非居民企业可享受预提所得税的优惠税率。但须注意，税收协定下的税收优惠并不是自动适用的，可能需要由纳税人提交申请并经过一系列的行政管理程序。

居民企业分配给非居民企业在土耳其设立的常设机构股息免征预提税和公司所得税。

二、税收征管

（一）征管情况介绍

土耳其的行政管理架构为四级，即中央、省、市、县，但是在财政体制上是两级的制度安排，即中央和市级。省、县两个行政级次无独立的征税权，也无独立的财政权。土耳其实行中央一级征税制度，税收立法权和征收权集中在中央，税务局隶属财政部，也是日常税务征收的管理机构。最高行政法院的联席会议负责对同一类涉税案件不同部门做出的矛盾判决进行裁决，拥有最终裁定权，裁定结果对行政机关、下级法院和纳税人具有法律效力。土耳其税收法律行为的实施必须由议会授权的特别机关发布公告规定，这些公告具有普遍法律约束力，未经授权发布的公告仅对税务机关具有约束力。

（二）纳税评估

税务机关根据纳税人申报的资料进行公司税款纳税评估。按照申报表要求，税款由纳税人计算并申报。如果纳税人不履行纳税申报或纳税人自行评估的所得额不符合法律要求，税务机关可依法评估并将结果告知纳税人。纳税人在接到通知后30日内应缴纳公司税款。如果纳税人不能按期缴清税款，税务机关可以采取措施对其征收。对于所得税款，本纳税年度预交税金可以冲抵经评估后的公司所得税税金，如果经税务部门评估后的税金大于企业预交税金，企业必须于次年4月缴清所欠税款。

（三）税务争议解决机制

纳税人可以就他们的纳税状况或不确定和可疑的纳税情况质询税务局或其授权机构。被质询机构必须对纳税人提出的质询进行书面回复，回复内容必须包含税务机关的意见。针对单个交易所涉及的所有税种或各种所得，由税务部门对单个居民或非居民纳税人做出的裁决在法律上不具有普遍适用性。

（四）法律救济途径

税务机关将纳税评估结果告知纳税人后 30 天内，纳税人可以对税务机关做出的纳税评估结果向税务法庭提起诉讼。如果税款及罚款超过 30830 土耳其新里拉，由三个法官组成的税务特别法庭将对纳税人提出的诉讼进行审理。如果纳税人不服税务特别法庭的判决，可以在接到判决通知 30 天内向高级行政法院提起上诉。高级行政法院做出的判决是终审判决。如果税款及罚款不超过 30830 土耳其新里拉，可以由一名法官主持审理。纳税人可以在获悉审理结果之后的 30 天内，对税务机关做出的纳税评估向地方行政法院提起上诉。地方行政法院做出的判决是终审判决。

税企双方对税收违法事实认定存在争议的，如果税务局对事实认定错误的应当由税务局进行纠正，纳税人对事实认定错误提出纠正请求，但是该请求又被税务局拒绝，则从拒绝之日起 30 天内，案件可以被提请到税务法院或财政部进行受理。如果该请求又被财政部拒绝，该案件可能会作为司法冲突提交到税务法院。

（五）税收法律责任

罚款：根据土耳其法律规定，对未能准时提交纳税申报表、未能适当保留法定账目、未能遵循法定会计准则以及未能准时对法定账簿进行公证的行为将处以程序性罚款。对于未能出具发票和《税收程序法典》中具体规定的其他文件，将处以固定数额的特别非合规罚款（每年会对金额进行调整，2018 年度为 1000 里拉）。

纳税人如果不能按期缴纳税款，应按照每月延期税款的 1.4% 缴纳延期罚款。

纳税人可以申请延期缴纳税款。税务机关将对纳税人提出的延期纳税进行审核，如果该申请被税务机关核准，企业则应该按照每年延期税款的 12% 缴纳延期纳税罚款。

纳税人未申报或者延迟申报可以产生税收流失罪，对此行为应按照流失税款的 100% 进行处罚。

税收欺诈犯罪：税收欺诈可以定义为下列行为。设置两套内容不同的账册或者其他假账行为，使用虚假发票，伪造或者销毁账目。税收欺诈罪应判监禁一至五年。如果由此而导致税款流失，应按其流失税款的 300% 进行罚款。

税款追溯期：自纳税义务产生起五年内，如果企业没有被纳税评估，也没有被税务机关通知进行纳税评估，不可对其再征收税款。

如果税款已经产生，但是在五年内在纳税到期日没有被征收，此税款可以免除征收。如果纳税人在国外，追溯期停止计算，直到该纳税人回到土耳其后重新开始计算。纳税人只要在法定时限内没有接到税收处罚通知，纳税人可不被处罚或者起诉。税款流失，税务欺诈和特殊的违规行为法律时效为五年，一般程序违规法律时效是两年。

从轻或减轻情节：如果纳税人向税务部门披露税务机关没有掌握的情况，或者在税务机关启动相关调查前向税务部门披露税务机关没有掌握的情况，税务处罚可以由延期罚款代替。在此情况下，税务欺诈的行为可以免除监禁。

如果纳税人对纳税评估无可争议，并且按时缴纳罚款，税收流失罪的罚款可以减半征收，程序违法和特殊程序违法违规行为罚款可以减按三分之一缴纳。

三、主要税种介绍

（一）公司所得税

公司所得税纳税人包括以下几类实体：企业，股份有限公司，有限责任合伙企业，合作经营企业，由政府、协会和基金会所有和经营的工商企业，按照资本市场法案建立的投资基金。

1. 征税原则

如果一家企业的总部位于土耳其，或其经营活动集中在土耳其或其管理场所位于土耳其，则该企业为土耳其居民企业，即完全纳税义务纳税人；如果企业法律意义上的总部以及经营总部都设在国外，则该企业被视为非居民纳税人；如果企业法律意义上的总部以及经营总部中有一个设在土耳其境内，则该企业被视为居民纳税人。

对土耳其居民企业，无论企业的收入是否来源于土耳其，都应当按其来源于全球收入缴纳公司所得税。所有来源的收入都被认定为经营所得。非居民企业仅就其来源于土耳其境内的经营活动所得纳税，非居民企业通过在土耳其设立常设机构或常驻代表机构产生的营业利润应缴纳公司所得税。

2. 税率

公司所得税的税率为 20%。2018—2020 年，所有企业的公司所得税税率从 20% 提高到 22%。

投资于特定领域或地区所获得收益可适用优惠税率，至多可减免 90%。

3. 税收优惠

（1）参股免息：土耳其居民企业之间支付的股息享受无条件免税；如果一个土耳其企业持有外国企业（非居民企业）的股份，在同时满足以下条件时可享受免予征收公司所得税：①非居民支付方为公司或有限责任公司；②土耳其居民企业拥有非居民企业股权不低于 10% 且至少持有一年；③股息来源国对股息对应的利润在该居民所在国征收至少 15% 的公司税，若股息分配方的主要活动为金融业（包括融资租赁、保险或证券投资），则税率应不低于 20%；④股息在公司税申报日期前汇至土耳其。

（2）外国建筑和维修活动的收入免征公司所得税。

（3）部分股票收益，可享受 75% 所得税减免。

（4）研发活动的优惠政策规定：2023 年 12 月 31 日前从事合格研发活动的企业可享受税收优惠。该优惠相当于在扣除法定账簿的研发费用基础上，另加计扣除 100% 的研发费用。另外，可免代扣代缴研发人员 80%（对持有博士学位或人文科学硕士学位的员工为 95%，对持有硕士学位或人文科学学士学位的员工为 90%）的个人所得税。为各研发人员支付的社会保障费的 50% 将由财政部提供补偿（补偿限额为支付给全职研发人员总数的 10%），与研发活动相关的文件免缴印花税。享受这些税收优惠政策的前提是研发中心须位于指定的科技开发区（Technology Development Zones，TDZs）内且必须雇佣至少 15 名全职研发人员和 10 名设计人员。

（5）自由经济区：为了扩大出口投资和生产，加速外国资金和技术的引进，提高经济收入，加强对贸易机会的利用，土耳其 1985 年通过了

《自由经济区法》第3218号法案。土耳其自由经济区为外国投资者提供了优惠的投资政策，包括100%的资本汇回和100%的外资经营。土耳其自由经济区对本国的企业和外国的企业同等对待，提供同样的优惠政策，例如对自由经济区内，通过各种经济活动所获得的收入免交任何税费，包括收入税、公司税和增值税；从国外向自由经济区购买产品时不征收任何关税等。

4. 应纳税所得额和应纳税额的计算

根据土耳其《税法典》，应纳税所得额为纳税人的总收入与可抵扣费用之间的正差额。公司所得税的应纳税所得额的规定如下：

（1）应税收入：指符合土耳其参股免税的股息之外的所有利润，包括：资本利得、股息、利息、国外所得。

①资本利得。包括境外企业分支机构的资本利得，被视为企业的普通所得计入企业应纳税所得额一并征收公司所得税。一般而言，资本利得等于资产售价与成本之差，其中，成本包括支付给出售方的相关费用。如果企业将处置可折旧固定资产获得的资本利得用于购置新的固定资产，则该资本利得无需缴税。但是，用于购置新固定资产的资本利得部分应当从该新资产可折旧的成本中扣除。用于再投资新固定资产的资本利得必须转移到特殊准备金账户，如果特殊准备金在随后三年不用于购置类似的新固定资产，准备金的剩余部分应当计入应税收入。在土耳其境内未设常设机构的非居民企业，应当就来源于处置居民企业股权的资本利得缴纳公司所得税。在计算该资本利得时，不考虑汇兑损益。

②股息。土耳其国内企业之间支付的股息（包括股票股息）免税；对支付给非居民企业的股息征收预提税，税率为15%，签署有税收协定的从其规定。

③利息。对支付给居民企业和非居民企业的利息也要征收预提税，预提税税率根据利息的不同类型在0%~20%之间，签署有税收协定的从其规定。

④国外所得。来源于国外控股子公司的股息所得在满足一定条件的情况下可以享受参股免税。一是土耳其企业持有境外企业不少于10%的实收资本，且在收到股息时已连续持股超过一年；二是境外企业必须为有限责

任或股份公司；三是境外企业所在地的公司所得税有效税率不低于15%；四是股息必须在公司所得税年度申报日（4月25日）之前汇回土耳其。其他来源于国外的所得，例如特许权使用费和利息，在土耳其要全额纳税。在国外缴纳的税收，其税率不超过土耳其国内同类所得适用税率的部分可以抵免。外国分支机构未分配收益不计入应纳税所得额，但是受控外国企业和反避税规则规定的情形除外。

（2）营业费用中扣除的项目包括：折旧和摊销、无形资产根据预计的使用年限，按照直线法摊销、通货膨胀调整准备金、工资薪金支出、利息、特许权使用费、管理服务费、研发费用、坏账、捐赠，向外国机构付款。

（3）亏损：一般而言，企业某一纳税年度发生的亏损可以用以后年度的所得弥补，但最长不得超过五年。除非是在公司清算的情况下，亏损不得向前结转。当年亏损和免税收入与应税收入的抵减，应考虑优先顺序。即使当年发生亏损，以前年度的亏损仍可在扣减免税收入后弥补。在盈利年度，其他免税收入在亏损弥补后进行扣减。如果居民企业在境外开展商业活动产生的亏损根据所在国法律经审计可以扣除，那么该居民企业可以抵减该亏损。如果在境外开展商业活动的收入属于免税收入，那么该活动产生的损失不可以抵减。

5. 税前扣除

（1）折旧和摊销。固定资产和无形资产都允许提取折旧或者摊销。企业可以根据通货膨胀和资产折旧后的新价值调整固定资产、建筑物和土地的账面价值。未开发的土地不能计提折旧。

纳税人可以自行选择适用直线法或者余额递减法计提折旧。在资产使用期限内，采用余额递减法计提折旧的纳税人可以随时选择改用直线法折旧（但不允许追溯调整），反之则不允许。余额递减法适用的折旧率是直线法的两倍，最高折旧率为50%。

（2）无形资产和商誉。无形资产根据预计的使用年限，按照直线法摊销，可在15年内摊销。预计使用年限不确定的，最高年摊销率为20%。版权、专利、商标类无形资产的摊销率为6.66%。商誉则按五年平均摊销。

（3）开办费。开办费视为发生的可抵扣费用。此外，纳税人可以选择将这些费用资本化并在五年内以相等的金额扣除。

（4）利息支出。一般来说，利息作为业务费用可以在计算应纳税所得额中扣除。

（5）坏账。土耳其的坏账可以在符合一定条件的情况下予以税前扣除。若坏账、呆账在以后年度内收回，则应当计入当年的应纳税利润。

（6）慈善捐款。向指定机构的捐赠，不超过年度总利润的 5% 的部分可以扣除，这些机构包括：公共机构；由土耳其部长理事会组织建立的用于公共利益服务的协会；按照民法设立的信托机构；科学研究与开发组织等。下列捐赠的扣除可以不受额度限制：对官办的教育和康复机构的捐赠；对与历史、文化和艺术有关的捐赠；对由部长理事会做出援助决定的自然灾害的捐赠；对土耳其红新月会的捐赠；对业余体育运动机构的捐赠。此外，对职业体育运动机构的捐赠可以扣除 50%。

（7）罚款。原则上，由于纳税人或其雇员的错误行为而产生的罚款是不可税前扣除的。

（8）向国外分支机构付款。向外国机构支付的特许权使用费、利息等只要符合转让定价和资本弱化规则即可予以扣除。

（9）通货膨胀调整准备金。按照国家统计协会确定的产品价格指数，如果该指数增幅在过去三年中超过 100%，或者在应税期内超过了 10%，那么企业在年底就可以对财务报表做通货膨胀调整。如果同时满足了上述两个条件，那么，这种通货膨胀调整就成为一种强制性规定。经过通货膨胀调整的资产价差额必须计入特殊准备金账户并在年终财务报表中转为企业的年度损益。因此而增加的资本权益可以转增股本，或者冲抵资本损失而不需要计入应纳税所得额。

（10）特许权使用费。对使用版权而支付的特许权使用费、专利、商标和技术不可以直接扣除，但可以分期摊销。符合相关规定的管理服务费、技术研发费用准予税前扣除。

（11）特殊事项的处理。分支机构仅就其在土耳其境内活动的收入纳税，因为其在土耳其的税法中被视为非本地实体。分支机构利润以 22% 的税率缴纳公司所得税。

转移到总部的分支利润（上游收入汇回）按 15% 的税率预提所得税，如果土耳其与企业总部所在国之间签订了双边税收协定，则可能适用较低的税率。

6. 预提所得税

非居民企业取得与常设机构无关的来源于土耳其的消极所得，需全额按照相应税率缴纳预提所得税，主要包括股息、利息、特许权使用费、技术服务费、分支机构利润汇出、租金等。除了因建造时间超过一年以上的建筑工程向土耳其国内和国外的承包商支付 3% 的进度付款之外，其他居民企业无需支付预提所得税。

非居民企业或未在土耳其境内构成常设机构的企业取得的收入，预提所得税税率如下：

不动产租金，税率为 20%；动产租金，税率为 1%；特许权使用费，税率为 20%；专业服务，税率为 20%；石油服务，税率为 5%；工资薪金，税率为 15%~35%；利息，税率为 10%~18%；股息，税率为 15%。

居民企业分配给非居民企业在土耳其设立的常设机构股息免征预提税和公司所得税。

7. 反避税规则

（1）关联交易。①关联关系判定标准。土耳其《公司所得税法》同时就关联方的详细定义做出了规定。其关联方定义非常广泛，除了股东 / 所有权关系之外，还包括直接或间接参与管理或控制。除与外国集团公司的交易外，还包括与设在避税地或被土耳其政府认为是有害税收制度的司法管辖区的实体进行的交易。关联方的概念被广泛定义包括：公司股东（没有任何门槛）；与法人或其股东有关的法人或个人；在管理，监督或资本方面直接或间接控制公司的法人或个人；直接或间接受管理，监督或资本控制的法人或个人；公司股东的配偶；股东或其配偶的继任者或后代；与股东或其配偶有直接血缘关系或婚姻关系的人。《公司所得税法》下定义的"关联方"还包括：雇主的妻子 / 丈夫；雇主的直系亲属；三级亲属或与雇主存在姻亲关系；雇主是公司直接或间接的股东、其他合伙人或在这些公司的管理、监督或资本控制下的其他公司的合伙人或股东。

②关联申报管理。纳税人必须提交转让定价表详细说明关联方交易。此表格应作为公司所得税申报表的附件提交。在转让定价表中，纳税人必须披露与纳税人进行公司间交易的相关方（国内和国际）的信息、交易性

质（购买原材料，无形资产许可证等）、交易额以及按照纳税人申请的各种转让定价方法、转让定价的公司间交易总额。

（2）同期资料。①分类及准备主体。土耳其就转让定价同期资料有明确且严格的要求。根据法规，有以下三种基本文件：关于转让定价，受控外国企业和资本弱化的电子纳税申报表；年度转让定价报告；纳税人在申请预先定价协议（Advance Pricing Agreement，APA）期间的转让定价同期资料以及 APA 下的纳税人年度报告。②具体要求及内容。土耳其纳税人应当根据当地法律规定，每年准备同期资料报告。资料必须说明如何确定公平价格、使用何种财务记录和计算以及纳税人可用的图表选择和应用的方法等。在大型纳税人税务局登记的企业，须编制有关国内外关联方交易的年度转让定价报告。同时转让定价文件需使用当地语言。转让定价同期资料应当在年度纳税申报截止日期前提交，即 4 月 25 日。③其他要求。在运营、供应链、组织机构、股东架构等没有变化的情况下纳税人可只更新可比性分析。除此之外，需提供完整的同期资料报告。

（3）转让定价调查。①原则。对中型和大型的跨国企业来说，每年的税务审计可能性较高。大多数跨国企业都由一个特定的税务机构进行处理，企业需向该机构提供信息。②转让定价主要方法。转让规则定义了确定公平交易价格的方法，具体如：可比非受控价格法（Comparable Uncontrolled Price Method，CUP）；成本加成法（Cost Plus Method，CP）；再销售价格法（Resale Price Method，RPM）。

法律规定，如果企业在某些情况下不能使用上述方法，纳税人可以自由采用其他方法。这意味着如果纳税人能证明上述传统的方式不能适用，则可以选择其他方法，例如经合组织指南规定的交易净利润法（Transactional Net Margin Method，TNMM）和利润分割方法（Profit Split Method，PSM），以确定公平交易价格。③转让定价调查。近年来，土耳其财政部的税务审计委员会大幅增加了对企业的审计数量。在这些审计过程中，税务审计委员会专注于以下转让定价问题：主要通过国外相关企业经营的企业连续亏损；管理费用和间接费用分配；特许权使用费；内部融资；内部组合服务；年终调整；净利润空间。由于转让定价预期会成为税务检查员关注的热点问题，预计未来几年企业将在转让定价问题上面临不同程度的税务审计。

（4）预约定价安排。①适用范围。企业可以为其跨境交易申请单边、双边或多边的预约定价安排。预约定价安排的申请范围仅限于跨境关联方交易，以及与土耳其自由贸易区内的关联方进行的交易。但对关联方交易类型没有限制。②程序。纳税人申请预约定价安排，需向土耳其税务局书面提交申请所需的信息和文件并缴纳一定的申请费用。如果土耳其税务局对纳税人提交的信息和文件无法做出充分的评估，可能要求纳税人提供额外的资料，或进行约谈。

完成必要的资料提交后，土耳其税务局将对可比性分析、涉及资产、转让定价方法、协议条款等方面展开分析。分析结束后税务局将做出接受、必要修改或拒绝纳税人申请的决定。

（5）受控外国企业。①判定标准。当土耳其居民企业直接或间接控制外国企业至少50%的股份、股息或投票权，且符合以下情况时，将受到受控外国企业规则的限制：外国受控企业收入总额中不低于25%由消极收入（例如商业、农业或职业收入范畴以外的股息、利息、租金、许可费或出售证券所得）组成；受控外国企业所在国的有效税率低于10%；受控外国企业的年度收入总额超过相当于10万土耳其里拉的外币。

②税务调整。如果符合以上受控外国企业判定的条件，无论该利润是否被分配，土耳其居民企业应将其按在受控外国企业资本中的份额比例享受的受控外国企业的利润包括在其当期利润中，并将以目前22%的税率缴纳土耳其公司所得税。

（6）资本弱化。①判定标准。当来自股东或关联方的贷款在会计期间内任何时点超过3∶1的债资比率时，适用资本弱化规则（对于银行或金融机构关联方的贷款适用6∶1）。此类关联方被定义为直接或间接拥有企业10%或以上股份、投票权或获得股息权利的相关股东和个人。

②税务调整。权益金额需根据土耳其《税收程序法典》在会计期开始时确定。当超过上述债资比率时，截至会计期（在该会计期内满足资本弱化规则）最后一天超过该安全港比率的利息支出将被认为是隐含利润分配或利润汇出，因此须缴纳15%的股息预提税。相关费用、外汇损失和利息支付不可税前扣除。

8. 征管与合规性要求

（1）纳税年度。纳税年度为公历年度或财政年度。经财政部批准还有可能采用特别的会计期间。

（2）合并纳税。土耳其不允许合并纳税。集团中的每家公司须自行进行纳税申报。

（3）申报要求。采用公历年度为纳税年度的企业，必须在次年的4月25日之前提交纳税申报表。采用其他会计年度的，必须在其会计年度结束后的第4个月的25日前提交纳税申报表。

公司须基于其季度利润按20%的税率预缴企业所得税。年度过程中预缴的公司所得税可用于抵消年度所得税纳税申报表中的年度公司最终应缴所得税额。预缴所得税纳税申报表须在季度期后的第2个月的第14天前提交，并须在该月的第17天前缴付税款。

（二）增值税

1. 征税原则

土耳其的增值税名称是 KATMA Dever-E.Vigigi，简称 KDV。增值税纳税人为在土耳其提供应税货物和劳务以及进口货物的公司和个人。应纳增值税的交易行为包括：商业、工业、农业和独立的专业商品和服务、进口到土耳其的商品和服务以及通过其他方式交付的商品和服务均需缴纳增值税，无起征点。

2. 计税方式

土耳其的增值税计税方式不存在简易征收等形式。计算增值税最终应纳税额时，仅就提供购进货物与劳务以及进口货物与劳务取得的增加值征税。对进口货物与劳务而言，应纳税额还包括应纳关税以及与进口有关的各种税收和费用。

3. 税率

增值税税率从1%~18%不等，一般税率为18%。对出口货物等适用零税率。

（1）8%的低税率适用于主要粮食、文化医疗、农业机械、餐馆服务类等产品行业。

（2）1%的低税率适用于特定农产品，报纸和杂志、交通运输工具、商品住房等产品行业。

（3）适用零税率的项目包括向国外提供出口货物和劳务、交通运输服务、港口机场建设物资和劳务等。

（4）对奢侈品、豪华车以及豪华车的租赁除了按照标准税率征收增值税以外，还要征收特别消费税。

（5）对出口货物等适用零税率。商品进口所付的费用在履行出口诺言后可以退税。在退税制度下，商品在土耳其进入自由流通，应缴进口税和增值税。当成品出口后，可以退还增值税和进口税。境外旅游者在土耳其消费 100 里拉以上，取得专用退税发票后，离境时在指定窗口退税。

4. 增值税免税

免税项目不允许抵扣增值税进项税额。

增值税免税项目包括：公司转让（公司接管或者公司形式的转换）；原油、石油、汽油和其他类似产品的管道运输；未经加工的黄金，以及外币、债券和邮票的供应；应征银行和保险交易税的交易；非经营性不动产租赁业务；居民企业为增加股本而销售不动产实现的利得；在保税仓库、转口运输、免税区、临时贮藏库和关税区内提供货物与劳务；2013 年 12 月 31 日以前设在科技开发区的企业提供的软件；提供用于教育、专业服务以及残疾人日常生活的工具、装置和计算机特殊程序。

5. 销项税额

《增值税法》第 29 条规定：销项税是指纳税人销售货物或者应税劳务，按照销售额和规定的税率计算并向购买方收取得增值税。税基为销售货物或提供服务的全部价款。符合下列条件的内容不包括在税基内：发票上的现金折扣；与原销售金额一致的销货退回。

6. 进项税额抵扣

《增值税法》第 30 条规定：在取得含有增值税进项税额的正式发票可以进行抵扣，但对于在下列情况下，不能进行增值税进项税额抵扣：①对购买私人小汽车征收的增值税；②丢失和被盗物资及不可抗力损失的物资；③对按照所得税法和公司税法确定收入中不可抵扣的费用所征收的增值税；④免税项目交货的进项增值税。

7. 征收方式

计算增值税最终应纳税额时，是基于销售额所征收的增值税（销项税）和已支付金额所征收的增值税（进项税）之间的差额计算的。免税项目不允许抵扣增值税进项税额，留抵余额不能申请退税，只能用于以后抵扣销项税额，根据目前土耳其的现行税法，没有留抵期限限制。

8. 征管与合规性要求

纳税申报须按月缴纳增值税，并在次月的 24 日前向当地税收办公室进行增值税纳税申报，增值税应在纳税申报表提交当月的 26 日前予以清缴。

（三）个人所得税

1. 征税原则

（1）居民纳税人。根据土耳其税法规定，在任何日历年度内连续停留在土耳其的时间（包括短暂离境）超过 6 个月的个人将被认定为是税收意义上的居民纳税人。短暂离境不视为在土耳其连续停留的中断。

土耳其个人纳税义务是建立在居留身份基础上的。在任何日历年度内连续停留在土耳其的时间超过 6 个月的个人被认为是税收意义上的居民纳税人。对于不居住在土耳其的人、一年内在土耳其居住未超过连续 6 个月的人则被认为是非居民纳税人。居民个人被视为是无限纳税人，就其全球的收入进行纳税。另一方面，非居民个人被归为有限纳税人，仅就其来源于土耳其的收入在土耳其纳税。

（2）非居民纳税人。不符合土耳其居民纳税人的条件即为非居民纳税人。同时，不适用在土耳其没有固定居所，但是在一个公历年度内在土耳其连续居住满 6 个月的个人即被视为居民纳税人的情况，其中包括：在土耳其短暂停留或从事预先安排活动的商人、科学家、专家、政府人员、记者，以及在土耳其学习、就医、休假和旅游的人员。即便上述人员在一个公历年度中停留超过 6 个月，也视为非居民纳税人。

2. 征收范围

土耳其对居民纳税人就其来源于全世界的所得征税。

土耳其针对不同来源的收入加以汇总计算个人所得税，实行统一税收制度。应税收入有雇佣收入、业务收入、农业活动收入、职业收入、证券所得收入（股息和利息）、来自不动产的收入（来自房地产的租金收入）和其他收入（资本利得和非经常性收入）。

土耳其的非居民纳税人仅就其来源于土耳其的所得缴纳个人所得税。非居民纳税人的国家如果已经和土耳其签订了避免双重征税协定，则可以根据其税收居民身份向税务机关申请税收协定待遇。

3. 税率

土耳其个人所得税税率为 15%~35% 的累进税率。具体详见表 8-2-1：

表8-2-1　土耳其个人所得税税率表

单位：里拉

序号	年应纳税所得额	税率
1	13000 以内	15%
2	13000~30000	20%
3	30001~110000	27%
4	110000 以上	35%

数据来源：土耳其经济部：www.ekonomi.gov.tr。

4. 纳税申报

自 2006 年 7 月 1 日起，国家识别号码（TIN）成为土耳其公民唯一的身份识别号码，纳税人识别号将在税务系统中与国家识别号码一一匹配。在土耳其境内停留超过 90 天或签证有效期限的外籍人士，须获得外国识别号码，该号码同时也作为其纳税人识别号。因此所有外籍居民也有纳税人识别号。每个纳税人都必须按照识别号进行个人所得税纳税申报；不允许联合申报，企业在支付雇员薪水前须先缴纳个人所得税。

如果全部收入来源于简单的交易活动，则需要在 2 月 25 日前进行申报，除此之外需要在 3 月 25 日前按期申报，不允许任何延迟。另外，所有的家庭成员都必须单独申报纳税，不能进行合并申报。

5. 扣除与减免优惠

（1）税前扣除。根据土耳其法律的规定，个人所得税的扣除主要取决于收入的类型。

对于业务收入，可参考企业的一般扣除规则。对职业服务所获收入的扣除范围较窄。对于雇佣员工，扣除通常限于社会保障费用。

个人捐赠扣除一般限定在纳税人申报收入的 5% 范围内。不受 5% 额度限制的捐赠扣除，同企业所得税的相关规定。个人保险费可在不超过纳税人申报收入总额 5% 以内准予扣除。个人为自己、配偶以及 18 岁以下的子女缴纳的养老保险费在纳税人申报收入总额的 10% 以内可以扣除。以上两种扣除额累计不得超过雇员的年最低工资、薪金收入总额。且上述扣除不适用于非居民个人。

此外，对纳税人、配偶和 18 周岁以下子女发生的能够提供证明的教育和卫生保健支出，可以在纳税人申报的收入总额的 10% 以内扣除。

（2）减免优惠。雇员取得的免税收入：由个人退休金计划支付的养老金，对其中的 25% 免税；由土耳其私人保险公司、银行和其他私立机构支付的养老金，如果保险费缴费期限超过十年，那么对其中的 10% 免税。

其他类型的免税收入：居民个人股息所得可以免征 50%；处置持有五年以上的不动产实现的资本利得免税；继承或者接受赠与的股票利得以及持有期限在两年以上的股票利得免税；持有期限超过一年的上市股票利得和土耳其财政部在海外发行的证券利得免税。

6. 征管与合规性要求

个人所得税的纳税申报按照公历年度进行。获得经营收入或职业收入的所有个人须进行所得税纳税申报。对于其他收入类型（例如薪金、来自证券的收入、来自不动产收入、资本利得等），进行年度纳税申报的义务取决于收入的类型、数额、适用的免税限制以及是否已对该收入进行源泉扣缴等。

7. 罚款

对逾期申报、未申报或避税逃税行为按照每月延期税款的 2.5% 缴纳滞纳金。对于个人经营者收入发现使用假发票者按其票面金额处以 3 倍罚款，情节严重者处以 3~5 年有期徒刑。

（四）关税

1. 关税管理制度

《欧盟—土耳其关税同盟》于 1996 年 1 月 1 日生效。根据该关税同盟的规定，工业品（包括加工农产品，不包括基本农产品和欧洲煤钢共同体产品）可以在土耳其与欧盟之间自由流动，没有关税和非关税壁垒的限制。

土耳其和欧盟对第三国执行共同对外关税政策。对于从第三国（该国既不是关税同盟成员国，也非土耳其的自贸协定缔约国）进口到土耳其的工业品和加工的农产品，在进入土耳其关内时，土耳其海关按关税同盟的统一税率对货物征税，纳税后的货物可零关税在土耳其与欧盟成员国之间自由流通。

2. 税率

自 2009 年起，土耳其针对不同国家标出各自进口关税税率，所有产品按 6 大目录来划分。即农产品（目录 I）、工业品（目录 II）、农业加工品（目录 III）、鱼类和水产品（目录 IV）、暂缓名单（目录 V）、用于民航免关税的产品（目录 VI）。

（1）农产品和水产品关税税率的修订。在土耳其与其他国家签署的自由贸易协定和优惠贸易协定中，农产品和水产品的关税税率在进口制度的附加目录中体现。目录 I 和目录 IV 中所列的产品关税税率已经根据行业需求进行了核定。目录 III 中加工农产品所需的工业组件关税均与欧盟的共同关税税率一致。

（2）工业品关税税率的修订。根据 1/95 条款中关于《欧盟—土耳其关税同盟》协议，土耳其对大部分进口工业品和从第三国进口的农业加工品使用欧盟共同对外关税。

（3）进口加工机制（IPR）。作为出口支持制度的替代，进口加工机制使土耳其生产商 / 出口商可以依据商务政策措施，不付关税获取用来生产出口产品的原材料、中间半成品。IPR 准予授权后，授权拥有者有权进口授权书上规定的货物，加工后再出口。进口加工制度的基本设想就是保持原料国际市场价格和土耳其出口商竞争力。进口加工机制主要包括关税暂缓制度和退税制度。

3. 出口退税制度

商品进口所付的费用在履行出口诺言后可以退税。在退税制度下，商品在土耳其进入自由流通，应缴进口税和增值税。当成品出口后，可以退还增值税和进口税。境外旅游者在土耳其消费 100 里拉以上，取得专用退税发票后，离境时在指定窗口退税。

4. 关税暂缓制度

生产商 / 出口商在进口时可以不付进口关税和增值税，即可进口原材料生产加工，再出口。在这种制度下，进口加工制度受益人必须提交保证函或相当于所有关税和增值税总额的保证金。满足一定条件时，授权持有者可以获得优惠的保证金率。

（五）企业须缴纳的其他税种

特别消费税。主要有四大类产品需要缴纳不同税率的特别消费税：①石油产品、天然气、润滑油、化学溶剂及其衍生品；按每公升、每千克等实行特定税率。②汽车及其他机动车、摩托车、飞机、直升机、游艇；按价值和发动机排量征收 1%~84%。③烟草和烟草制品、酒精饮料；按照商品价值征收 25%~275%。④奢侈品按照商品价值征收 6.7%~20%。与每笔交易都要征收的增值税不同，特别消费税只征收一次。

银行和保险交易税。银行和保险公司的业务收入（如银行收费、保险费）免征增值税，但是要缴纳 5% 的银行和保险交易税。

印花税。印花税的征税范围广泛，包括但不限于合同、协议、财务报表、薪金册等各类文件和凭证，税率为应税凭证价值的 0.15%~0.948%。《印花税法》规定，各相关方应负责支付协议的印花税总额，每份原件均须缴付印花税。

财产税。财产税分为三类：不动产税、机动车税、遗产税和赠与税。在土耳其拥有的建筑、公寓和土地需缴纳 0.1%~0.6% 的不动产税，固定文化资产的保护项目则按 10% 征收不动产税。机动车税根据固定数额收取，此数额根据机动车年龄以及发动机功率而逐年变动。另外，遗产税和赠与税按照 1%~30% 收取。

（六）社会保障金

根据土耳其税法，雇主和员工均需缴纳社会保障税，按照员工总收入的 34.5% 缴纳。缴纳比例取决于工作的风险类别。雇主缴纳的一般比例为 20.5%，员工为 14%。雇主和员工还须向失业救济金计划分别按 2% 和 1% 的薪金总额缴纳失业救济金。

员工缴纳的 14% 中，9% 为残疾、退休和人寿保险，5% 为一般医疗保险。

土耳其政府规定：对于在所属国家 / 地区缴纳社会保险的公民，如果其所属国家 / 地区与土耳其签订了社会保险协议，则不必在土耳其缴纳社会保险。因中国与土耳其尚未签订此协定，所以中国劳务人员必须缴纳土耳其社会保险且在离开土耳其时无法申请退还。

（七）遗产和赠与税

遗产和赠与税在继承财产和赠与财产的转让环节征收。纳税人包括个人和法人实体，只要接受的财产位于土耳其或者是属于土耳其的财产，就应征税。不在土耳其居住的外国人，接受土耳其国民赠与的位于土耳其境外的财产不征税，所有土耳其国民接受财产赠与都要征税。

遗产和赠与税的税基为继承财产和受赠财产的评估价值，根据税基大小以及纳税人与死者、捐赠人的亲疏程度，实行累进征收。遗产适用的税率为 1%~10%，赠与财产适用的税率为 10%~30%，捐赠者为纳税人的父母、配偶或者子女（不包括收养的子女）的，税率可以减半。

表8-2-2 土耳其遗产和赠与税税率表

单位：里拉

税基	继承遗产适用税率	受赠财产适用税率
不超过 17 万的部分	1%	10%
超过 17 万 ~54 万的部分	3%	15%
超过 54 万 ~134 万的部分	5%	20%
超过 134 万 ~294 万的部分	7%	25%
超过 294 万的部分	10%	30%

遗产和赠与税可以在财产评估后三年内分两期支付。对继承遗产的每一个受益人，其继承的财产评估价值的第一个109971土耳其里拉可以免税，如果死者没有后代（指子女和孙子女），其未亡配偶可以免征220073土耳其里拉。对赠与财产，免征额为 2535 土耳其里拉。

第三节 外汇政策

一、基本情况

土耳其的外汇管理部门为外贸局，隶属于国储署。土耳其官方货币为土耳其新里拉，土耳其自2001年开始放弃固定汇率，实行浮动汇率制度，可自由兑换。外汇可自由进出，股票及国债市场也对外资开放。汇率容易受政治经济等外部因素影响大幅波动。

土耳其无外汇管制，居民可以自由持有外币，从银行、授权组织、邮政局和贵重金属经纪机构自由购买外汇，在银行外汇账户上持有外汇，可自由使用外币现钞，自由进行外汇转账。

二、居民及非居民企业经常项目外汇管理规定

（一）货物贸易外汇管理

土耳其货物贸易外汇业务外币资金汇入和汇出目前均无政策方面的限制。通过银行账户支付外汇工资，需要提供缴纳个税及社保证明和工资申请单，个税及社保以土耳其新里拉支付。

（二）服务贸易外汇管理

土耳其服务贸易外汇业务外币资金汇入和汇出目前均无政策方面的限制。

（三）跨境债权债务外汇规定

居民及非居民企业结汇购汇、自由转出不受任何限制，但银行应从转账之日起30天内将外汇转出国外通报给国家指定的机构。

（四）外币现钞相关管理规定

土耳其居民在土耳其与外国人发生交易时可以直接从非土耳其居民手中接受外币支付。

在银行取外币现钞时原则上不需要预约，但是为确保取款顺利，须向银行预约。

三、居民企业和非居民企业资本项目外汇管理

居民企业和非居民企业可在土耳其开立外汇账户，外币可存入外币账户，只有在成为注册资本时才必须转换为里拉。

土耳其鼓励金融资源的自由流动。外国投资者可从当地市场上获得信贷。成立投资公司对股权比例也无限制。涉及在土耳其企业对外投资，需要签订投资协议明确被投资企业的股权比率、公司成立决议、公司业务性

质等文件。

土耳其涉及资本项目下的外汇投资活动，获得外汇并不困难，汇出或汇入资金也无限制。在清算或销售得以保证的情况下，外资企业的利润及其他收益可自由转移出境，清盘、变卖后资本可自由汇回投资来源国。

外汇账户开立需由企业向外汇管理局申请批复同意后，银行予以开立，一般申请周期为1个月。

四、个人外汇管理规定

外国旅行者本人可自由携带外汇现钞出境，但不得超过5000美元或其他等值外币现钞。但如果在进入土耳其境内时进行过申报，则可携带超过5000美元或其他等值现钞出境。如果土耳其居民能证明其外汇是在无形交易框架下从银行购买的，这一规定也对他们同样有效。

五、其他

2018年8月10日，特朗普政府宣布对土耳其出口美国的钢铝制品翻倍加征关税，土耳其里拉对美元汇率应声直线下跌，盘中一度跌幅高达26%。虽然土耳其通过总统呼吁、央行加息等措施暂时稳住了市场汇率，但是外部政治经济环境容易引起本国汇率大幅波动的情况也迫使土耳其政府正在积极地制定一些外汇管制政策。

第四节　会计政策

一、会计管理体制

（一）财税监管机构情况

土耳其有权制定会计与审计规范的主要机构包括财政部、资本市场委员会（CMB）、银行业监督管理局（BRSA）以及会计准则委员会（TASB）。

为了应对这种不统一的混乱局面，新《土耳其商法典》将发布会计准则的权利授予土耳其会计准则委员会（TASB）。会计准则委员会（TASB）在法定的职权范围内持续地开展准则制定工作。

为了与国际会计准则保持一致，土耳其会计准则委员会（TASB）翻译并发布了与国际会计准则（IFRS）相一致的土耳其会计准则（TFRS），并开发与之相适应的会计科目表。

（二）事务所审计

审计活动包括独立审计、过程审计以及私人审计。除了税务咨询与税务审计之外，审计师不可以向审计对象提供咨询或其他服务；审计师也不能通过子公司来开展上述业务。

法典强制要求所有公司必须经过独立审计。公司应当与独立审计机构进行合作，而独立审计机构应当有能力由注册会计师（SMMM）或宣誓注册会计师（YMM）实施审计。注册会计师（SMMM）或宣誓注册会计师（YMM）（或机构）不应当为审计对象提供记账服务，不应当为审计对象提供咨询服务，也不应当与其存在商业联系。

（三）对外报送内容及要求

1. 会计报告中主要包含以下内容。①企业基本信息：行业分类、经营范围、股东情况、公司地址、银行账户信息、税务登记号等；②财务状况表（资产负债表）；③收益与综合收益表；④现金流量表；⑤权益变动表；⑥披露表；⑦合并财务报表。

2. 上报时间要求：会计报告按公历年度编制，于次年的第一个季度内完成。但是选择特殊会计期间的企业或机构在其会计年度终了后的第一个季度内完成。

二、财务会计准则基本情况

（一）适用的当地准则名称与财务报告编制基础

土耳其会计准则委员会（TASB）成立于1999年。2002年，土耳其会计准则委员会（TASB）举行第一次会议，并将国际财务报告准则（IFRS）翻译为土耳其语，并将翻译后的国际准则作为土耳其财务报告准则（TFRS）对外发布。

2011年2月14日，土耳其在官方公报上正式发布《土耳其商法典》，《土耳其商法典》强制要求所有企业自2013年1月1日开始根据土耳其财务报告准则（TFRS，或土耳其中小企业财务报告准则）执行会计记账工作，并根据土耳其财务报告准则编制公司财务报告。

《土耳其商法典》要求会计账目应当根据土耳其财务报告准则（TFRS）的规定，各类主体采用的统一会计科目表根据土耳其财务报告准则（TFRS）的规定做出相应修正，在会计账簿中实施与国际财务报告准则（IFRS）相一致的土耳其财务报告准则（TFRS）并开发与之相适应的会计科目表。

（二）会计准则使用范围

根据土耳其共和国的法律，虽然强制要求所有公众公司按照国际财务报告准则（IFRS）及相适应的土耳其会计准则（TAS）进行会计核算并编制报表。但是一些企业基于其业务领域的特殊性，却有权利使用不同的会计处理方法。这些企业包括：①银行与保险公司；②其他金融机构；③金融租赁公司、保理公司以及其他在相似领域开展经营活动的公司；④共同基金、中介机构与投资信托等其他金融部门主体。

三、会计制度基本规范

（一）会计年度

《会计准则应用公报》第174条规定：公司会计年度与历法年度一致，即公历年度1月1日至12月31日为会计年度。但是对于一些有特殊的活动性质及会计期间的机构或企业（比如教育机构、特殊有需求的涉外企业）向财政部提出自定义会计期间申请，由财政部批准后执行。

（二）记账本位币

《会计准则应用公报》第17条规定：企业会计要求采用其官方语言土耳其语和土耳其新里拉进行会计核算。以土耳其新里拉作为记账本位币，货币简称TL。外币交易须以土耳其央行当天汇率买入价记账。

（三）记账基础和计量属性

《会计准则应用公报》规定企业以权责发生制为记账基础，以复式记账为记账方法。企业以历史成本基础计量属性，不动产每年按照政府发布的一般通货膨胀系数重估价值。

《会计准则应用公报》规定：会计计量假设条件，其一般原则有：谨慎、透明、公允、会计分期、持续经营、真实性、合理性、一贯性、严肃性、责任性、重要性。

四、主要会计要素核算要求及重点关注的会计核算

（一）现金及现金等价物

会计科目第 10 类记录现金、银行存款及现金等价物。会计科目（100）核算现金，会计科目（102）核算银行存款。

资产负债表中列示的现金是指库存现金及可随时用于支付的银行存款，现金等价物是指随时能转变为已知金额的现金的短期投资（从购买日一年以内到期），其流动性高，价值变动的风险小。主要涉及政府债券、股票、黄金。

（二）应收款项

应收账款是企业在经营过程中因销售商品、提供劳务等业务向购买方收取的款项。

会计科目第 12 类记录应收、预付款项。用于核算公司商品销售业务产生的应收、预付款项。该账户中的应收、预付款项金额最长为一年。

土耳其不计提坏账准备，根据《土耳其商法典》，当债权方较长时间无法收到应收款项时，双方可以通过协议进行补偿，如协商不成，可以向法院进行起诉，债务人需支付除应收款项外的延期支付利息（利率为土耳其财政部发布的延期支付利率，目前年利率为 22%）。

（三）存货

《会计准则应用公报》第 274 条规定：存货是指在企业中为销售、消费而获得的一种物质和材料及在正常活动期间销售或加工的产品，存货初始计量以历史成本计量确认，成本应由使存货达到目前场所和状态所发生的采购成本、加工成本和其他成本所组成。

存货的初始核算：存货的采购成本不包含采购过程中发生的可收回的税金。不同存货的成本构成内容不同，通过采购而取得的存货，其初始成本由使该存货达到可使用状态之前所发生的所有成本构成（采购价格和相关采购费用）；通过进一步加工而取得的存货，其初始成本由采购成本、加工成本，以及使存货达到目前场所和状态所发生的其他成本构成。

会计科目第 15 类核算存货，具体分类如下：150 原材料，151 半成品，152 产成品，153 库存商品，157 其他存货。

存货出库可以采用先进先出法和加权平均成本法。企业可以根据自己的意愿选择适合的方法进行存货的出库核算。但是一经选择确定存货的出库方法不得改变。确定存货的期末库存可以通过永续盘点和实地盘点两种方式进行。

资产负债表日，存货应当按照成本与可变现净值孰低计量。存货成本高于其可变现净值的，应当计提存货跌价准备，计入当期损益。可变现净值：是指在日常活动中，存货的估计售价减去至完工时估计将要发生的成本、估计的销售费用以及相关税费后的金额。

（四）长期股权投资

长期股权投资是投资企业为了与被投资企业建立长期关系或为了自身的经营和发展而持有的被投资企业的权益投资。投资按照是否对被投资企业有单独控制、共同控制、重大影响等不同情况，分别使用成本法、权益法进行核算。

会计科目第 24 类核算，下设 3 个明细科目，241 长期投资，核算参股比例在 10% 以下的。242 参股投资，核算参股比例在 10%~50% 的。245 子公司，核算参股比例在 50% 以上的。

成本法适用的范围：①企业能够对被投资单位实施控制的长期股权投资；②企业对被投资单位不具有控制、共同控制或重大影响，且在活跃市场没有报价、公允价值不能可靠计量的长期股权投资。投资单位采用成本法时，长期股权投资的账面价值不受被投资单位盈亏和其他权益变动的影响。只有在被投资单位分配现金股利的时候，才确认投资收益，相应的调整长期股权投资的账面价值。

权益法适用的范围：①共同控制；②重大影响。权益法下，长期股权投资的账面价值受被投资单位的所有者权益变动的影响。长期股权投资的账面价值需要根据被投资单位的所有者权益进行调整。当所有者权益发生变动，投资单位的长期股权投资的账面价值相应进行调整。被投资单位实现盈利时，所有者权益的留存收益增加，投资单位的长期股权投资要调增，确认投资收益，发生亏损时，冲减长期股权投资的账面价值。在被投资单位分配现金股利的时候，被投资单位的所有者权益减少了，所以要冲减长期股权投资，确认应收股利。被投资单位其他权益发生变动时，也需要调整长期股权投资的账面价值。

（五）固定资产

《会计准则应用公报》第 313 条规定：固定资产是指企业为生产商品、提供劳务、出租或经营管理而持有的、使用寿命超过一个会计年度的有形固定资产。初始计量以历史成本计量确认，企业应在其预计使用期限内对固定资产计提折旧。

会计科目第 25 类核算固定资产及固定资产折旧。

土耳其经济部会对作为固定资产商品发布固定的折旧年限和折旧率，如果有新增商品或更新折旧年限会发布更新公告。

固定资产折旧：最常用的折旧方法是直线法和余额递减法。

直线法：表示为同等一致的摊销方法。根据这种方法，折旧可以通过将固定折旧率应用于有形资产的金额或通过计算金额的经济寿命来计算。

余额递减法：余额递减法的折旧率是直线法的 2 倍，但采用时这个折旧率不能超过 50%。

在核算上可以自由选择折旧法，余额递减法可以变更为直线法，直线法不能变更为余额递减法，但是在一个会计期间的折旧方法一经选择不能更改。

土耳其经济部 2018 年最新公布的折旧年限及折旧率，列举以下为例。

（1）办公大楼：折旧年限为 50 年；年折旧率 2%。

（2）大型塔吊设备：折旧年限为 15 年；年折旧率 6.66%。

（3）办公桌：折旧年限为 5 年；年折旧率 20%。

（4）交通设备：折旧年限为 5 年；年折旧率 20%。

（5）电脑：折旧年限为 4 年；年折旧率 25%。

（6）压路机：折旧年限为 10 年，年折旧率 10%。

（六）无形资产

《会计准则应用公报》第 269 条规定：无形资产，指为用于商品或劳务的生产或供应、出租给其他单位、或管理目的而持有的、没有实物形态的可辨认的非货币资产。

无形资产初始计量以历史成本，企业应在其预计使用期限内对资产计提摊销。无形资产期末计量按可回收价值计量，如果发生减值，计入减值准备。

会计科目第 26 类记录无形资产包括专利、许可、版权、特权、商标、商誉、所有权。

（七）职工薪酬

会计科目335核算职工薪酬：包括行政管理人员，普通员工，临时性雇佣员工等所有人员。土耳其实行最低工资制度，2017年12月29日，最低工资委员会确定2018年的每日最低工资确定为土耳其里拉。

土耳其《劳动法》规定当雇主无正当理由辞退雇员时，雇员可根据《劳动法》向雇主索取遣散费。但是违反公司规定或自愿离开的雇员无权索取遣散费。在计算遣散费时，综合考虑工人的工作年限和最后工资水平。遣散费总金额包括工资，谈判费和社会福利报酬等。

（八）收入

会计科目600核算国内收入601核算出口业务收入603核算其他收入。收入是指企业在正常经营业务中所产生的收益，包括销售收入、服务收费、利息、股利和使用费。收入应在未来的经济利益很可能流入企业，并且能够可靠地计量时予以确认。2018年当年或之后开始年度，《国际财务报告准则第15号——客户合约收益》生效，全面适用遵循该新颁布的准则。

（九）政府补助

政府补助是指政府以向一个企业转移资源的方式，来换取企业在过去或未来按照某项条件进行有关经营活动的援助。这种补助不包括那些无法合理作价的政府援助以及不能与正常交易分清的与政府之间的交易。

政府补助包括以货币补助和公允价值计价的非货币性补助，对非货币性资产通常需要确定公允价值，并且对补助和资产均按公允价值进行会计处理。有时还采用一种变通办法，按名义金额记录资产和补助。

政府补助按照会计科目600核算，视同国内收入处理。

近年来为了符合欧盟的规定和WTO承诺，土耳其取消了政府补贴政策。但是仍然以税收优惠的形式，对初级农产品出口或农业加工产品出口进行减税补贴。

（十）借款费用

借款费用是指企业发生的与借入资金有关的利息和其他费用。借款费用包括银行透支、短期借款和长期借款的利息、与借款有关的折价或溢价的摊销；安排借款所发生的附加费用的摊销；与融资租赁有关的财务费用；

以及因外币借款而发生的汇兑差额等。

当借款未能完全用于借入资金的使用范围，后续借款可停止，借款费用也将暂停资本化，当借款使用范围内的企业活动发生暂停，借款费用暂停资本化，当准备工作实际完成、指定销售、设施完工、正式使用、出售时，经济实体必须停止借款费用资本化，当经济实体的借款使用范围的企业活动是按部分/阶段完成时，在完成相应阶段后，应停止该阶段的借款费用资本化。

（十一）外币业务

外币交易时，应在初始确认时采用交易发生日的即时汇率折算为记账本位币金额。

资产负债表日，外币货币性项目采用资产负债表日的即期汇率折算为外币所产生的折算差额，按汇兑收益或汇兑损失分别计入收入和费用。

资产负债表日，以历史成本计量的外币非货币性项目，采用交易发生日的即期汇率折算，不改变其记账本位币金额。

（十二）所得税

所得税采用资产负债表负债法，区分暂时性差异和永久性差异，暂时性差异确认递延所得税资产和负债，当期所得税费用等于当期应交所得税和递延所得税。会计科目第 37 号核算所得税，下设 2 个明细科目，370 所得税，371 经营期税费。科目 193 核算预交所得税，税款的缴纳按照《公司所得税法》的相关规定严格执行。

五、其他

土耳其财务准则在许多应用层面依然表现出以税务为导向，没有考虑金融部门与公开交易公司的信息需求。虽然土耳其的会计职业界不具有悠久的历史背景，但是本土会计师们正在经常性地更新自己的知识结构，与全球发展同步。

本章资料来源：

◎ 国家税务总局《中国居民赴土耳其共和国投资税收指南》

◎《对外投资合作国别（地区）指南——土耳其》（2017 年版）

第九章 文莱税收外汇会计政策

第一节　投资基本情况

一、国家简介

文莱达鲁萨兰国（马来语：Negara Brunei Darussalam），简称文莱。位于亚洲东南部，加里曼丹岛西北部，北濒中国南海，东南西三面与马来西亚的沙捞越州接壤，并被沙捞越州的林梦分隔为不相连的东西两部分。海岸线长约 162 公里，有 33 个岛屿，总面积为 5765 平方公里。人口约 42 万（2017 年）。马来语为国语，通用英语，华语使用较广泛。货币为文莱币（BND）。

文莱分区、乡和村三级。全国共有四个区（District，当地人称之为县）：摩拉区、都东区、马来奕区和淡布隆区。各区设区长分别负责区内日常行政事务，由内政部办公室统筹管理，区下面设乡（Mukim），乡长由政府任命，乡下面设村（Kampong），村长由村民民主选举产生。文莱首都为斯里巴加湾市（Bandar Seri Begawan），位于摩拉区，面积 16 平方公里，人口约 10 万。

伊斯兰教是国教。文莱马来人皆信仰伊斯兰教，属逊尼派。伊斯兰教徒占人口的 67%，佛教徒占 10%，基督教徒占 9%，其他信仰还有道教等。文莱为伊斯兰教国家，具有较独特的宗教文化和风俗习惯。

《伊斯兰刑法》对宗教管理做出了严格规定，该法规主要内容包括：

（1）关于伊斯兰宗教神圣性。禁止在文莱传播任何宗教或信仰，包括未经批准传播伊斯兰教；禁止任何侮辱伊斯兰教先知、《古兰经》和《伊斯兰刑法》的谣言、评论等；避免在穆斯林面前表达崇拜某明星、人物、动物、地点等；避免在公开场合使用涉及伊斯兰教的固定词汇和表达，包括问候语。

（2）关于宗教管理。禁止在公共场所饮酒，不得向穆斯林提供、推荐、售卖酒精饮料；斋月期间避免在公共场合饮食、吸烟及买卖现场消费的食品；每周五中午 12：00~14：00，穆斯林必须到清真寺祈祷，届时餐厅、店铺等都将停止营业，雇主不得限制穆斯林雇员按时祈祷的权利。

（3）关于不文明行为。禁止与穆斯林女性未婚或婚外性关系，或引诱穆斯林女性私奔；避免易引起嫌疑的未婚男女独处或同居；尽量在公众场所与异性保持距离，避免拥抱或接吻等过度亲密行为；避免穿着异性服装或模仿异性动作、神态；避免在公共场合穿着暴露（尤其是女性，建议穿长袖衣裤）。

（4）其他犯罪。偷盗、抢劫、强奸、通奸、谋杀等犯罪行为，将根据《伊斯兰刑法》进行审判。

二、经济情况

文莱是亚洲最富有的国家之一，2016 年 GDP 约为 114.01 亿美元，人均GDP 为 26939 美元，位居世界第 26 位，2017 年 GDP 为 121.28 亿美元。文莱是个以原油和天然气为主要支柱的国家，总产值几乎占整个国家国内生产总值的 50%。在东南亚，石油储量和产量仅次于印尼，居第 2 位。[①]

世界银行集团报告指出，在企业经营环境宽松度方面将文莱排在 178 个国家中的第 78 名，文莱在法律环境方面排位相对靠前。

文莱是东南亚主要产油国和世界主要液化天然气生产国。石油和天然气的生产和出口是国民经济的支柱，约占国内生产总值的 67% 和出口总收入的 96%。重油气下游产品开发和港口扩建等基础设施建设等领域，积极吸引外资，促进经济向多元化方向发展。经过多年努力，文莱非油气产业占 GDP 的比重逐渐上升，特别是建筑业发展较快，成为仅次于油气工业的重要产业。服装业亦有较大发展，已成为继油气业之后的第二大出口收入来源。

2008 年 1 月，文莱政府宣布启动"文莱 2035 宏愿"，计划拨出 95 亿文元，大力发展旅游业，改善交通和通讯基础设施，实现经济持续发展，争取使人均国民收入进入世界前十名。

---

① 数据来源：来源于网络，经核实与驻文莱中国大使馆的 2017 年 12 月版的《对外投资合作国别指南》基本一致。

三、外国投资相关法律

文莱司法体系以英国习惯法为基础。一般案件在推事庭或中级法院审理，较严重的案件由高级法院审理，民事案件最终可上诉至英国枢密院，最高法院由上诉法院和高级法院组成。文莱的法律法规较为健全，与投资合作经营有关的法律有《公司法》《投资法》《贸易法》《知识产权法》《劳动法》《土地法》《仲裁法》等。

文莱有两套相互独立的公司法，对国内企业适用《公司法》，对外国企业适用《2000 年国际商业企业令》。国际投资企业的协议备忘录和公司章程是公司股东之间的合法约定，必须予以高度的尊重。如果股东之间有协议，也应该充分尊重该协议。

文莱主管国内投资和外国投资的政府部门为工业与初级资源部和经济发展理事会。为了保护民族资本，法律规定，外资与本地公司或商人合资的企业，文方须占 51% 以上股份。不涉及国家食品安全且产品全部出口的工业，外国人可占 100% 所有权。

文莱实行自由贸易政策，除少数商品受许可证、配额等限制外，其余商品均开放经营。出于环境、健康、安全和宗教方面的考虑，文莱海关对少数商品实行进口许可管理。植物、农作物和牲畜须由农业局签发进口许可证（植物不能带土），军火由皇家警察局发证，印刷品由皇家警察局、宗教部和内务部发证，大米、食糖、盐由信息技术和国家仓库发证。除以上有关部门发放进口许可证外，机动车、农产品、药品以及与药品有关的产品进口还须提供有关的原产地证书和检验证明。除了对石油天然气出口控制外，对动物、植物、木材、大米、食糖、食盐、文物、军火等少数物品实行出口许可证管理，其他商品出口管制很少。

《劳动法》规定，劳工受到法律的保护。雇主支付雇员薪金的时间不得超过当月 10 日，如延期支付被检举，雇主会受到不高于 1500 文元的罚款；如无法支付薪金给雇员，雇主将面临不超过 6 个月的监禁；如雇主在未获得许可的情况下雇佣外来劳工，会受到 10000 文元或者入狱 6 个月至三年不等的惩罚。

外国人到文莱就业需要得到两年有效的工作准证。欲获得核准证需向劳工局申请。经劳工局推荐，移民局办理许可证。劳工局要求申请者提供金额为文莱至劳工来源国单程机票款的押金或银行担保。工作准证在签发后6个月内不得更改。公司或外国公司的分支机构注册批准前，外籍员工工作准证申请将不予受理。

目前，外国人在文莱的普通劳工、家政、司机、厨师、餐厅服务生、工程师等岗位就业较多，医生、律师等专业性较强行业须取得当地就业执照，银行业外籍工作人员不得超过员工总数的一半。2014年5月，文莱政府开始收紧外籍劳工准入政策，取消所有已批准但尚未使用的劳工配额，企业雇佣外籍劳工必须遵守新的劳工雇佣政策。新劳工政策于2014年6月30日起逐步实施，内容大体包括：批发零售、酒店服务、通信技术等领域的诸多岗位，如收银员、司机、监督员、售货员、屠夫、面点师等，必须雇佣本地员工；已经使用的劳工配额和现有的经营许可在申请延期时将适度削减；企业如不提高本地员工比例，将较难获得经营许可；非本地居民申请开办咖啡馆、快餐店等传统餐饮业将受限，并无法在乡村地区开办企业；根据企业本地雇员与外籍雇员的比例，雇主每引进一名外国劳工需缴纳480~960文元的外劳税。

在文莱执行外国法院判决对等原则，文莱法院将据此自动承认和执行任何相应承认和执行文莱法院判决的国家所做出的民事和涉及金钱给付的判决。如果外国法院做出的判决具有刑罚的性质，则文莱法院不会执行该判决。

四、其他

文莱于1993年12月9日加入关贸总协定，1995年1月1日成为世界贸易组织（WTO）成员国。

文莱于1984年1月7日加入东盟（ASEAN），成为东盟第六个成员国。1996年以来，文莱苏丹出席了历届东盟国家领导人会议。2002年，东盟提出建设"东盟经济共同体"（ASEAN Economic Community，英文缩写为AEC）的构想。2015年底，东盟经济共同体正式建成，标志着一个人口6.3亿、经济总量排名全球第七的经济体初具雏形。目前，东盟成员之间清除了关税壁垒，部分落实了免签证待遇，但成员国经济一体化程度仍然不高，特别是在农业、钢铁、汽车等敏感领域，成员之间仍存在不同程度的市场保护；另外，区域内贸易仅占东盟对外贸易总额的 24%，意味着成员间贸易紧密度仍有待提高。文莱作为东盟成员国，享有东盟经济共同体所有优惠政策。企业在文莱投资，其产品可便捷地出口到整个东盟市场。

2005 年 4 月，文莱以创始国身份加入跨太平洋战略经济伙伴协定（TPP），并于 2010 年主办了第三轮谈判，希望借助参与该协定为文莱经济发展创造更有利的国际环境。2016 年 2 月，跨太平洋伙伴关系协定结束谈判。目前，文莱正在推进国内相关改革，修订相关法律，以满足该协定在劳工、知识产权保护等方面的要求。

文莱基础设施发展水平较高，同时还积极参与东盟互联互通建设，是东盟东部增长区（东盟内三个次区域合作之一，由文莱、马来西亚东部，印度尼西亚东北部和菲律宾南部构成）唯一主权国家，地理位置优越，市场潜力较大，可辐射周边区域。

此外，作为伊斯兰国家，文莱重视与其他伊斯兰国家的合作，近年来大力推动在清真食品、穆斯林用品以及伊斯兰金融领域的发展，"文莱清真"品牌在伊斯兰世界得到认可。

第二节　税收政策

一、税法体系

文莱达鲁萨兰国税收体系以 1949 年 12 月 31 日颁布的《税法通则》为主，期间对《税法通则》进行了多次修订。企业所得税最近进行的修订版本颁布于 2017 年 3 月，预提税最近进行的修订版本颁布于 2017 年 4 月。

文莱实行税收中央集权制。税收立法权、征收权、管理权均集中于中央，由财政部主管。文莱税务司是文莱税收的主要管理部门，属于文莱财政部下的部门之一。税务司负责制定税收政策，管理和征收所得税。财政部常任秘书为文莱税务司司长。

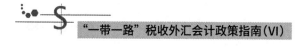

文莱于 2016 年 7 月 1 日正式加入防止税基侵蚀和利润转移（BEPS）的多边公约。

外国税收免除的相关规定：（1）文莱已经与巴林、中国、中国香港特区、印度尼西亚、日本、科威特、老挝、马来西亚、阿曼、巴基斯坦、新加坡、英国和越南签署了避免双重税务协定，所得税可以按比例免除，课税扣除只针对本地公司。（2）英联邦国家提供内部互免优惠，但优惠额不能超过文莱税率的一半，此优惠提供给本地及非本地注册公司。（3）2004年 9 月，中国与文莱签署了《避免双重征税和防止偷漏税协定》。

二、税收征管

（一）征管情况介绍

文莱税负较低，为实现多元化发展，文莱政府重视建设良好的商业和投资环境，提供了该地区最宽松的税收环境。目前文莱免征流转税、个人所得税，也无出口税、销售税、工资税和增值税等诸多税种。其中企业所得税为其政府税收的主要来源。在外国投资者创业和发展的阶段，文莱提供比其他国家更为优惠的条件。文莱还提供"先锋产业"政策，对国内亟需发展的行业实施企业所得税和设备进口关税减免，免税期高达 11 年，出口型服务行业可享受长达 20 年的免税政策，并可根据后续投资情况延长免税期。

企业需要对以下收入纳税，包括各项经济活动中获取的利润；从未在文莱纳税的公司中获得的分红；利息和补贴；版税、奖金和其他财产收入。文莱无资本收益税，但如果征税人员确定其中收入来自普通贸易，则按正常收入征税。

文莱纳税年度为公历年度，纳税申报表必须通过线上的税收征管和税收服务系统（https：//www.stars.gov.bn）进行提交。

独资和合伙经营商行无需缴纳所得税，在文莱注册的公司有义务对其从文莱或境外所获得的收入缴纳所得税；非本地注册公司只需对其在文莱获得的收入纳税；有限公司所得税征税率自 2007 年连年小幅下调，2015 年已降至 18.5%。

（二）税务查账追溯期

文莱税务机关有对在文莱注册公司强制保留账目的规定。要求每个公司都需要保留七年的详细交易记录，以便所得税征税部门正确评定公司应缴税额。所需记录包括与业务有关的完整准确的期初和期末库存记录、买卖记录、收据、发票、提单、所有其他相关文件和账册。

文莱税法明令禁止公司通过任何形式偷税、漏税、抗税、骗税。七年内，税务征管机关对公司此前所申报税款评定结果有异的，将以正式书面形式通知公司补缴税款差额，并按照罚款节点和比例加收滞纳金。

（三）税务争议解决机制

如果对评税有争议，可自评税通知书送达之日起30日内，通过书面异议通知的形式，向征税部门提出申请，提供确切的异议理由，以便对评税进行审核。审核结果的最终解释权归税务机关所有，无法通过协商、行政复议、仲裁、诉讼等其他形式加以解决。

三、主要税种介绍

（一）企业所得税

1. 征税原则

企业所得税的纳税主体为私人有限公司（Private Limited）。私人有限公司是指文莱土著居民以外的公民或外籍人员依照文莱法律成立的企业。私人有限公司依据其在文莱获得的收入依法缴纳企业所得税。

2. 税率

文莱达鲁萨兰国的所得税的适用法律依据文莱《所得税法案》（第35章）和《所得税（石油）法案》（第119章）。根据该法案8（1）部分，任何文莱当地（除文莱土著）或来自其他国家的人员在文莱注册的公司，其在文莱获取的收入或所得，均需按30%的税率纳税。该法案条款不适用于任何其他个人或个人组织的收入所得。该法案自2008年1月1日生效以来，适用公司的税率已做以下变更：2008年课税年度税率27.5%；2009年课税年度税率25.5%；2010年课税年度税率23.5%；2011年课税年度税率22%；2012—2014年课税年度税率20%；2015年及后续课税年度税率18.5%。

从事石油和天然气勘探和生产的公司的利润收益，按55%的税率征税。

3. 税收优惠

根据《所得税法案》第35（5）部分（Cap 35），在文莱达鲁萨兰国新注册的公司，将享受税务优惠，具体为：在2008年课税年度当年或以后年度中，对于首个三年课税年度期内发生的第一笔10万文莱元的应课税收入，免征所得税。第二笔15万文莱元的应课税收入（如果有），也给予税率优惠，将按适用税率的50%计税。

注：新成立公司的第一个三年连续课税年度指与公司成立或注册的课税基期相关的课税年度，加上其后的两年连续课税年度。

表9-2-1　2015—2017年课税年度所得税税率表

单位：文莱元

示例	2015 年课税年度	2016 年课税年度	2017 年课税年度
应课税收入	150000	350000	500000
第 1 笔 100000	免征	免征	免征
第 2 笔 150000	不适用	$150000 \times 50\% \times 18.5\% = 13875$	$150000 \times 50\% \times 18.5\% = 13875$
超出 150000 限额的部分	$50000 \times 18.5\% = 9250$	$100000 \times 18.5\% = 18500$	$250000 \times 18.5\% = 46250$
应缴税款总额	9250	32375	60125

4. 所得额的确定

《所得税法案》规定，应纳税所得额是指企业每一纳税年度的收入总额，减除不征税收入、免税收入、各项扣除及允许弥补的以前年度亏损后的余额。企业应纳税所得额的计算，以权责发生制为原则，属于当期的收入和费用，不论款项是否收付，均作为当期的收入和费用；不属于当期的收入和费用，即使款项已经在当期收付，均不作为当期的收入和费用。

《所得税法案》第4节规定了收入的确认方法，相应的明确了税前可抵扣的支出和费用，只要该支出和费用"完全且仅仅"为获得收入而产生。凡是为了获取需申报收入而直接发生的各项费用均可以作为可抵扣费用在税前列支以减少应税收入。

（1）此类可扣减项包括：用于获取需申报收入的借款的利息；贸易或商业用地或建筑的租金；维修、厂房、设施和机械的成本；呆坏账，如果收回，则视为收入；雇主缴纳的国家批准的养老金或公积金，例如 Tabung Amanah Pekerja（TAP）或 Supplement Contributory Pension Fund（SCP）；根据文莱法律支付的 Zakat、Fitrah 或其他宗教款项。

（2）不允许税收扣减的支出包括：非直接由获取需申报收入所发生的各项费用；私人开支；撤回资本或用作资本的款项；根据保险或赔偿合同可收回的任何款项；不用于盈收的租赁或修复支出；在文莱或其他国家已支付的任何收入所得税；用于支付任何未经国家批准的养老金或公积金的款项；捐款是不可扣减项，但如果用于社会制度建设，可以申请税款减退。

（3）税收抵免。当地雇佣。对于雇佣当地雇员在公司工作的情况，公司可申请其工资额 50% 的税项减免，但最高可抵减年限为该雇员在该公司工作的三年期，且当年工资只允许抵消企业当年税负，如若企业当年无需缴纳所得税，则该部分可减免税项的工资额也不得递延到下一年度。文莱当地员工养老保险金的超付部分（超出以前年度应缴纳部分的金额）。对于员工信托基金的额外支付部分，可按 10% 的比例进行税项抵免。培训。对于公司培训雇员的支出，允许应付税项下对培训期所付总工资进行 100% 的税项减免。作为机械设备的更新换代的新投资。如果公司为机械设备的更新换代而进行新的投资，则 15% 的新投资额允许抵减企业所得税。除文莱境外税收减免以外，文莱境内企业所得税的减免的总额不能超过当年度应纳税总额的 50%。

（4）亏损弥补年限。纳税人某一纳税年度发生亏损，准予用以后年度的应纳税所得弥补，一年弥补不足的，可以逐年连续弥补，弥补期最长不得超过两年，两年内不论是盈利或亏损，都作为实际弥补年限计算。

5. 反避税规则

（1）关联方交易。企业与关联方之间的收入性和资本性交易均需遵守独立交易原则。目前文莱在当地形成产业链企业并不多，税务机关对关联企业的关注度不高。

（2）转让定价。目前税法上没有明确的规定，但在文莱会计核算体系上有相关的定价确认原则。

（3）资本弱化规则。企业支付给关联方的利息支出税务上可以税前扣除，但需要提供相关的关联企业之间的资金贷款协议和外汇收款证明。

6. 征管与合规性要求

（1）所得税纳税人登记。在"公司注册机构"登记注册的公司，都需要通过 STARS 网站在线注册。文莱纳税年度为公历年度，纳税申报表必须通过线上的税收征管和税收服务系统（https : //www.stars.gov.bn）进行提交。

（2）应课税收入预报备案。根据《所得税法案》第 52A 部分，公司需在该课税年度相关的会计期末后的 3 个月内，向所得税征税部门预申报应课税收入（Estimated Chargeable Income），基于 ECI 的税费，需在 ECI 提交日或提交日之前进行缴纳。

（3）签发所得税表格。所得税征税部门将在每年 1 月发放公司所得税表格。该表格将寄往公司注册地址和其税务代理。如果公司未收到相应课税年度的所得税表格，可从"收入分部"的所得税征税部门获取正式表格。

（4）所得税申报。自申报表格所载日期开始的 3 个月内，公司须向所得税征税部门申报所得税。所得税申报就是公司申报其 12 个月的收入或利润情况。提交申报表格时还需提交审计的财务报表、所得税计算表和其他支持表格。

不进行所得税申报的行为将触犯所得税法，如罪名成立，将处以 10000 文币的罚款，如不缴纳罚款，将处以 12 个月监禁。

（5）保留账目的要求。所得税征税部门：要求每个公司都保留七年的详细交易记录，以便其正确评定公司应缴税额。所需记录包括与业务有关的完整准确的期初和期末库存记录、买卖记录、收据、发票、提单、所有其他相关文件和账册。

（6）评税。评税期基于上一年度，基期为截至 12 月 31 日的完整的日历年。评税包括核查所得税报税情况，然后将评税通知书发到公司注册地址。

无论公司是否对评税存在异议，税费应在评税通知书送达后 30 天内缴至所得税征税部门。如对评税有争议，可自评税通知书送达之日起 30 日内，通过书面异议通知的形式，向征税部门提出申请，提供确切的异议理由，以便对评税进行审核。

（二）预提税

1. 征税原则

如公司向非文莱达鲁萨兰国以外的法人支付钱款、债券或贷款，需向文莱税务机关代扣代缴所得税。

2. 税目和税率

根据《所得税法案》（第95章）第9（4）或第9（5）部分，从2008年1月1日起，对文莱达鲁萨兰国发起或视为其发起的以下付款征收预提税：①与贷款有关的利息、佣金和其他费用、付款；②动产使用的特许权费或其他一次性付款；③使用科学、技术、工业、知识或信息的专业知识费；④管理费；⑤技术支持或服务费；⑥使用动产的租金；⑦公司支付给非文莱达鲁萨兰国居民的外国董事的报酬；⑧2017年4月财政部对预提税的税目又做了新的补充，即所有因享受服务而支付给非文莱注册企业的款项，在支付时均需代扣代缴预提税。包括但不限于：建筑、施工、医疗、银行、保险、运输、住宿、差旅、会计、审计、法律等服务。

支付给非文莱达鲁萨兰国法人的付款，需按以下税率征税：

表9-2-2　支付给非文莱达鲁萨兰国法人的付款的预提税税率

付款性质	参阅税法第37节和37A	税率	2016-01-01 税率变化	2017-04-01 税率变化
与贷款或债务相关的利息、佣金、费用或其他付款	9（4）和 35（2）	15%	不变	2.5%
使用动产而产生的特许权使用费或其他一次性付款	9（5）（a）和 35（3）	10%	不变	不变
科学、技术、工业或商业知识、信息的使用或获得使用权利所需的费用	9（5）（b）和 35（3）	10%	不变	不变
提供与应用或使用技术知识、信息有关的支持和服务的费用	9（5）（b）和 35（6）	20%	10%	不变
管理费	9（5）（c）	20%	15%	10%
使用动产的租金或其他付款	9（5）（d）和 35（2A）	10%	不变	不变
外国董事报酬	37B	20%	10%	不变

数据来源：税法最新版本。

3. 扣除与减免

文莱政府和一系列国家签署了避免双重征税的协定以减少企业在文莱与签署国间的税负。2004 年 9 月，中国与文莱签署了《避免双重征税和防止偷漏税协定》。

4. 征管与合规性要求

（1）支付日期。《所得税法案》修改前，只对实际发生的支付款项征收预提税。但是，自《所得税法案》（Cap 35）第 37（7）（b）部分开始生效后，则认定当付款被再投资、再积累、资本化、储蓄，或划拨至非本国居民指定的任何账户的那一刻起，即可视为已被支付，而不管上述款项是否实际支付给上述受益人。

鉴于此，根据《所得税法案》（Cap 35）第 9（4）或 9（5）部分，要求纳税人在收入支付日期后 14 天内，向税务征收部门缴纳预提税。

（2）延迟缴纳处罚——第 37（4）部分。任何未在规定日期向税务征收部门缴纳预提税的纳税人，将按以下税率缴纳罚款：自支付日后的 14 天内，税务征收部门仍未收到预提税，自逾期日起至逾期当月月末完成税款缴纳的，将处以税款 5% 的罚金；自支付日后的 30 天内，仍未向税务部门缴纳预提税的，则每增加一个自然月，罚金增加 1%，直至最高 15%（累计最高罚金比例为应缴纳税款的 20%）。

（三）进口税

1. 概况

文莱总体关税税率很低，对极少商品如香烟等商品的进口关税略高于对东盟成员国的关税。

其对东盟成员国产品的关税税率大部分在 0%~5% 之间。对食品类及大部分建筑材料和工业机械免征进口税，电器类商品及香水、化妆品、地毯、珠宝、水晶灯、丝绸、运动器材等征收 5% 的进口税，汽车征收 20% 的进口税（目前已改为同等税率的消费税），烟和酒精饮料有特别税率。

2010 年 1 月，中国—东盟自贸区正式建成，文莱作为老东盟六国之一，对中国 90% 以上产品（约 7000 种）实行了零关税。2017 年 4 月 1 日，文莱正式实施《2012 年海关进口税和消费税法令》修正法案。

2. 税率

海关关税针对共同体与外部国家之间的商品或服务的进出口，实行落地申报。

表9-2-3 部分进口商品关税税率表

征税商品	税率	消费税
普通电器	0%	5%
新轮胎	0%	5%
珠宝（包括宝石）	0%	15%
化妆品、香水	0%	5%
衣服与包袋	0%	5%
电子游戏与控制台	0%	20%
糖与可可产品	0%	3%
手机与所有类型的数码相机	0%	10%
香烟与烟草制品	0%	每公斤 120~400 文元；每根烟 0.5 文元

资料来源：文莱皇家。

3. 关税免税

外部进口中，钢筋、水泥、灰泥、纤维材料、化学物品等大宗材料免税。进口时一经免税无免税期限限制。

为支撑某个行业或者是招商引资的需要，财政部会单独针对某个行业或者某个企业出具免税文件，免税范围和优惠范围根据免税协议确定。

4. 设备出售、报废及再出口的规定

企业向项目所在地海关监管机构申请鉴定所需出售的车辆、机械和设备，取得海关监督管理机构的同意后由监管机构出具出口准证，方可办理出口。

临时进口设备（特指租赁的进口设备或进口时就已决定使用完后再出口处置的机械设备）与进口购买的采购设备关税税率相同，关税申报、缴纳流程、手续与购买一致。如该设备在文莱当地处置（买卖或报废），需要向海关提供设备资质等明确归属权的各项手续后，方可处置，且免税设备无需补缴关税；若该设备出口处置，需获得出口准证，免税设备无需补缴关税，且进口时缴纳的关税在出口时不予退还。

全额关税进口设备和海关税收优惠进口设备的报废均需向海关监督管理机构提供设备资质等明确归属权的各项手续，得到审批后方可处置，同时申请海关管理机构进行销关。

（四）印花税

1. 税收范围

根据文莱印花税法，文莱政府对各种书立凭证课征印花税。税率根据书立凭证性质不同而有别。对《印花税法案》方案 1（第 34 章）所列书据，按从价税率和固定税率征收印花税。

（1）从价税率（依据价值）征收范围包括：有价证券、其他公司股票和无形资产、合法收益等财产转让书据；财产收益书据，例如租赁书据；款项担保书据，包括建立付款合约的书据或现金担保（通称"保函"）；特定资本市场的书据，例如成交单据，股权证书等。

（2）固定税率征收范围包括：其他一些法律、商业、商品或资本市场书据，例如公司章程的书据、承付票、保单等。一式两份的、从属的或抵押书据，可在证明原始的主书据上加盖印花税。

2. 书据裁决

个人可向征税部门申请，确定任何已开立书据的应缴税额。征税部门可能为此要求，在提交书据时还需附上宣誓书或其他支持书据。除非呈送所需书据或证明，否则征税部门可拒绝此类申请。

如果个人向征税部门申请对其应缴税书据进行评税，则每项书据的裁决费为 25 文币。如果征税部门已作评估，即使申请人决定撤回申请，裁决费也将原样征收。

裁决旨在确保相关书据在民事法律程序中被法庭接纳，保护合同相关方利益。这是因为未加盖过印花税的文书可能不会被法院接纳为证据。

3. 书据加盖印花税的时间

（1）文莱达鲁萨兰国开立的书据。所有在文莱达鲁萨兰国开立的书据应在签署或执行前加盖印花税。

（2）文莱达鲁萨兰国以外地区开立的书据。除汇票、支票或承付票据以外，所有有关的在文莱接收的书据，应在收到之日后的 30 日内加盖印花税。

（3）文莱达鲁萨兰国以外地区开立的票据、支票或本票。文莱达鲁萨兰国以外地区开立的票据、支票或本票，在加盖印花税前被带入文莱达鲁萨兰国以后，必须先加盖适当印花税，方可在文莱达鲁萨兰国承兑、支付、背书、转让或议付。

4. 征管与合规性要求

超过时间未缴纳印花税，除缴纳印花税外，还需按以下方式接受处罚：

自书据开出之日或在文莱达鲁萨兰国收到书据之日起，若时间超过 14 天，但不足 3 个月，需缴纳双倍欠缴税额，或罚款 10 文币，选金额较大的一种方式处罚；超过 3 个月的，需缴纳 5 倍欠缴税额，或罚款 25 文币，选金额较大的一种方式处罚。

5. 书据缴纳印花税示例

以下是按从价税率征税示例：

（1）抵押书据。主权证书据——每 500 文币征收 1 文币；抵押书据——主权证税的五分之一。

（2）租赁协议。每 250 文币：不超过一年，征收 1 文币；超过一年但不超过 5 年，征收 2 文币；超过五年或更长，征收 4 文币。

（3）股权转让。无论是卖出还是其他交易，按此类股权转让日的价格或价值计算。

如已填写受让人姓名：每 100 文币及以内金额，征收 0.1 文币；

如未填写受让人姓名：每 100 文币及以内金额，征收 0.3 文币。

（五）石油税

石油和天然气是文莱经济的主要支柱，1963 年修改后的《所得税法》为《石油生产征税特别立法》。对扣除王室分成、政府分成及各项成本后的石油净收入按照 55% 征收石油税。

（六）社会保险金

1. 缴纳原则

文莱的社会保险金共有两种：Tabung Amanah Pekerja（TAP）和 Supplement Contributory Pension Fund（SCP），类似于中国的"五险一金"中的养老保险金。参保对象为文莱的公民，即文莱持有黄卡的土著居民和持有红卡的永久居民。除此之外，外来劳工将不被允许参保 TAP 和 SCP。

2. 缴纳基数

应缴纳的社会保障金的计算基础为月度员工薪酬的 17%，员工承担

8.5%，企业承担缴纳 8.5%（其中 TAP 为 5%，SCP 为 3.5%），即员工与企业承担的比例为 1：1，需在次月 14 日前缴纳完毕。

此外，对于保险的缴纳，文莱政府还做出了如下特殊规定：

（1）员工当月工资即缴费基数低于 400 文币的，按照 400 文币算。

（2）计算出的应交保险金额存在小数的，需要进位取整。

（3）SCP 每月缴存基数不得低于 17.5 文币，此最低标准对个人和公司承担部分分别限制。

3. 外国人缴纳劳工保障金的规定

外来劳工在文莱工作需要向文莱劳工部缴纳劳工保障金。东盟 10 国的外来劳工的保障金额度为 600 文币 / 人 / 年（后自 2016 年 9 月起降为 500 文币 / 人 / 年）；中国、孟加拉等国的外来劳工保障金额度为 1800 文币 / 人 / 年（后自 2016 年 9 月起降为 1600 文币 / 人 / 年）。

文莱劳工部允许企业以银行保函的方式来代替直接缴纳现金，但该合作银行必须是文莱当地注册银行。文莱皇家银行（BANK ISLAM BRUNEI DARUSSALAM）办理劳工保函的年费率为 0.375%，但同时要求在担保期内冻结企业担保额等额度的银行存款。

自 2018 年 2 月起，外来劳工担保的政策又有所更新，投保方式又有所增加，即文莱劳工部允许企业在文莱本土保险公司为劳工购买保险，保额为 160 文币 / 人 /1.5 年。

外来劳工缴纳的劳工保障金在离开文莱时可申请退还，购买的保险则不予退还。

第三节　外汇政策

一、基本情况

文莱无外汇限制。银行允许非居民开户和借款。外资企业在当地开立银行账户需提供公司注册文件及护照复印件等材料。个人及公司外汇可自由汇出，但须在汇出时说明原因。

文莱没有设立专门的外汇管理机构，有关外汇方面的规章、制度和监管均属于财政部的职能范畴。文莱的官方货币为文币，因文莱与新加坡签有《货币等值互换协定》，故文币与新币等值，新币可在文莱境内自由流通。国际市场上，文币（新币）相对稳定。自 2015 年 10 月的文币兑人民币的汇率 4.5 左右，一直持续上涨，汇率最高时可达 4.92 左右，2017 年末文币兑人民币汇率有所回落，2018 年初基本稳定在 4.7~4.8 之间。

国际市场上，从 2018 年 1 月至今文币对人民币和美元的走势图如下：

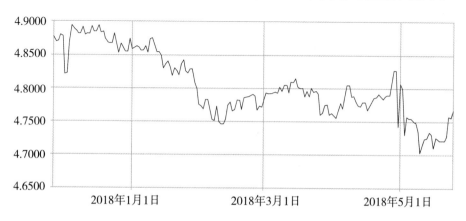

图 9-3-1　2018 年 1 月 1 日至今文币对人民币和美元的走势图

文莱的外汇管制政策不甚严格。银行执行汇入或汇出业务时，无需在财政部、外汇管理局等类似机构进行登记并获取审批。对外国投资的本金和利润汇出方面相对比较放松，最初投资总额和申报后的利润总额均可以汇出国外。

但从长远角度和客观发展状况来看，随着跨国公司不断涌入文莱市场，文莱在外汇管制方面的政策和制度也在日趋完善和严格，并且银行有权利在操作汇出业务时，要求汇款方提供最新年度的财务报表和税务申报资料进行审核。

文币（或新币）在该银行等金融机构外币存量范围内可以任意兑换美元、欧元、人民币等国际上常用货币，或由外币兑换当地币。

二、企业外汇管理规定

材料采购款、服务贸易款、借款还款业务、对外投资业务等，在跨境支付时，无论使用哪一币种均无需向财政部或汇出行提交采购合同、海关资料等凭证，但需强调的是，采购自文莱境外的服务性商品，在汇出服务贸易款时需代扣代缴企业所得税（预提税）；外币资金汇入目前也无政策方面的限制。

对公外汇账户的开立需按照开立银行的具体要求提供文莱注册公司及境外母公司的各项资质、财务报表等手续后方可开立，一般申请周期为1个月。

三、个人外汇管理规定

银行没有规定个人外汇账户最高库存限额，现金提取不需要支付手续费或其他相关税费。文莱没有个人所得税，个人工资以美金或人民币汇出境外，不受文莱外汇管制。个人出关携带现钞不得超过等值20000美元。

第四节　会计政策

一、会计管理体制

（一）财税监管机构情况

在文莱注册的企业如果有经济业务发生，均需按照文莱达鲁萨兰国公认的会计准则的要求建立会计制度进行会计核算。税务局为财政部下设机构，对企业进行监管，各企业需要按照统一格式上报会计和税务资料。

（二）事务所审计

自2016年评估年度起，根据《公司法》第133B条和第133C条，《2014年第39章（修订）（第2号）令》，除下文所述两种满足条件的公司外，其余都需要向CIT提交经审计财务报表。无需向CIT提交经审计财务报表的公司如下：

1. 自成立之日起或自上一财政年度结束以来一直处于休眠状态的公司；

2. 私人有限公司（Private Limited），需同时满足以下三个条件：

（1）当年的收入不超过 100 万文元；

（2）其股份的实益权益并非由任何法团直接或间接持有；

（3）由不超过 20 名董事会成员组成。

但是，上述公司仍然需要按照《所得税法》第 35 章第 52 节的规定，通过 STARS 每年在线提交所得税申报表。

如果公司的下一年收入超过 100 万文元，则没有资格获得提交豁免审计的财务报表。

（三）对外报送内容及要求

会计报告中主要包含以下内容：①企业基本信息，行业分类、经营范围、股东情况、公司地址、银行账户信息、税务登记号等；②企业经营情况表，资产负债表、利润表；③披露信息，费用类、资产类、历年营业额、权益变动；④关联交易中，采购定价相关的证明材料及交易申明。

上报时间要求：会计报告须按公历年度编制，于次年的 6 月 30 日前完成预申报。

二、财务会计准则基本情况

（一）适用的当地准则名称与财务报告编制基础

公司按照文莱达鲁萨兰国公认的会计准则进行经济业务的会计处理和财务会计报告编制。会计准则规定了会计处理的具体核算方法，包括账户分类及其核算内容，同时也规定了借贷记账规则。

总体来说，文莱的会计与税法联系紧密，财务报表与纳税申报只有很少的内容需要纳税调整，实务处理时可以援引一些会计惯例，但纳税申报是以税务局核准的会计报表为依据，财务会计更多的是考虑税法的规定，与税务会计趋于一致。

（二）会计准则适用范围

所有在文莱达鲁萨兰国注册企业均需要按照会计准则进行会计核算并编制报表。实际操作中，划归中型、大型企业管理局所涉及的企业会计工作更加规范。

三、会计制度基本规范

（一）会计年度

《会计法》第 7 条规定公司会计年度与历法年度一致，即公历年度 1 月 1 日—12 月 31 日为会计年度。但对于新成立公司如果是上半年成立的，当年会计年度可以小于 12 个月；下半年成立的，当年会计年度可以大于 12 个月。

（二）记账本位币

会计准则规定，企业会计系统必须采用所在国的官方语言（马来语或英语）和法定货币单位，文莱采用文莱元作为记账本位币，货币简称 BND。

（三）记账基础和计量属性

《会计法》规定以权责发生制为记账基础，复式记账为记账方法，以历史成本为基础计量属性的，在某些情况下允许重估价值计量。

《会计法》规定其他的确认计量假设与一般原则有：谨慎、公允、透明、会计分期、持续经营、真实、一贯性、可比、清晰。

四、主要会计要素核算要求及重点关注的会计核算

（一）现金及现金等价物

现金和现金等价物包括库存现金、银行存款、活期存款以及流动性强，易于转换为已知金额的现金且价值变动风险很小的投资。

（二）应收款项

多数销售基于正常信贷条款，且应收款项不计利息。在每个报告期末，将对应收款项的票面额进行审核，确定是否存在客观证据表明该金额减损。审核后，当应收账款不能全额收回时，要对应收账款计提坏账准备，已知坏账将予以核销。

（三）存货

存货初始计量以历史成本为计量属性，包括买价以及必要合理的支出。存货发出的核算方法可以采用先进先出法或者平均成本法。期末计量采用成本与可变现净值孰低法，若成本高于可变现净值时，其差额可以计提存货跌价准备。

存货由全部商品，原材料和有关的供应品，半成品，成品以及在盘点日企业拥有所有权在的物资。具体分类如下：商品、原材料、其他储备品、在产品、进行中的工作、产成品、半成品、在途物资、存货减值。

确定存货的期末库存可以通过永续盘点和实地盘点两种方式进行。

存货的初始核算：不同存货的成本构成内容不同，通过采购而取得的存货其初始成本由使该存货达到可使用状态之前所发生的所有成本构成（采购价格和相关采购费用）；存货的采购成本应不包含采购过程中发生的可收回的税金。通过进一步加工而取得的存货其初始成本由采购成本，加工成本，以及使存货达到目前场所和状态所发生的其他成本构成。

存货出库的核算方法：先进先出法和平均法（移动平均或加权平均）。企业应根据存货的性质和使用特点选择适合的方法进行存货的出库核算。

存货跌价准备：在期末，由于一些不可扭转的原因，导致的存货价值低于账面价值时，应根据存货的可变现净值与账面价值的差额计提存货跌价准备。

（四）长期股权投资

长期股权投资是投资企业为了与被投资企业建立长期关系或为了自身的经营和发展而持有的被投资企业权益 10% 以上的投资。投资按照是否对被投资企业有单独控制、共同控制、重大影响等不同情况，分别采用成本法、权益法进行核算。

成本法适用的范围：①企业能够对被投资单位实施控制的长期股权投资；②企业对被投资单位不具有控制、共同控制或重大影响，且在活跃市场没有报价、公允价值不能可靠计量的长期股权投资。投资单位采用成本法时，长期股权投资的账面价值不受被投资单位盈亏和其他权益变动的影响。只有在被投资单位分配现金股利的时候，才确认投资收益，相应的调整长期股权投资的账面价值。

权益法适用的范围：①共同控制；②重大影响。权益法下，长期股权投资的账面价值受被投资单位的所有者权益变动的影响。长期股权投资的账面价值需要根据被投资单位的所有者权益进行调整。当所有者权益发生变动，投资单位的长期股权投资的账面价值相应进行调整。被投资单位实现盈利时，所有者权益的留存收益增加，投资单位的长期股权投资要调增，确认投资收益，发生亏损时，冲减长期股权投资的账面价值。在被投资单位分配现金股利的时候，被投资单位的所有者权益减少了，所以要冲减长期股权投资，确认应收股利。被投资单位其他权益发生变动时，也需要调整长期股权投资的账面价值。

处置长期股权投资时，通过科目"处置非流动资产"科目核算。

不属于长期股权投资的其他投资通过短期投资科目核算。

（五）固定资产

固定资产初始计量以历史成本计量确认，企业应在其预计使用期限内对固定资产计提折旧。固定资产期末计量按可回收价值计量，如果发生减值，计入减值准备。

固定资产初始取得时应按取得的历史成本进行初始计量，按其预计可使用年限以直线折价法计算。预计可使用年限如下。

建筑物：按建筑物种类折旧年限为 5~20 年；

家具与装置：10 年；

施工机械和设备：5 年；

车辆：5 年；

办公设备：4 年；

装修：10 年；

船只：9 年。

（六）无形资产

无形资产初始计量以历史成本计量确认，企业应在其预计使用期限内对无形资产计提摊销。无形资产期末计量按可回收价值计量，如果发生减值，计入减值准备。

无限使用年限的无形资产不进行摊销。将在每个报告期审核其使用年限，以确定该资产无限可使用年限的评估是否持续可靠。如不持续可靠，则可使用年限的评估将由按无限使用年限更改为有限年限，无限使用年限的无形资产期末应进行减值测试。

（七）职工薪酬

员工工资、薪水及其他福利支出应计入员工提供相应服务年度的成本费用中。

如果雇员提供服务而增加其未来应得带薪假，则短期可累计带薪假（诸如带薪年假）对应的职工薪酬金额将予以累计确认。不能累计的带薪假（如病假）金额将于休假时分别予以确认。

公司必须按照 Tabung Amanah Pekerja（TAP）计划和 Supplemental Contributory Pension（SCP）计划的要求参加文莱达鲁萨兰国政府设立的养老金计划。养老金计划的缴款将视为相关服务提供期内的支出。

（八）收入

收入是指企业在一定的期间内，由正常经营活动所产生的经济利益流入的总额。该经济利益流入仅指引起权益增加的部分，而不包括企业投资者出资引起的部分。

收入的计量应以已收或应收的公允价值进行计量。交易所产生的收入额通常由企业与资产的购买方或使用方所达成的协议来决定。该项金额是以企业已收或应收的价款的公允价值为根据，并考虑了企业允诺的商业折扣和数量折扣进行计量。

对于房建和工程建筑企业，企业收入可以采用工程账单法或者完工百分比法确认。

2018 年当年或之后开始年度，《国际财务报告准则第 15 号——客户合约收益》生效，全面适用遵循新颁布的准则。

（九）借款费用

借款分为短期借款和长期借款。短期借款是指公司向银行或其他金融机构、结算中心等借入的期限在一年以下（含一年）的各种借款；长期借款是指公司向银行或其他金融机构、结算中心等借入的期限在一年以上（不含一年）的各项借款。

借款费用是指企业因借款而发生的费用。包括借款利息、折价或者溢价的摊销、辅助费用以及因外币借款而发生的汇兑差额等。

（十）外币业务

外币交易时，应在初始确认时采用交易发生日的即期汇率折算为记账本位币金额，当汇率变化不大时，也可以采用当期平均汇率或者期初汇率核算。

资产负债表日，外币货币性项目采用资产负债表日的即期汇率折算为外币所产生的折算差额，除了为购建或生产符合资本化条件的资产而借入的外币借款产生的汇兑差额按资本化的原则处理外，其他类折算差额直接计入当期损益。以公允价值计量的外币非货币性项目采用公允价值确定日的即期汇率折算为人民币所产生的折算差额作为公允价值变动直接计入当期损益。

资产负债表日，以历史成本计量的外币非货币性项目，除涉及计提资产减值外，仍采用交易发生日的即期汇率折算，不改变其记账本位币金额。流动性较强的科目、有合同约定的科目应采用外币核算，包括：①买入或者卖出以外币计价的商品或者劳务；②借入或者借出外币资金；③其他以外币计价或者结算的交易。

（十一）所得税

当期所得税费用等于当期应交所得税加递延所得税资产和负债的变动额。

当期应交所得税指根据当年应纳税所得额计算的应付所得税，税率是报告日颁布的税率。

本章资料来源：

◎《文莱税法》
◎ 文莱会计政策
◎《对外投资合作国别（地区）指南——文莱》

第十章 乌干达税收外汇会计政策

第一节　投资基本情况

一、国家简介

乌干达共和国（斯瓦希里语：Jamhuriya Uganda，英语：Republic of Uganda）是东非的内陆国家，是横跨赤道的内陆国，北接苏丹，东连肯尼亚，西邻刚果（金），西南与卢旺达接壤，南与坦桑尼亚交界，为伊斯兰会议组织成员。国土面积 24.1 万平方公里（其中陆地面积 19.7096 万平方公里，水面和沼泽地为 4.3942 万平方公里），全国划分为 112 个区，这些区归入东部区、中部区、西部区和北部区共 4 个地理区，区下设县，其首都为坎帕拉（Kampala），官方语种为英语，流通货币为乌干达先令。

二、经济情况

乌干达水资源丰富，土地肥沃，农业是其经济最重要部门，有 80% 的劳动力从事农业生产，但是农耕方法还十分原始，主要农产品有咖啡、棉花、烟叶、茶叶、甘蔗、树胶和西沙尔麻等。此外，乌干达还产有花生、玉蜀黍、高粱、蓖麻油、羊角蕉、小米、树薯、番薯和豆类等，食用农作物一年可两收；乌干达境内森林茂密，森林约占全国总面积的 17.5%，林地约占 34542 平方公里；乌干达的畜牧业也很发达，境内一些山地都是畜牧地带，全国有牛、羊、猪等，皮毛也是主要的输出品；乌干达的渔业也很兴盛，国内湖泊和河川中都有水产，渔产多在维多利亚湖和亚伯特湖等地，国内还有鱼塘约五千处；乌干达矿藏也很丰富，大多数都还没有开采，主要矿藏有钨、锡、铜、石灰石、盐、绿玉石、磷灰石、铍、铅、金、铋、银、铂、锌、钽和磷酸盐等，其中以铜最为重要；乌干达的工业已经获得进展，棉花、咖啡、制糖和锯木等工业日益现代化，水力发电、水泥厂、钢铁、家具和酿酒等工业都在发展，水电是乌干达工业发展的基础。

近年来，乌干达经济平稳增长，近五年 GDP 分别为：2013 年 255 亿美元，人均 761 美元，增长 4.7%；2014 年 280 亿美元，人均 812 美元，增长 4.6%；2015 年 247 亿美元，人均 697 美元，增长 5.7%；2016 年 251 亿美元，人均 687 美元，增长 2.5%；2017 年约 270 亿美元，人均 718 美元，增长 6.4%。[①]

三、外国投资相关法律

乌干达法律法规较为健全。商务方面主要有《投资法》《所得税法》《公司法》《版权法》《商标法》《专利法》《海关管理法》等。

投资方面，根据乌干达《投资法》，乌干达对外商投资方式没有特别要求。外商可以现金或机器设备、技术等资产形式，以新建、收购或入股等方式成立个体企业、合伙企业、有限责任公司、分公司或子公司投资经营。乌干达政府鼓励发展私有企业，允许外资跨国并购当地企业，外国企业可在乌干达收购企业并上市。《公司法》对在乌干达注册公司组成形式、股东权益、合同订立及诉讼做出规定。

税法方面，乌干达政府对税收体制进行了多次改革。乌干达税务体制改革措施主要包括：1991 年建立相对独立的乌干达税务局（URA）、大幅降低税率、建立增值税制和实施新《所得税法》。

劳工方面，乌干达的法律主要包括《就业法》《职业健康与安全法》《劳动争议法》《工会法》《社会保障基金法》和《工人赔偿法》等。根据乌干达相关法律，外国人可在乌干达工作或从事商业活动，赴乌干达开展劳务需向乌干达移民局申请工作许可，许可一般为一至五年不等。外来人员可在机场办理落地签后入境，在拿到工作许可之前，可以向移民局申请特别通行证以获得在乌干达短期居留的权利。每人最多可以向移民局申请两次特别通行证，有效期分别为 3 个月和 2 个月。

四、其他

2004 年 5 月 27 日，中国与乌干达政府在北京签署《中华人民共和国政府和乌干达共和国政府关于相互促进和保护投资协定》，对促进和保护两国投资、投资待遇、征收、补偿、转移、争议解决等方面做出规定，但因对

[①] 数据来源：https://www.focus-economics.com/countries/uganda。

方原因迄今未生效。

2014 年 12 月，中国与乌干达两国政府代表签署了《中华人民共和国政府和乌干达共和国政府经济技术合作协定》。

第二节　税收政策

一、税法体系

乌干达曾是英属殖民地，现行多数法律法规都源自英国法典，相对来说财税制度健全，由《所得税法》（Income Tax Act，Cap 340）、《增值税法》（The Value Added Tax Act，Cap 349）、《消费税法》（The Excise Duty Act 2014）等组成，税法中对于资本弱化、利润转移等常见税收筹划手段均规定了限制性条款。

乌干达税务体制改革措施主要包括 1991 年建立相对独立的乌干达税务局（URA）、大幅降低税率、建立增值税制和实施新《所得税法》。乌干达税收由直接税、间接税、国际贸易税及费用构成。直接税（所得税）包括公司所得税、个人所得税、预提所得税、租赁税和银行利息税等；间接税包括消费税、增值税、国际贸易税、进口税和道路许可费等。与其他发展中国家一样，国际贸易税是乌干达税收主要来源，占其税收总额的 50%，直接税收占税收总额的 25%，间接税收占 22%，其他收费及许可占 3%。乌干达实行属地税制。

由于税收是乌干达政府财政收入的重要来源，该国的整体税负较重，税收监管严密，目前纳税申报已使用了网络信息化管理。中国与乌干达在2012 年 1 月 11 日签订了避免双重征税协定，但截至目前还未正式生效。

二、税收征管

（一）征管情况介绍

乌干达税收征管严格，制度齐全。乌干达税务局对增值税、个人所得税、预提所得税、企业所得税的申报审核严格规范,增值税、个人所得税及预提税需在次月的 15 日前提交并同时缴纳应纳税款,企业所得税需在会计年度开始起 6 个月内报送预缴纳税款申报表,若修正预缴纳税义务,必须再次报送该申报表,公司应该在前 6 个月结束之前以及整个年度结束之前分两次预缴税款,纳税人应该在纳税年度结束后 6 个月内汇算清缴,并补退相应税款。

（二）税务查账追溯期

乌干达税务机关税审查账原则上是报告期后随时有权力进行核查和审计,通常是对重点单位选择性抽查,税审后出具当次审查期段的涉税审查报告,例行审计原则上是以前年度没有审查记录的期间均为重点审计区间,但税务局保持审查追溯权力,追溯审查并没有具体时间限制。

（三）税务争议解决机制

如果发生税务审计,纳税人对税审评估有异议的可在税务局发出税审员评估结果 45 天内向税务总局申诉部提出书面申诉,并说明具体理由,税务总局根据申诉请求须在 90 天内给出申诉裁决,如果纳税人超过以上时间未收到裁决结果通过,原则上可视同税务总局同意纳税人的申诉请求。

纳税人对申诉裁决仍然有异议的可以在税务总局裁决 45 天内向高级法院进行申诉或向根据《宪法》152 条设立的议会税务争议庭申请对纳税裁定进行复审裁决,申请高级法院裁决和议会税务争议庭复审的情况下举证责任在纳税人。

三、主要税种介绍

（一）企业所得税

1. 征税原则

企业所得税法引入居民企业概念。居民企业是指依照乌干达的法律成立的或依照外国法律成立但实际管理机构设在乌干达的企业。居民企业应就从所有收入来源地获得的收入缴税,但是境外已缴纳的所得税可以抵免;非居民企业仅就其在乌干达境内获得的收入缴纳所得税。

2. 所得额的确定

《所得税法》对源自乌干达的收入做出了明确规定。

　　乌干达的会计准则与国际会计准则趋同，但未执行建造合同准则，收入可根据业主批复的结算单确认，成本按照实际发生的成本确认。通常，年度亏损可以向以后年度无限期结转，但不允许向以前年度结转。除非是周期较长的建筑工程，在项目完工清算时，最终年度亏损可以向以前年度结转。

　　关于一些常见成本费用，当地税法的税前抵扣规定如下：

　　（1）企业财务报表中确认的折旧不作为税前抵扣的依据，《所得税法》允许纳税人按余额递减法扣除固定资产折旧，固定资产的年折旧率在20%~40% 不等。

　　（2）预计负债不得进行税前抵扣。

　　（3）向业余体育协会、公共性质的宗教或慈善机构、教育机构、工会和其他类似协会（已得到税务局书面认可的免税组织）的慈善捐款可以税前抵扣。抵扣额不得超过应纳税所得额的 5%。

　　（4）因违法向政府或其下属部门支付的罚金或类似罚款不能抵扣。

　　（5）公司在经营过程中发生的、与经营相关的利息费用可以税前抵扣。与经营无关的利息费用不可抵扣。如公司为受境外控制的公司，超出公司权益两倍的贷款发生的利息不允许抵扣。

　　（6）仅金融机构和保险公司在满足一定条件的前提下可以抵扣坏账准备。其他企业计提的坏账准备不可抵扣，只能在确认无法收回时按实际损失金额抵扣。

　　（7）任何属于家庭或私人性质的非经营性支出以及任何属于资本性质的支出不得进行税前抵扣。

　　（8）中国境内发生的费用，需提供正规发票及其英文翻译件，税务机关认为所发生的费用合理时，可以税前抵扣。

　　（9）总部机构管理费在缴纳 15% 的预提税后可以税前抵扣。

　　（10）对于无发票的小额支出，应进行逐笔登记，经当地税务机关认可的费用可以抵扣。

　　3. 税率

　　居民和非居民的适用税率如下：

（1）一般公司和受托及退休基金税率为30%[①]。

（2）小生意（指年营业额不超过1亿5000万乌干达先令的生意）取得的收入适用特别税率：年营业额在5000万~7500万先令，按营业额的1.5%或937500先令孰低缴纳企业所得税；年营业额在7500万~1亿先令，按营业额的1.5%或1312500先令孰低缴纳企业所得税；年营业额在1亿先令~1亿2500万先令，按营业额的1.5%或1687500先令孰低缴纳企业所得税；年营业额在1亿2500万先令~1亿5000万先令，按营业额的1.5%或2062500先令孰低缴纳企业所得税。年营业额在1000万~5000万先令，根据经营地点不同按定额缴纳企业所得税[②]。

例如，建筑行业在乌干达适用的企业所得税税率为30%。

4. 预提税

预提税是预提所得税的简称，是指源泉扣缴的所得税。乌干达政府机构及其授权的企业有代扣代缴预提税的义务。对于非居民企业和个人获得的源自乌干达的股息、利息、特许权使用费、租金、管理费、服务费等，均要征收预提税。对于非条约国家，预提税税率为15%。对于居民企业和个人获得的源自乌干达的服务费、租金、管理费等，按6%征收预提税。对于进口货物须在进口环节缴纳6%的预提税，但根据《所得税法》119（5）条规定：对于进口的装置和机械可免征进口预提税。

5. 税收优惠

为鼓励和吸引外国投资，乌干达政府对不同行业和地区制定了企业所得税税收优惠政策。

（1）行业税收优惠政策。

①工业企业。以下费用可在工业企业收益中扣除，但只扣除一次，其比例如下：公司开办费在前四年平均分摊，每年负担25%；科研费的100%；培训费的100%；矿产勘探费的100%；第一年使用厂房费用的20%。工业企业以下资产每年享受高资本折旧津贴，年折旧率如下：计算机及数据处理设备40%；轻型汽车、建筑及掘土设备35%；重型汽车，专用货车，拖车，拖拉机，用于农业、制造业和采矿业的厂房及设备30%；小

---

① 数据来源：《所得税（修正案）》（2018年）。
② 数据来源：《所得税（修正案）》（2015年）。

汽车、机车、船只、飞机、办公家具、室内固定装置等20%；农业花费包括劳动力居住区、可拆除建筑、栅栏、排水及水电供应设施等20%；园艺设备和温室建设20%；工业建筑，包括已批准的商业建筑、宾馆和医院5%。

②以下进口物资免交预提税：石油及石油产品，但不包括化妆品，织布和纱线；机械设备；人及动物用药品；用于教学的材料；属于免税组织的进口物品等。

③鲜花出口和制成品出口超过企业总产量80%的出口商享受十年免税期。投资额在5万~30万美元的投资人，三年内可免交公司税、预提税和所得税；注册投资额在30万美元以上，五年内可免交公司税、预提税和所得税。

另外，乌干达对26大项物品免征所得税，具体可查询乌干达投资局2010—2011年有关税收奖励措施（Uganda Investment Incentive Regime2010/2011年）。

（2）地区税收优惠政策。外国投资者在坎帕拉、恩德培、纳姆维、金贾和恩杰鲁等5个城市投资办厂，在开业生产第一年，乌干达对投资设备和厂房给予50%税费优惠；对在乌干达其他城市投资的设备和厂房，在开业生产第一年给予75%税费优惠[1]。

6. 反避税规则

（1）转让定价。转让定价规定适用于双方当事人（关联交易双方）一方位于乌干达，且需在乌干达纳税；另一方当事人在乌干达境内或境外。双方交易额至少为5亿先令/年。转让定价规则采用公平交易原则，并认可OECD转让定价指引。如OECD转让定价指引同国内税法冲突，优先适用国内税法。

纳税人应保留充足的信息和分析，以证明关联交易价格、条款和条件是符合公平交易原则的。乌干达税务局提出转让定价文件至少应包含的信息。通常，要求的信息包括：公司详情；交易详情；公平交易价格确定机制；总结和结论。

---

① 参见《对外投资合作国别（地区）指南》，乌干达，2018年版。

纳税人未能按转让定价规定准备转让定价文件，将被处以 6 个月以下有期徒刑，或不超过 50 万先令的罚金，或两者并处。除此之外，乌干达税务局可以进行转让定价调整。如调整之前应缴纳的税金少于调整之后应缴纳税金的 90%，除补缴税金差额外，还需处以差额部分 20% 的罚金。延迟补缴税金的滞纳金为税金差额的 2%/ 月，加上纳税申报表延迟提交年度税务负债总额的 2%。在特定情况下可能还适用其他民事和刑事处罚。

（2）资本弱化。如果外资控股居民企业（金融机构除外）在某日的外国债权性投资与其年初经审计的外国权益性投资比例超过 1.5∶1，就不能扣除超额利息。权益性资本包括未实现的重估准备。如果一年中任何时刻纳税人的借款金额不超过公平交易原则下的借款金额，可不受上述条款的限制。公平交易原则下的借款金额指在考虑该公司所有情况的条件下，一家不存在关联关系的金融机构愿意贷款的金额。

（3）受控外国企业。乌干达无受控外国企业规定。

7. 征管与合规性要求

乌干达的财政年度为每年的 7 月 1 日至次年的 6 月 30 日。纳税人必须在本财政年度开始的第 6 个月提交临时企业所得税纳税申报表，该纳税申报表应包含该纳税人本财政年度预计利润，纳税人在本财政年度开始的第 6 个月和第 12 个月按临时企业所得税纳税申报表计算的应纳税额分两次平均预缴企业所得税。纳税人在本财政年度结束的 6 个月之内完成该财政年度的企业所得税汇算清缴。公司可通过向税务机关申请获批选择不同的会计期间（以下简称代替年）。这种情况下，所得税申报表应在适用的替代年度结束后 6 个月内提交。

在某些税收管辖区内，如果部分或全部净利润或留存收益用于分配股利，那么应付所得税将按较高或较低的税率计算；而在其他一些税收管辖区内，如果部分或全部净利润或留存收益用于分配股利，那么所得税可能返还。乌干达会计准则不规定企业何时或如何核算报告企业的股利和其他利润分配的纳税后果。

如企业所得税年度汇算清缴时计算的应纳税额超过临时企业所得税纳税申报表计算的应纳税额的 10%，将会受到罚款。此罚款不适用于从事农业、种植业和园艺的纳税人。

（二）增值税

1. 征税原则

在乌干达境内从事经营活动时，提供商品和服务所取得的收入需缴纳增值税。该国对进口商品在进口环节征收增值税。

下列情况应征收增值税：①应纳税人在乌干达进行的每一项应纳税供应；②免税进口以外的每一种进口货物；③任何人提供的任何进口服务。

这里所说的应纳税供应可定义为免税供应之外的，由应纳税人提供的作为其商业活动一部分内容的商品或服务的供应。

这里所说的应纳税人是指按规定要求登记的人。满足下列条件的人即为要求注册的人：①在 3 个日历月内的任意时间段提供应纳税服务，其不含税价值超过年度登记起征点的一个季度；②有理由认为将在 3 个日历月内的任意时间段提供应纳税服务，且总价值将超过年度登记起征点的一个季度；③目前，年度登记起征点为 1.5 亿先令。

2. 税率

对于商品和服务有三种增值税征收标准：免税、零税率和标准税率。增值税标准税率为 18%，但是出售住宅物业的适用税率为 5%。

3. 销项税额和进项税额

增值税税基为销售商品或提供服务的全部价款。销项税额等于销售商品或提供服务的价格乘以对应增值税率。进项税额等于采购商品或接受服务的价格乘以对应增值税率。进项税额在其所属期增值税纳税申报表提交之后的三年内可进行抵扣。如下商品或服务的进项税额不能抵扣销项税额：①业务招待费，除非该纳税人经营的是娱乐业务或雇主在自己经营的场所给雇员提供的餐饮；②乘用车（包括修理、保养和配件），除非该纳税人经营的是汽车交易或租赁业务；③ 10% 的电话服务费。

4. 应纳税额

（1）一般纳税人实行进项税额抵扣，按销项税额减去进项税额后的余额缴纳。如果当期进项税额大于销项税额，差额在 500 万先令以上，纳税人可申请退税；差额在 500 万先令以内，差额可进行留抵。

（2）免税范围内的商品和服务在流通时免征增值税。

（3）适用增值税零税率的纳税人可以申请进项税额返还。

5. 增值税优惠

基于乌干达政府对水电站建设项目的政策支持导向，该国的增值税税法中有一些针对水电站项目的优惠措施。其中《增值税法》第349条明确规定："提供特种车辆、装置和机械；工程设计；可行性研究；咨询服务；以及与水电、路桥建造、水利工程、农业、教育和保健行业有关的土建工程可免缴增值税。"

此外，之前《增值税法》中还规定对水电站的货物供应和相关服务免征增值税。但是2013年6月，政府对《增值税法》进行了修订，其中第六条规定"将水电站的货物供应和相关服务免征增值税的规定从《增值税法》中剔除"。

6. 征管与合规性要求

（1）增值税按月进行申报和缴纳，需在次月15日之前提交本月纳税申报表并缴纳应纳税款。

（2）纳税人不遵从增值税征管要求处罚如下：纳税人未按期进行纳税申报，处以20万先令，或应纳税额按复利2%每月计算的罚金孰高；未缴税款，处以复利2%每月的罚金；虚假或误导性申明，处以少缴税款2倍的罚金；虚假退税，处以虚增退税金额1倍的罚金；应进行增值税注册而未注册，处以应纳税额2倍的罚金。

（三）个人所得税

1. 征税原则

乌干达对本国居民个人所获得的全球收入都征收所得税，对非居民仅对其来源于乌干达境内的收入征税。

符合下列条件的个人将被视为乌干达纳税居民：①在乌干达有长期住所；②所得年度内开始或结束的任意12个月内在乌干达逗留时间累计超过183天；③所得年度内以及过去两年每年在乌干达的逗留时间平均超过122天；④在所得年度内是乌干达政府驻外雇员或官员。

2. 应纳税所得

（1）工资薪金所得，包括工资、休假工资、病假工资、董事费、奖金、遣散费，以及其他受雇津贴等。

（2）个体经营所得，包括交易收益，处置经营性资产收益，应享有的个体经营利润或合伙企业利润，专业服务费和管理费，保险赔偿和利润损失的法律赔偿等。

（3）投资所得。居民纳税人和非居民纳税人股息所得都适用15%的最终预提税。对于居民纳税人，特许权使用费和其他收入合并按4级超额累进税率征收。居民纳税人取得的不动产租赁净收入超过282万先令的部分，按20%的税率征收。个人租赁房屋的净收入按租赁收入总额的80%确定。居民纳税人取得的利息收入适用15%的最终预提税。

（4）资本利得。处置经营性资产获取的资本利得适用30%的税率。

3. 扣除及减免

（1）工资薪金所得税税前抵扣规定如下：不允许扣除任何个人性质的费用；允许扣除个人在乌干达缴纳的社会保障基金，通常比例为5%；允许扣除供养的（直系亲属）的生活费，一般包括孩子、专职家务的妻子。

（2）个体经营所得税前抵扣规定如下：与获取收入相关的费用支出可税前扣除；厂房和机器设备资本折旧津贴可税前扣除；工业建筑和特定的商业建筑资本折旧津贴可按直线折旧法税前扣除，折旧年限为20年以上。

4. 税率

工资薪金所得以及个体经营所得实行超额累进税率，居民纳税人个税免征额为年应税所得282万先令，税率范围为0%~40%；非居民纳税人个税免征额为0，税率范围为10%~40%。居民纳税人就其全球收入来源缴纳个人所得税，非居民纳税人仅就乌干达境内取得的收入缴纳个人所得税。如表10-2-1和表10-2-2所示：

表10-2-1 居民纳税人适用的所得税税率表

级数	年应纳税所得	税率	速算扣除数
1	不超过282万先令	0%	0
2	超过282万先令至402万先令	10%	0
3	超过402万先令至492万先令	20%	12万先令
4	超过492万先令至1.2亿先令	30%	30万先令
5	超过1.2亿先令的部分	40%	3482.4万先令

数据来源：《乌干达国内税法，2017年版》。

表10-2-2　非居民纳税人适用的所得税税率表

级数	年应纳税所得	税率	速算扣除数
1	不超过 402 万先令	10%	0
2	超过 402 万 ~492 万先令	20%	40.2 万先令
3	超过 492 万 ~1.2 亿先令	30%	58.2 万先令
4	超过 1.2 亿先令的部分	40%	3510.6 万先令

数据来源：《乌干达国内税法，2017 年版》。

5. 预提税

非居民纳税人取得的投资所得、不动产租赁所得、管理费、特许权使用费、咨询费，以及在乌干达境内提供服务获取的所得适用 15% 的预提税税率。

6. 征管与合规性要求

个人取得的收入若不采用发薪时扣除制的方式缴纳所得税或者扣缴预提税，则须报送季度预缴纳税申报表。具有应税收入的个人（包括合伙企业的合伙人）必须自财政年度结束日之前起 6 个月内提交纳税申报表，除非该个人是一家小型企业的纳税人并以营业额作为计税依据。合伙收入和租金收入必须自财政年度结束之日起 4 个月内进行纳税申报和清缴税款。

（四）关税

1. 关税体系和构成

乌干达依《东非共同体海关管理法》对关税进行征收管理。进口物品按照国际公约规定的统一商品说明和编码系统术语进行分类。税率由东非共同体的共同对外关税代码提供。

2. 税率

进口商品的关税税率在 0%~60%。根据东非共同体关税同盟规定，对工厂、设备、原材料、教育及卫生设备及农业设备实行零关税制度。对中级加工产品征收 10% 进口关税，制成品征收 25%、敏感商品如小麦、糖、牛奶、玉米、稻米、成衣征收从 35%~100% 不等的关税。

3. 关税减免税

从东非共同体和东南非共同市场进口的特定商品享受特别关税税率；

对于特定的进口装置和机械可享受免税待遇。

（五）消费税

1. 纳税义务人

在乌干达境内生产或进口《消费税法》（2014 年）规定的应税消费品，以及提供《消费税法》（2014 年）规定的应税服务的单位和个人为消费税纳税人。

2. 纳税义务发生时间

生产应税消费品纳税义务发生时间为应税消费品从生产商经营场所转出之时；进口应税消费品纳税义务发生时间为进口商品到达乌干达海关；提供应税服务纳税义务发生时间为应税服务提供之日。

3. 税目及税率

消费税共设置了 17 个税目，其中 7 个税目下又设置了 28 个子目，共38 个项目，具体税目及税率如表 10-2-3：

表10-2-3　消费税税目及税率表

序号	项目	消费税额 / 消费税率
一、	香烟	
（1）	软冒香烟	50000 先令 /1000 支
（2）	铰接盖香烟	80000 先令 /1000 支
（3）	雪茄烟、方头雪茄烟、含有烟草的小雪茄烟	200%
（4）	吸用烟草，无论是否含有任何比例的烟草替代品	200%
（5）	均质或再造烟草	200%
（6）	其他	200%
二、	啤酒	
（1）	麦芽啤酒	60%
（2）	除水外的当地原料含量至少为其成分重量的75%	30%
（3）	在乌干达种植和发芽的大麦生产的啤酒	30%
三、	酒精	
（1）	由当地生产的原料制成	60%

续表

序号	项目	消费税额 / 消费税率
（2）	未改性酒精	2500 先令 / 升或 100%，孰高
（3）	其他	80%
四、	葡萄酒	
（1）	由当地生产的原料制成	20%
（2）	其他	80%
五、	非酒精饮料，不包括含有不低于 10% 质量的标准化水果和 / 或蔬菜汁的天然果汁饮料和 / 或蔬菜汁饮料	13%
六、	矿泉水、瓶装水以及其他为饮用目的加工的水	10%
七、	水泥	500 先令 /50KGs
八、	燃料	
（1）	汽油	1100 先令 / 升
（2）	柴油（用于高速发动机汽车的轻型琥珀色柴油）	780 先令 / 升
（3）	其他柴油	630 先令 / 升
（4）	用于国家电网火力发电的柴油	零消费税
（5）	照明煤油	200 先令 / 升
（6）	航空燃料	630 先令 / 升
（7）	由经注册的航空公司，以及具有指定储存设施或与航空公司签有提供燃料协议的公司进口的航空燃料	零消费税
九、	甘蔗或甜菜制成的糖和固体形态的化学纯蔗糖	100 先令 /KG
十、	甘蔗或甜菜制成的糖，用于工业用途	0%
十一、	除了用于食品、果汁、茶和咖啡的真空包装袋外，其 HS 编码为 3923.21.00 和 3923.29.00 的乙烯和其他塑料聚合物袋	120%
十二、	化妆品和香水，除了用于白化病者皮肤治疗的乳膏	10%

续表

序号	项目	消费税额 / 消费税率
十三、	电信服务	
（1）	增值服务	20%
（2）	除来自肯尼亚、卢旺达及南苏丹的国际电话来电服务	0.09 美元 / 分钟
（3）	汇款或提款服务，包括由许可或允许提供通信或汇款或提款的运营商提供的转账和提款服务，但不包括银行提供的转账和提款服务	运营商收费的 10%
（4）	通话服务	
①	移动蜂窝设备	12%
②	固定电话和公用电话	5%
十四、	金融机构收取的银行对账单费用，ATM 机手续费，提款费和定期收费以及其他交易和非交易费用，不包括定期收取的贷款相关费用	金融机构收费的 10%
十五、	机动车润滑油	10%
十六、	甜食（包括口香糖，糖果和巧克力）	20%
十七、	家具	
（1）	医院专用家具	零消费税
（2）	其他家具	10%

数据来源：《消费税法，2014 年》《消费税法（修正案），2015 年》《消费税法（修正案），2016 年》。

4. 应纳税额

实行从价定率办法的应税消费品（应税服务）应纳税额 = 组成计税价格 × 消费税税率；实行从量定额办法的应税消费品应纳税额 = 销售数量 × 定额税率。应税消费品的组成计税价格为货物出厂之前的价格，不含该商品的任何税费；应税服务的组成计税价格为消费者支付或应付的价格，不含根据《增值税法》征收的增值税和根据本法征收的消费税；进口应税消费品的组成计税价格为该货物的 CIF 价格，以及为进口货物支付的关税。

（六）其他税种

1. 利润汇回税

对于非居民企业设在乌干达境内的分支机构，除按 30% 的税率征收企业所得税外，汇回总部的收入还应额外缴纳 15% 的税款。汇回总部的收入并非按实际资金汇回情况计算，而是按"年初净资产 +（当年净利润 - 当年的税费）- 年末净资产"的公式计算。

2. 印花税

印花税是对"文书"征收的一种税。"文书"包括一项文件，通过该文件书立、转让、限制、延长、灭失或记录权利或义务。《印花税法》规定了 64 大项应税项目，涉及 5 档比例税率，分别为 0.05%、0.5%、1%、1.5%、2%，以及 2 档定额税率，分别为 10000 先令、35000 先令[①]。

3. 财产税

财产税由地方税务局按年征收。地方税务局会根据评估的财产价值征收财产税。

4. 环境税

进口已使用年限大于或等于八年的机动车辆，按海关确定的车辆价值的 20% 征收环境税。进口二手家用电器，按其属性征收每件 20000~50000 先令的环境税[②]。

（七）社会保障金

除个人所得税外，乌干达政府还强制征收社会保障基金。社会保障基金为员工工资的 15%，其中公司承担 10%，员工承担 5%。但是对于在乌干达非经常性居住的外国人，如果在永久居住国已经缴纳了社会保障基金，经乌干达社保局（NSSF）同意，可以免征社会保障基金。

（八）其他

当因"股息剥离"（Dividend Stripping）导致股票价值下降时，该股息必须按照税务当局规定的比例纳入公司的收入之中。

---

① 参见《印花税法》及《印花税法（修正案）》，2016 年。

② 参见四大全球税务指引。

第三节　外汇政策

一、基本情况

根据 2004 年 12 月乌干达颁布的《外汇法》，乌干达外汇管理取消经常项目和资本项目下外汇流动限制，实行自由外汇政策。

乌干达居民和外国人均可根据市场确定的汇率进行自由外汇交易，并可在境内开立外汇账户。外资企业在当地银行开立外汇账户，需提供在当地注册公司全套资料复印件、营业执照复印件、在当地租住证明或有效水电账单，签字人两张照片和护照复印件。

二、境外投资者规定

境内外投资者可将资本和利润自由汇入和汇出，不受任何限制，不需要缴税，但需交 0.2%~0.5% 的银行手续费。乌干达《投资法》规定：具有投资许可证的投资者，出于下列目的之一，有权将资金汇出境外：①偿还国外贷款或利息；②向非乌干达籍的股东或居住在境外的乌干达股东派发红利；③支付技术或专门知识转让协议项下的使用费；④向与乌境内企业有关的外国雇员支付酬金或其他津贴；⑤汇出利润或资产清算收益。

若外国投资者按要求提出投资许可申请中已包含关于资金汇出的有关材料，则不必另行提出资金汇出申请。

三、个人外汇管理规定

外国人携带现金出入境无需申报。

四、其他

乌干达先令处于持续贬值状态（2013—2017 年 1 美元兑换先令分别约为 2523、2765、3372、3610、3645）。

第四节 会计政策

一、会计管理体制

（一）财税监管机构情况

在乌干达注册的企业如果有经济业务发生，均需按要求建立会计制度进行会计核算。在乌干达注册的企业，在会计年度后都必须进行企业所得税纳税申报，若无业务发生，则需进行所得税零申报。税务局为乌干达政府下设机构，设税务总局及税务分局，各企业依据其注册地点归属到各地区税务局机构管理，在乌干达境内规模较大企业会直接划转到由税务总局直接监管。

（二）事务所审计

乌干达境内未做强制要求企业的财务报告必须经过专业事务所等中介进行审定，但是税务局在稽查时还是会对企业是否进行单独的外部审计予以关注，在乌干达境内达到一定营业规模的企业基本都会自行主动的聘请专业中介机构进行审计。

（三）对外报送内容及要求

会计报告中主要内容：①企业的基本信息，行业分类、经营范围、股东情况、公司地址、银行账户信息、税务登记号等；②企业经营情况表，资产负债表、利润表；③披露信息，费用类、资产类、权益变动；④关联交易中，采购定价相关的证明材料及交易申明。

上报时间要求：会计年度后6个月内必须完成申报。

二、财务会计准则基本情况

（一）适用的当地准则名称与财务报告编制基础

乌干达未单独颁布其境内企业所需适应的当地会计准则，在乌干达注册的企业通常使用通用的国际会计准则，企业的财务报告一般遵循国际财务报告准则（IFRS），财务报表必须每年编制，会计账目必须依据权责发生制编制。

（二）会计准则适用范围

所有在乌干达注册的企业均需要按照国际会计准则进行会计核算并编制报表。

三、会计制度基本规范

（一）会计年度

在乌干达注册企业的会计年度一般是公历年度 7 月 1 日至下个公历年度 6 月 30 日，但是企业可以向所属税务局的管理机构申请更换其会计年度的起止时间。

（二）记账本位币

在乌干达境内注册的企业一般使用乌干达先令作为记账本位币，但主要业务以外币进行的可以向税务局申请提交外币报表，经批准后可以外币作为记账本位币。

（三）基本假定

1. 权责发生制

企业以权责发生制为记账基础，为了达到财务报表的目标，财务报表应根据会计的权责发生制加以编制。按照权责发生制，交易和其他事项的影响应当在它们发生时（而不是当现金或现金等价物收到或支付时）予以确认，并且将它们在会计记录中加以记录，以及在与它们相关期间的财务报表中予以报告。按权责发生制编制的财务报表，不仅向使用者反映了涉及现金收付行为的过去发生的交易，而且也反映了将来支付现金的义务，代表将来可以收到现金的资源。

2. 持续经营

财务报表通常是按照这样一个假定加以编制的，即企业是一个经营中的实体并且在可以预见的将来将会持续经营。因此，可以假定企业既没有打算也没有需要进行清盘或大力削减其经营规模。

（四）财务报表的质量要求

财务报表的质量要求主要有：可理解性、相关性、可靠性和可比性。

四、主要会计要素核算要求及重点关注的会计核算

（一）现金及现金等价物

现金是指包括库存现金和活期存款；现金等价物是指随时能转变为已知金额的现金的短期投资，其流动性高，价值变动的风险小。

资产负债表中列示的现金是指库存现金及可随时用于支付的银行存款及现金等价物。现金流量表中列示的现金及现金等价物和 IFRS 准则中概念一致。

（二）应收款项

乌干达境内企业的应收账款对应《国际会计准则第 32 号——金融工具：披露和列报》，指企业直接向债务人提供资金、商品或劳务所形成的金融资产。应收款项科目记录应收账款的初始计量，按初始价值计量确认，年末应收款项需要按公允价值计量确认，所计提的坏账准备不可以税前扣除。

（三）存货

乌干达境内企业的存货对应《国际会计准则第 2 号——存货》，是指：①在正常经营过程为销售而持有的资产；②为这种销售而处在生产过程中的资产；③在生产或提供劳务过程中需要消耗的以材料和物料形式存在的资产。

适用于按历史成本计量属性编制的财务报表对存货的会计处理；

存货的期末计量应按成本与可变现净值中的低者来加以计量；

可变现净值，是指在正常经营过程中估计销售价格减去完工和销售估计所需费用后的净额。

（四）固定资产

乌干达境内企业的固定资产对应《国际会计准则第 16 号——不动产、厂房和设备》；不动产、厂房和设备，是指符合下列条件的有形资产：①企业为了在生产或供应商品或劳务时使用、出租给其他人，或为了管理的目的而持有；②预期能在不止一个会计期间内使用。

固定资产初始取得时应按最初取得的历史成本进行初始计量，应由其购买价格，包括进口税和不能退回的购买税，以及任何使资产达到预期工

作状态的直接可归属成本所组成。

在计算购买价格时，应减去任何有关的商业折扣和回扣。

具体可参考年折旧率为：①施工设备及车辆的年折旧率 30%；②家具年折旧率为 30%；③商用交通车辆的年折旧率 35%；④电脑及办公设备年折旧率 40%。

其后续支出、折旧、价值重估、使用年限的复审、报废和处置均需参考《国际会计准则第 16 号——不动产、厂房和设备》。

（五）无形资产

乌干达境内企业的无形资产对应《国际会计准则第 38 号——无形资产》，是指为用于商品或劳务的生产或供应、出租给其他单位、或管理目的而持有的、没有实物形态的可辨认非货币资产。以历史成本作为初始计量，无形资产在其购置或完成后发生的支出应在发生时确认为费用，除非：该支出很可能使资产产生超过其原来预定的绩效水平的未来经济利益；该支出可以可靠地计量和分摊至该资产。若这些条件满足，后续支出应计入无形资产的成本。初始确认后，无形资产应以其成本减去累计摊销额和累计减值损失后的余额作为其账面余额。

（六）职工薪酬

乌干达境内企业的职工薪酬对应《国际会计准则第 19 号——雇员福利》，是指所有支付给职工的各类福利，包括根据以下各项提供的福利：

（1）根据企业与雇员个人、雇员团体或他们的代表所签订的正式计划或其他正式协议。

（2）根据法律要求或通过行业安排，企业需要向全国、州、行业或其他多雇主计划注入资金。

（3）由于非正式的惯例所导致的推定义务。当企业没有现实选择而只能支付雇员福利时，因非正式的惯例而导致推定义务。推定义务的一个例子是，企业非正式的惯例一旦变化，将导致企业与雇员关系的不能接受的损害。

在乌干达当地注册企业还需根据《就业法》必须给予工人年休假、离职补贴、医疗补贴等，企业还需支付占职工工资总额 10% 的社保费用企业承担部分，按月及时缴纳至乌干达社会保障管理局。

（七）收入

乌干达境内企业的收入对应《国际会计准则第 18 号——收入》，是指企业在一定的期间内，由正常经营活动所产生的经济利益流入的总额。该流入仅指引起权益增加的部分，而不包括企业投资者出资引起的部分。其范围包括：①销售商品；②提供劳务；③他人使用企业的资产而产生的利息、使用费和股利。

商品包括企业为出售而生产和外购的商品，如零售商购进的商品，或持有的待售土地以及其他不动产。提供劳务，其典型方式是企业在承诺的期限内完成合同所约定的劳务。该劳务可仅限于一个会计期间，也可跨越多个会计期间。他人使用企业的资产所产生的收入，有以下形式：

（1）利息，是指因使用企业的现金或现金等价物而支付或应付给企业的费用。

（2）使用费，是指因使用企业的长期资产，如专利权、商标权、著作权和计算机软件等而支付给企业的费用。

（3）股利，是指股东根据其所拥有的资本份额而分得的利润。

2018 年起，国际财务报告准则的新收入准则开始实施。在履行了合同中的履约义务，即在客户取得相关商品或服务的控制权时，确认收入。对于在某一时段内履行的履约义务，在该段时间内按照履约进度确认收入，并按照一定方法确定履约进度。履约进度不能合理确定时，已经发生的成本预计能够得到补偿的，按照已经发生的成本金额确认收入，直到履约进度能够合理确定为止。

（八）政府补助

乌干达境内企业的政府补助对应《国际会计准则第 20 号——政府补助会计和对政府援助的揭示》，是指政府以向一个企业转移资源的方式，来换取企业在过去或未来按照某项条件进行有关经营活动的那种援助。这种补助不包括那些无法合理作价的政府援助以及不能与正常交易分清的与政府之间的交易。政府补助（包括以公允价值计价的非货币性政府补助）只有在以下两条得到合理的肯定时，才能予以确认：①企业将符合补助所附的条件；②补助即将收到。

其会计处理方法主要有两种：资本法，在这种方法下，将补助直接贷记股东权益；收益法，在这种方法下，将补助作为某一期或若干期的收益。

政府补助分为两类：与资产有关的补助和与收益有关的补助。

（九）借款费用

乌干达境内企业的借款费用对应《国际会计准则第 23 号——借款费用》，是指企业发生的与借入资金有关的利息和其他费用，可以包括：①银行透支、短期借款和长期借款的利息；②与借款有关的折价或溢价的摊销；③安排借款所发生的附加费用的摊销；④按照《国际会计准则第 17 号——租赁会计》确认的与融资租赁有关的财务费用；⑤作为利息费用调整的外币借款产生的汇兑差额部分。

借款费用应在发生的当期确认为费用，若该借款费用直接归属于相关资产的购置、建造或生产的借款费用，则该借款费用应作为该项资产成本的一部分予以资本化。

（十）外币业务

乌干达境内企业的外币业务对应《国际会计准则第 21 号——外汇汇率变动的影响》，本号准则适用于：①对外币计价的交易的会计处理；②通过合并、比例合并或权益法对已包括在企业的财务报表中的国外经营的财务报表进行换算。

外币交易在初次确认时，应按交易日报告货币和外币之间的汇率将外币金额换算成报告货币予以记录。

交易日的汇率通常是指即期汇率。为了便于核算，通常使用接近交易日的汇率。例如，一个星期或一个月的平均汇率可能用于在当期发生的所有外币交易。但是，在汇率波动较大的情况下，使用一个时期的平均汇率是无法进行准确计量的。

在每一个资产负债表日：

（1）外币货币性项目应以期末汇率予以报告。

（2）以外币历史成本计价的非货币性项目应采用交易日汇率予以报告。

（3）以外币公允价值计价的非货币性项目应采用确定价值时存在的即期汇率予以报告。

（十一）所得税

乌干达境内企业的所得税准则对应《国际会计准则第 12 号——所得税

会计》，本准则适用于：①所得税会计；②在本准则中，所得税包括各种以应税利润为基础的国内和国外税额。所得税也包括应由子公司、联营企业或合营企业支付的、对分配给报告企业的利润的征税，例如预提税。

企业应当区分临时性差异和永久性差异，根据可抵扣暂时性差异和应纳税暂时性差异，分别确认递延所得税资产和负债。

（十二）长期股权投资

乌干达未对企业的长期股权投资发布单独的长期股权投资准则，对于该部分内容的会计处理是通过《国际会计准则第 27 号——合并财务报表》《国际会计准则第 28 号——对联营企业投资会计》《国际会计准则第 31 号——合营中权益的财务报告》这三个准则来规范的。

长期股权投资主要形式分为，通过联营和合营等投资方式形成长期股权投资；企业合并形成长期股权投资。

（1）初始计量：联营和合营的长期股权投资按照付出的成本进行计量；除同一控制下的企业合并外，所有的合并投资都采用购买法进行计量，即为了获取对子公司的控制权支付的现金、票据、其他资产或者法定发行的债券或者股票等支付的对价。

（2）后续计量：国际上通用的是权益法和成本法进行计量核算，两者适用范围是成本法，适用于不具有重大影响的长期股权投资，权益法适用于具有重大影响和控制的长期股权投资。

本章资料来源：

◎《对外投资合作国别（地区）指南——乌干达》（2018 年版（

◎ 安永会计师事务所《全球转移定价指南 2016—2017 年》

◎ 安永会计师事务所《全球公司税收指南 2017 年》

◎ 安永会计师事务所《全球个人税收及移民指南 2017—2018 年》

◎ 普华永道会计师事务所《全球公司税收指南 2017—2018 年》

◎《乌干达 2015 年所得税修正法案》

◎《乌干达国内税法》（2017 年版）

◎《乌干达 2014 年消费税法案》

◎《乌干达 2015 年消费税修正法案》

◎《乌干达 2016 年消费税修正法案》

◎《乌干达 2014 年印花税法案》

◎《乌干达 2016 年印花税修正法案》

◎ 国际财务报告准则

第十一章 乌兹别克斯坦税收外汇会计政策

第一节　投资环境基本情况

一、国家简介

乌兹别克斯坦共和国（简称乌兹别克斯坦），是一个位于中亚的内陆国家，苏联解体后于 1991 年 8 月 31 日宣布独立。乌兹别克斯坦位于中亚腹地，双内陆国（自身无出海口，5 个邻国也均是内陆国）。南靠阿富汗，北部和东北与哈萨克斯坦接壤，东、东南与吉尔吉斯斯坦和塔吉克斯坦相连，西与土库曼斯坦毗邻。东西长 1400 公里，南北宽 925 公里。首都为塔什干。乌兹别克斯坦总人口 3234.5 万，共有 134 个民族，乌孜别克族占78.8%，塔吉克族占 4.9%，俄罗斯族占 4.4%。多数居民信奉伊斯兰教（逊尼派），其余多信奉东正教。语言方面，乌兹别克语为官方语言，俄语为通用语言。该国法定货币为乌兹别克苏姆（UZS）。

二、经济情况

乌兹别克斯坦为平原国家，经济以棉花种植业为支柱，桑蚕、畜牧等其他种植业的第一产业为主，旅游业等第三产业为辅。国民经济支柱产业是"四金"：黄金、"白金"（棉花）、"黑金"（石油）、"蓝金"（天然气）。但经济结构单一，加工工业较为落后。农业、畜牧业和采矿业发达，矿产资源丰富，矿产资源储量总价值约 3.5 万亿美元。乌兹别克斯坦天然气、机械制造、有色金属、黑色金属、轻纺和丝绸等工业都比较发达。棉花种植业为支柱产业，是世界第五大产棉国，第二大棉花出口国。近五年来，乌兹别克斯坦经济总量超过 1894 亿美元。2017 年，乌兹别克斯坦 GDP 为307 亿美元（约 249.13 万亿苏姆），同比增长 5.3%[①]。人均 GDP 呈逐年递增趋势。

① 数据来源：中国居民赴乌兹别克斯坦投资税收指南。

三、外国投资相关法律

乌兹别克斯坦法律法规较为健全，主要贸易法规有：《对外经济活动法》《出口监督法》《保护措施、反倾销及补偿关税法》及《关税税率法》《海关法》《劳动法》《外资法》《外国投资权益保障和维护措施》等。

乌兹别克斯坦没有出台禁止、限制外国投资的法律法规。但是对于特定行业，仍然存在限制与鼓励的相关政策。

限制行业：国家垄断行业，诸如能源及重点矿产品（如铀）开发等领域有股权限制，外资所占股份一般不超过50%；航空、铁路等领域则完全由国家垄断。

鼓励支持的行业：乌兹别克斯坦对无线电电子、计算机配件、轻工业、丝绸制品、建材、禽肉及蛋类生产、食品工业、肉乳业、渔产品加工业、化学工业、石化、医疗等行业持鼓励支持态度，并给予免除法人企业所得税、财产税、社会基础设施营建税、共和国道路基金强制扣款及小微企业统一税等优惠政策。

吸引投资的主要法律有：《外国投资法》《投资活动法》《关于保护外国投资者权益条款及措施法》《保护私有财产和保证所有者权益法》《保证企业经营自由法》（新版）及《关于促进吸引外国直接投资补充措施》的总统令等。

外国投资在乌兹别克斯坦境内可以各种不同的形式实现，其中包括：与乌兹别克斯坦的法人或自然人共同设立的经营公司、合伙公司、银行、保险机构及其他企业持有法定资本或其他财产一定的份额；设立并发展外国投资者全资经营公司、合伙公司、银行、保险机构及其他企业；获得财产、股份及其他有价证券。

根据乌兹别克斯坦法律规定，按照所签合同和协议为来乌兹别克斯坦工作的外国公民办理超过3个月的签证时，必须先办理乌兹别克斯坦劳动部门颁发的劳动许可，之后持该许可办理签证和居留。企业应首先获得乌兹别克斯坦劳动部门关于同意聘用外国劳务的批准，之后为每位外国员工办理个人劳动许可，有效期均不超过一年。按照有关规定，要求来乌兹别克斯坦工作的外国公民出示其在本国单位的身份、职业及文凭证明。乌兹别克斯坦《劳动法》规定该法所有条款对外籍劳务同样适用。

第二节　税收政策

一、税法体系

2008 年 1 月 1 日乌兹别克斯坦实行新税法。2015 年 12 月 31 日，乌兹别克斯坦政府对税法进行了修改，对部分条款进行了删减或补充，对部分税率进行了调整，修改后的税法从 2016 年 1 月 17 日起执行。新税法包含矿产资源使用税、超额利润税、水资源税、法人财产税、实体企业资产税、法人企业土地税、实体企业土地税、社会基础设施开发和完工税、国家税、实体企业用于交通运输的汽油、柴油和天然气的消费税、单独社会付款和保险付款、预算外养老基金强制性付款、乌兹别克斯坦共和国公路基金强制性付款、国家税、海关税、单一土地税、定额税等 18 种税。

二、税收征管

（一）征管情况介绍

乌兹别克税务部门主要包括：

国家税务部门有乌兹别克斯坦国家税收委员会和乌兹别克斯坦国家税务机关；地方税务部门，是指塔什干州和塔什干市税务机关，地区、城市和城区的税务监察局。

海关。包括乌兹别克斯坦共和国国家海关委员会、卡拉卡尔帕克斯坦自治共和国国家海关委员会部门、塔什干城区海关部门以及海关综合部门和口岸。

财政部门。包括乌兹别克斯坦共和国财政部、卡拉卡尔帕克斯坦自治共和国财政部、塔什干城区财政部门、各级市政府和行政区的财政部门。

（二）税务查账追溯期

对偷税、抗税、骗税的行为，税务机关追征其未缴或者少缴的税款、滞纳金或者所骗取的税款（漏缴和少缴的部分税款要缴纳每天 0.3% 滞纳金），如果根据税务审计的结果显示纳税人或税务代理人已征收税款和强制性付款较少，则税务机关进行重新计算并指明纳税人或税务代理人的税额差额，差额税款必须缴纳。在收到税务机关关于额外税收的决定后，在 1个月内支付额外税款。

税务部门可在纳税期结束后的五年内制定或修订自然人或法人的税务评估表。纳税人有资格在纳税期结束后的五年内要求税务部门退还多缴纳的税款或相关款项。可根据民事法规暂停、结束或恢复诉讼时效期限。

乌兹别克政府对私人银行和其他私人金融机构的税务审计在五年内进行不超过一次，对微型企业，小型企业和农场不超过四年一次，其他业务实体三年内不超过一次。

对于新成立的微型企业，小型企业和农场，除了新创建的微型金融和经济活动的情况，在注册之日起的前三年内无需进行计划内的税务检查。

（三）税务争议解决机制

若出现税务检查和审计纠纷，通过以下方式解决：

谈判解决。当发生税务纠纷时，首先由当地税务机关和争端各方通过谈判解决问题，而不通过上级税务机关和司法机构。如果与当地税务机关无法通过谈判解决问题，可以申请向更高级税务机关裁决。

申请更高税务机关裁决。自申请日起等待期不超过 1 个月。

通过向法院申请行政复议。这类决定在法律上最有效，最公平，但法律费用很高。企业可以聘请专业机构进行税务诉讼，并为法院的税务诉讼提供相关的法院材料，诉讼时间长，从数月至数年不等。

三、主要税种介绍

（一）企业所得税

1. 征税原则

乌兹别克斯坦税法所规定的乌兹别克斯坦居民企业，是指在乌兹别克斯坦注册并成立的企业。非居民企业是指不具有居民企业资格的法律实体，即未在乌兹别克斯坦进行注册的法律实体。

以下企业应被视为企业所得税纳税人：乌兹别克斯坦共和国居民企业；

通过常设机构开展经营活动或从乌兹别克斯坦共和国境内获得利润的乌兹别克斯坦共和国非居民企业。

乌兹别克斯坦居民企业就其全球收入在乌兹别克斯坦缴纳企业所得税。包括资本利得、利息及特许权使用费，扣除可抵扣的费用和减免税额。

非居民企业通过在乌兹比克斯坦常设机构产生收入的应就其常设机构来源于乌兹别克的所得缴纳企业所得税。包括资本利得（包括销售居民企业股票）、不动产所得、股息、红利和特许权使用费。

2. 税率

企业所得税税率根据 2017 年 12 月 29 日乌兹别克斯坦共和国总统签署的编号为第 3454 号总统令的第 7 号附件确定。见表 11-2-1。

股息、利息、租金、特许权使用费和其他非积极性的收入如销售或转让房屋、建筑物、土地使用权和转让公司股权的所得无特殊优惠政策。根据乌兹别克斯坦税法规定，应由乌兹别克斯坦共和国总统颁布的法规确定企业所得税税率。

表11-2-1　企业所得税税率表

编号	纳税人	税率（按应纳税基计算）
1	法律实体	14%
2	商业银行	22%
3	提供移动通信服务的法律实体（电信公司）根据盈利水平：	—
	20% 以内	14%
	超过 20%	盈利水平超过 20% 的，按利润额的 50% 计算

数据来源：中国居民赴乌兹别克斯坦投资税收指南。

非居民企业产生的所得通常适用以上居民企业的企业所得税税率。但通过常设机构在乌兹别克斯坦进行运营的外国法律实体取得的净利润仍需缴纳 10% 的净利润税。净利润税是对缴纳企业所得税后的利润征税。

3. 税前扣除

通常情况下，企业日常经营产生的费用可以在企业所得税前进行税前扣除。企业所得税前扣除的费用必须存在依据和文件证明。

可扣除项目包括但不限于：①材料成本（原材料、半成品、包装物、燃料、水、自然生产损失、存货和其他不可折旧的物品）；②员工工薪薪酬相关的支出；③折旧／摊销；④利息，不包括超期利息／罚息及在固定资产原值中予以资本化的利息（用于购买固定资产使用的贷款产生的利息）；⑤准备金。

不可扣除的费用包括：

股息；向员工提供的福利，如水电费支出或免费财产；企业所得税、税务罚款和其他罚款。

4. 利息和红利、普通合伙人收入纳税办法

对于红利和利息应征收源泉控制税。

国债券和其他国家证券、国家专项基金的临时闲散资金的利息、依据乌兹别克斯坦总统决议或乌兹别克斯坦内阁决议创建的预算外基金的收入，均无须征税。

向乌兹别克斯坦居民信贷机构支付的利息，不应征收源泉控制税，应按照规定的程序对信贷机构征税。该程序还适用于将财产进行资产租赁（信托）时支付给出租人（信托人）的利息收入。

利用法人法定基金（注册资本）获取、纳入法人法定基金（注册资本）的红利收入不应进行征税。

退出创立者（参股人）之列时，或者在收到规定的优惠之后三年内、在被清算法人的创立者（参股人）之间分配法人财产时，应按照一般原则对之前免于征税的收入进行征税。

5. 预提所得税

非居民企业应就其从乌国产生且与常设机构业务无关的所得缴纳预提税。

预提税税率：

股息——向非居民企业支付股息应就全部金额缴纳 10% 最终预提税。税收协定规定了更低的预提税率的，适用税收协定。

利息——向非居民企业支付利息应就全部金额缴纳 10% 最终预提税。税收协定规定了更低的预提税率的，适用税收协定。

特许权使用费——向非居民企业支付的来源于乌兹别克斯坦的与常设机构无关的特许权使用费和租金应就全部金额缴纳 20% 最终预提税。税收

协定规定了更低的预提税率的，适用税收协定。

国际运输和国际通信服务适用 6% 的最终预提税。

保险和再保险保费适用 10% 的最终预提税。

其他所得——在乌兹别克斯坦境内提供的来源于乌兹别克斯坦的与常设机构无关的服务费和其他收入就其全部金额适用 20% 的最终预提税。税收协定规定免税的，适用税收协定。

6. 税收优惠

乌兹别克斯坦对部分经济行为免除所得税：①生产修复整形产品，残疾人器材，为残疾人提供假肢安装、修复整形产品和残疾人器材的维修和维护服务；②提供市内客运服务（不含出租车及固定线路出租汽车）；③古迹的修复和重建工程等。同时乌兹别克斯坦为了鼓励生产制造商、战略性产品进出口商的商业活动：石油和天然气开采和提纯税收优惠政策，从事石油和天然气提纯的合资企业，包括从事开采的非居民企业享受七年的企业所得税免税期，自提纯开始日生效，非居民企业从事石油和天然气开采免征开采期间所有税及其他强制扣费；企业出口自产的货物及服务并收取可自由流通货币（法律规定的美元、欧元、人民币或日元）可以适用企业所得税低税率，根据出口额占全年销售额比例降低所得税率的 30%~50%。

7. 反避税规则

（1）关联交易。企业与关联方之间的收入性和资本性交易均需遵守独立交易原则，境外母公司可能与在乌兹别克斯坦设立子公司在产品的采购和销售、劳务的提供以及特许权使用费的收取等方面发生关联交易。

（2）转让定价。根据乌兹别克斯坦《转让定价规则》，"如果关联方之间的商业和财务交易所采用的价格与非关联方之间采用的不同，那么税务当局将根据非关联方之间的价格定价"，但该国税法未对价格的调整方式、计算方法和信息来源等进行进一步规定。因此，存在着境内母公司与境外子公司之间的业务往来不符合独立交易原则，而被乌兹别克斯坦税务当局实施转让定价调查的风险。

在转让定价风险较大时，可启动双边预约定价，由乌兹别克斯坦税务部门、中国税务部门和企业共同参与，对境外企业与境内企业的关联交易定价原则进行事先确定，以提高经营确定性，从根本上降低被转让定价调查的风险。

（3）资本弱化。乌兹别克斯坦对资本弱化无要求。

8. 征管与合规性要求

（1）申报要求。纳税人依据《税法》计算的税基和规定的税率计算企业所得税。企业所得税的缴纳实行按月预缴，按季度填报所得税报表，按年清缴的方式。

税务机关要求居民企业法律实体在季度终了后 10 日内向其申报预估的税额。每月按预估税额的 1/3 缴纳。年度企业所得税报表需要在次年 2 月 15 日之前提交年度累计企业所得税计算书进行申报，此前本年预缴额和最终税额的差额也在 2 月 15 日之前进行缴纳。外国投资企业申报截止日期是次年 3 月 25 日。

乌兹别克斯坦共和国境内开展活动的乌兹别克斯坦共和国非居民企业（非居民常设机构），与居民企业缴纳方式相同，但年度清缴的方式为，在每年 12 月 31 日之前以及企业终止经营活动后一个月内提交企业所得税计算书，清缴所得税。

（2）税款缴纳。每月 10 日前按预估金额的 1/3 向税务机关纳税，作为企业所得税预缴金额。预缴额超过实际应缴税款的可以向以后期间递延、抵扣其他税款或向税务机关申请退税。税务机关会在纳税人提出退税申请后 30 天内进行退税。

会计期内的预计应税利润低于最低基本工资金额的二百倍时，纳税人不需要进行当期缴税。

9. 税收协定

乌兹别克斯坦与 53 个国家签订了双边税收协定。与巴林、沙特阿拉伯和美国的税收协定尚未生效。2004 年乌兹别克斯坦和俄罗斯签订了包含自由贸易和投资优惠的战略框架协议。乌兹别克斯坦与 11 个独联体国家签订了双边自由贸易协定（包括俄罗斯、白俄罗斯、乌克兰、亚美尼亚、阿塞拜疆、格鲁吉亚、哈萨克斯坦、吉尔吉斯斯坦、摩尔多瓦、土库曼斯坦、塔吉克斯坦）。2005 年，乌政府与俄罗斯签订了经济合作联盟协议，2004 年与乌克兰协定移除贸易壁垒。乌兹别克斯坦 2014 年加入了独联体自由贸易区。2015 年 12 月乌兹别克斯坦政府官方公布乌兹别克斯坦不会加入上海合作组织的自由贸易区。

《中华人民共和国政府和乌兹别克斯坦共和国政府关于对所得避免双税和防止偷漏税的协定》1996 年 7 月 3 日签订，自签订之日起生效。《中华人民共和国政府和乌兹别克斯坦共和国政府关于对所得避免双重征税和防止偷漏税的议定书》2011 年 4 月 18 日签订。

（二）增值税

1. 征税原则

增值税是对在乌兹别克斯坦境内从事经济活动过程中产生增值部分征收的税赋。征税对象为从事商业活动的法律实体，包括如下活动：运输（或销售）商品和其他资产；对相关企业的法定股本进行出资；无偿转让的资产，包括为满足法人企业员工的个人需要而向其无偿提供的与法人企业的特定经营活动无关的资产或劳务和服务；在相关法律规定的情况下为换取其他商品（或劳务和服务）而转让的资产（或完成的工作和提供的服务）等。

2. 计税方式

根据乌兹别克斯坦税法规定采用简易征收和一般征收两种方式。

3. 税率

增值税税率应由乌兹别克斯坦共和国总统颁布的法令确定。目前一般税率为 20%。

4. 增值税免税

重要的免税政策如下：城市公共客运服务（不包括出租车）；大部分银行服务；保险和再保险交易；贷款的发放和转让；租赁费等；出版社、报纸和杂志社、图书交易组织生产的印刷资料；电视和电影；构成电信网络的电脑和服务器、网络接入设备、路由器、网关、适配器等（不包括低于 10 公斤的个人电脑）；批准项目进口的技术型设备和相关政府部门批准的可行性研究列明的设备；基站设备和天线；批准名录列明的进口药品和医疗产品；医疗服务。

5. 零税率

货物、工作或服务用于外交部门或其相关代表处的公务用途或其工作人员的使用方面（除非外交部工作人员为乌兹别克斯坦公民，在此情况下使用标准税率）；收取硬通货的出口货物；公共设施；通过乌兹别克斯坦的过境外国货物或国际客、货运服务等；在特殊关税税制下货物重新出口时免税；出口创汇商品（贵金属除外）销售营业额征收零税率增值税。

6. 销项税额

乌兹别克斯坦《税法》规定按照销售商品（工程、服务）的价值（不含增值税）确定税基。纳税人根据《税法》规定对部分经济业务活动可将税基进行调整，主要包括：全部或部分退货；变更交易条件；买家使用折扣变更价格；拒绝工程施工、提供服务。

7. 进项税额抵扣

确定可抵扣进项税额时需满足如下条件：根据《税法》197 条商品（工程、服务）收货人系增值税纳税人；就获取的商品（工程、服务）具有供货人应收发票，抵扣增值税；进口商品时，增值税已上缴国家预算。当进口商品提供免税形式的优惠政策，腾出的资金用于专款专用时，同样也抵扣增值税；出口零税率商品时，具有证明国外买家（付款人）支付出口商品款额的银行对账单，可抵扣增值税。

8. 征收方式

增值税按进销项相抵后的余额缴纳。可以采取网络申报转账或自行申报的方式征收。

9. 征管与合规性要求

纳税期为日历年，按月申报、缴纳。

增值税申报方式如下：缴纳增值税的微型企业和小型企业——每季度。缴纳增值税的微型企业和小型企业应在每季度的纳税申报期次月的 25 日之前提交纳税申报表，对于其年度纳税情况，上述企业应在提交年度财务报表的同时提交纳税申报表；其他纳税人——每月。其他企业应在每月纳税申报期的次月的 25 日之前提交纳税申报表，对于其年度纳税情况，上述纳税人应在提交年度财务报表的同时提交纳税申报表。

同时，结算增值税的纳税人还需提供纳税期内销售和购入的商品（工程、服务）发票清单，信贷和保险机构除外。发票清单格式由乌兹别克斯坦共和国国家税务委员会制定。同时需要在《海关法》规定期限内缴纳进口商品增值税。

纳税缴纳如下：应按照《税法》第 227 条的规定在提交增值税纳税申

报表的规定日期（下月 25 日）前向财政预算缴纳增值税。应在进行海关登记之前或在进行海关登记期间缴纳进口商品的增值税。

（三）个人所得税

1. 征税原则

居民个人就全球收入纳税；非居民个人只就其源于乌兹别克斯坦境内的所得额纳税。

2. 申报主体

以个人为单位进行申报，由所在企业或者政府机构代扣代缴，并于每月 25 日前申报缴纳；在纳税期结束后 8 日内，向国家税务部门提交关于自然人在主要工作所在地获得收入的证明，证明的格式由乌兹别克斯坦共和国国家税务委员会和乌兹别克斯坦共和国财政部制定。

3. 应纳税所得额

居民就其取得的全球收入缴纳个人所得税。

居民取得的来源于国外的工资性收入、商业和专业收入、资本利得和养老金收入都应缴纳乌兹别克斯坦个人所得税，适用与乌兹比克斯坦国内所得相同的规定。

4. 扣除与减免

政府可以给予优惠税率的包括：

银行存款利息、退休金、残疾人保障金、失去家庭经济支柱救助金免除个人所得税。

5. 税率实行累进税率

居民纳税人和非居民纳税人均适用于表 11-2-2 税率。

表11-2-2　个人所得税税率表

应税收入	税率
达到单倍最低基本工资数额	总收入的 0%
1（超过 1 倍）至 5 倍最低工资数额	超过单倍最低工资数额的部分按 7.5% 缴纳
5~10 倍最低工资数额	超过五倍最低工资数额的部分，所得税增加 16.5% 缴纳
10 倍以上最低工资数额	超过十倍最低工资数额的部分，所得税增加 22.5% 缴纳

数据来源：中国居民赴乌兹别克斯坦投资税收指南。

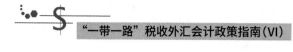

乌兹别克斯坦最低工资标准由总统令《关于上调工资、养老金、助学金、补助标准的法令》下发全国执行，每年调整一次，目前 2018 年度最低工资标准是 172240 苏姆（1 美元兑换 8100 苏姆）。

6. 征管与合规性要求

个人所得税按月申报，截止日期为每月 25 日之前。个人所得税每月支付，不迟于每个月的收入支付日期。年度即将结束时在提交年度财务报表期限内，向国家税务部门提交关于应计和实际支付的收入、已扣除的个人所得税金额的相关资料。对于延迟缴纳税款，每日罚款为 0.03%，总经理和总会计师的行政罚款为 3~5 倍最低基本工资（最低工资为 172240 苏姆）。

（四）关税

1. 关税体系和构成

根据乌兹别克斯坦 1998 年 1 月 1 日起实施的《关税法》，乌兹别克斯坦实行进口、出口、季节及特别（特别、倾销及补偿）四种税种。进口商品关税分为三种：从价税、从量税及复合关税。

2. 税率

根据乌兹别克斯坦总统 2009 年 8 月 5 日 1169 号决议，乌兹别克斯坦 2009 年 9 月 1 日起实施新的进口关税税率，平均税率约 14.81%。

2009 年 10 月 1 日起调整纺织品进口关税。对 97 种商品分别征收 0%、5%、10% 及 30% 四种税率的关税。对进口用于经营发展畜牧业育种的商品免征进口税（海关手续费除外）。

2017 年 4 月乌总统签署的命令，乌兹别克斯坦再次对税率进行调整，5 吨以下汽车进口税率由 70% 调整至 30%，葵花籽油（海关税码 1512-11）综合税率自 20% 降至 10%，面粉类产品（海关税码 1101）进口消费税自 11% 降至 5%，罐装蔬菜产品（海关税码 2005）自 50% 降至 10%，果蔬汁类产品自 70% 降至 30%，调味添加剂类产品（海关税码 2103，番茄酱、酸奶油除外）自 70% 降至 25%。主要税率情况如表 11-2-3：

表11-2-3 关税税率表

商品种类	税率
钢材	50%
服装	30%

续表

商品种类	税率
童装	10%
汽车	70%（5 吨以下汽车 30%）
农机	10%
空调	5%
冰箱	10%
钟表	30%
家具	30%
化工产品	50%
聚乙烯产品、各种塑料制品	30%
汽车轮胎	10%

数据来源：对外投资合作国别指南。

3. 关税免税

根据乌兹别克斯坦《海关关税法》第 33 章及 1998 年 3 月 31 日政府《关于对外贸易自由化的补充措施》规定，免征关税商品如下：

（1）实施国际物资、行李及旅客运输的运输工具，技术材料、供给和装备物品、燃料、食品及其他用于正常中转运转所必需的物资或在国外由于处理上述运输工具的交通事故而获得的物资。

（2）乌兹别克斯坦货币、外币（不包括用于古钱收藏目的）、合法有价证券。

（3）技术材料供给及装备物品、燃料、食品及其他运出海关区域用于保障乌兹别克斯坦船舶及乌兹别克斯坦法人及自然人租用（包租）的进行海上捕鱼作业运营的物资，还包括进入乌兹别克斯坦海关区域的渔业产品。

（4）在法律规定的情况下应转入国家财产的商品。

（5）运入或运出海关区域用于有权在乌兹别克斯坦法律或国际协定基础上免税运入这些物品的外国代表、自然人、官方或个人使用的物品等。

4. 设备出售、报废及再出口的规定

企业向其项目等所在地的海关机构申请确认要出售的车辆、机器和设备，由监管机构鉴定残值后出具鉴定报告，然后由海关当局发出书面文件，证明所有关税特许期限的到期期限。在免税支付期满后，企业即可以出售或转让设备。

全额购买商品的企业可以自行处理设备。对于享受税收优惠的进口的设备若打算留在乌兹别克斯坦，必须经海关监管机构确认，并缴纳相关关税，同时向海关申报清关。

（五）企业须缴纳的其他税种

1. 法人财产税

（1）法人财产税课税对象应为以下资产：固定资产，包括根据融资租赁协议（或出租协议）获得的固定资产；非实物资产；未完工的项目。

（2）税基和税率。乌兹别克斯坦非居民纳税人的法人财产税由国家税务机关根据税基和规定税率按下列程序进行计算。固定资产剩余价值定义为该财产原始价值（重置价值）同（按纳税人会计政策规定方法）计算出的折旧值之差；对于未完工程和未在标准（规定）期限内投运的设备，未完工程和未安装设备的年平均价值。非居民不动产税基为该财产的年平均价值法人财产税税率应由乌兹别克斯坦共和国总统颁布的法规确定。目前税率为5%。

2. 实体企业资产税

（1）实体企业资产税纳税人应为实体企业，包括外国公民（除非乌兹别克斯坦共和国签署的国际协议中另有规定）和拥有已纳税资产农民经济团体（无论其是否成立了法人企业机构）。若无法确定不动产所有人的所在地，则纳税人应为拥有和（或）使用上述资产的机构或实体企业。

（2）课税对象。实体企业资产税课税对象应为位于乌兹别克斯坦共和国的居民住宅、公寓、住宅建筑、车库和其他建筑结构、建筑物和房产。

（3）税率。实体企业资产税税率应由乌兹别克斯坦共和国总统颁布的法规确定。目前税率为5%。

3. 国家税

（1）国家税是对进行具有法律意义的活动和（或）主管机构和工作人员发放的文件征收的强制性付款。

（2）应以领事税款的形式对乌兹别克斯坦共和国领事机构进行的领事活动征收国家税。

（3）国家税税率应由乌兹别克斯坦共和国总统确定。应根据由乌兹别克斯坦共和国总统颁布的法规确定的领事关税征收领事税。目前为3%。

4. 社会基础设施开发和完工税

社会基础设施开发和完工税纳税人应为：

（1）进行经营活动的乌兹别克斯坦共和国居民法人企业。

（2）以下企业或组织不属于社会基础设施开发和完工税纳税人：

非商业性机构，但此类机构由进行经营活动获得的收入应缴纳社会基础设施开发和完工税；农民经济团体；市场。

税基：社会基础设施开发和完工税的课税对象和税基应为扣除了利润税后法人企业剩余的收入。另应从税基中扣除法人企业获得的分红。

根据乌兹别克斯坦共和国总统颁布的法规，社会基础设施开发和完工税税率为15%。

5. 工资统一税

税基为公司正式员工工资总额，此部分为社保以外的税费，税基为未扣除个人所得税和社保前的总工资。此项税金由公司承担，工资统一税的税率为25%（微型公司，小型企业和农场的税率为15%），每月27日前申报。

6. 消费税

消费税纳税人为下列法人和自然人：乌兹别克斯坦境内生产应税消费品的自然人和法人；进口应税消费品至乌兹别克斯坦关境的自然人和法人；普通公司生产应税消费品时，从事普通公司业务的普通公司合同合伙人（参与人）。对于个别应税消费品按照乌兹别克斯坦总统决议，消费税纳税人可以为非生产应税消费品的厂商。

征收范围：①销售应税消费品，其中包括：销售（起运）商品；当未履行担保抵押义务时，将积存的应税消费品转让给出质人；无偿转让应税消费品；在法律规定的情况下，转让雇主应税消费品给雇工至工资账户，或是给法人创始人（股东）至计算红利账户；在法律规定情况下，转让应税消费品换取其他商品（工程、服务）。②转让应税消费品作为法人注册资本（固定资本）投资或股本，或普通公司合同合伙人（股东）投资。③当股东（法人）从法人离职（退出时），或是由于重组、清算（破产）转让应税消费品给股东（创始人），以及转让普通公司协议范围内生产的应税消费品给该协议合伙人（参与人）（当将其财产份额从协议合伙人（参与人）共有财产中分出时，或是分割财产时）。④转让来料加工应税消费品，以及生产厂转让自备料和材料产品应税消费品，其中包括应税消费品转让给自备料和材料所有者。⑤转让生产和（或）开采的自用应税消费品。⑥进口应税消费品至乌兹别克斯坦关境。

下列情况下不应当征收消费税：①应税消费品厂商外销应税消费品，乌兹别克斯坦内阁确定的个别种类应税消费品除外。②转让应税消费品：海关存放商品（关境处理）中的加工产品，当其随后从乌兹别克斯坦关境出口时。

税率：①乌兹别克斯坦共和国境内生产的消费税应税商品的消费税税率根据 2017 年 12 月 29 日乌兹别克斯坦共和国总统签署的，编号为第 3454 号总统令的第 12-1 号附件；②进口到乌兹别克斯坦共和国领土的消费税应税商品的消费税税率根据 2017 年 12 月 29 日乌兹别克斯坦共和国总统签署的，编号为第 3454 号总统令的第 12-2 号附件。境内及境外消费税率均有较大的跨度。

7. 地下资源使用税和专项规费

纳税义务人：地下资源使用税纳税人为下列地下矿藏使用者：从地下资源中开采矿产，从矿物原料和（或）工艺矿物中提取有用组分的地下矿藏使用者；进行矿产加工，从矿产中提取有用组分的地下矿藏使用者。

征收范围：地下资源使用税的征税对象为成品开采（提取）量。成品清单根据乌兹别克斯坦总统决议审定。成品即制定了地下资源使用税税率的矿产（有用组分），适用于销售或转让（包括无偿转让），以及商品生产自用和其他用途。征税对象按照每种成品单独确定。碳氢化合物征税对象为：经过一次工艺处理的碳氢化合物，包括伴生矿和有用组分；在碳氢化合物处理过程中提取的有用组分，但是在开采前和矿物加工处理时未作为成品征税。往回注入油气层以保持地层压力和（或）在闭路工艺周期内提取碳氢化合物的天然气量为非征税对象。提炼的贵金属和宝石（包括工艺矿物）为贵金属和宝石征税对象。固体矿产征税对象为（《税法》第 244 条第 6 部分规定的除外）：开采的矿产（包括伴生矿）；从矿产、矿物原料、工艺矿物中提取的有用组分。在纳税人所拥有的土地范围内开采出的常见矿物及业务和生活自用的常见矿物为非征税对象。

税率：根据 2017 年 12 月 29 日乌兹别克斯坦共和国总统签署的，编号为第 3454 号总统令的第 14 号附件开采和提取自然资源适用税率，从 2.6%~30%。

应纳税额：地下资源使用税按照准备销售、转让（包括免费转让）或用于内部生产制造而提取和加工的自然资源的产量纳税。税基是纳税当年销售、转让或使用的产品的加权平均价格。

8. 超额利润税

纳税义务人：超额利润税由从事矿产开采的个人企业缴纳。

征收范围：对开采的自然资源的销售价格和法定价格的差额缴税。

税率：特定产品的超额利润税税率，应根据 2017 年 12 月 29 日乌兹别克斯坦共和国总统签署的编号为第 3454 号总统令的第 16 号附件确定主要包含：①阴极铜，高于 4000 美元 / 吨的"截止价格"的等价物总额的 50%；②天然气，高于 160 美元 /1000 立方米的"截止价格"的等价物总额；③聚乙烯颗粒，高于 2250500 苏姆 / 吨；④水泥，高于 145000 苏姆 / 吨；⑤烧结料，高于 120000 苏姆 / 吨 。

应纳税额：超额利润税的税基为超额利润，即开采矿产的净销售收入和法定售价之间的差额，不包括属于超额利润的从净收入收取的税费和其他法定支付义务。

9. 印花税

纳税义务人：印花税纳税人为提请法律行为和（或）主管机关和职务负责人签发文件的法人和自然人。

征收范围：①按照法院判决监督程序向法院提交职务负责人和机构（判决）行为起诉书，申诉书，特殊诉讼起诉书、上诉书、申诉书和抗议书，仲裁法院判决撤销申请，仲裁法院判决强制执行执行令签发申请，以及法院签发文件复件；②起诉书，公司和个人破产声明，申请以第三方人员身份独立处理争议事务的声明，确定具有法律意义因素的申请书，经济法院有关终止生产、未经审查撤诉，法院罚款判决的上诉和申诉书，仲裁法院判决撤销申请和仲裁法院强制执行令签发申请，经济法院有关撤销仲裁法院判决，以及仲裁法院判决强制执行令签发和拒绝签发执行令的申诉和上诉书；③乌兹别克斯坦共和国领事和公证人的公证行为；④户籍登记，以及签发公民户籍登记再次证明和户籍登记记录修改、补充、修订和恢复证明；⑤签发乌兹别克斯坦共和国入境邀请函，签发居留证或居留证延期，签发外国护照签证或其出入境权替代文件的签证，以及乌兹别克斯坦共和国入籍申请和脱籍申请；⑥签发乌兹别克斯坦共和国公民护照或是其具有出境权的取代文件；⑦乌兹别克斯坦共和国公民居住地登记、注册和记录，以及外国公民和无国籍者登记和记录；⑧法人和个体企业国家注册；⑨签发单项经营活动的营业执照；⑩签发狩猎许可证。

其他：印花税缴纳事实，付款人可以通过现金缴付形式予以证明，或通过银行给付款人签发的规定格式凭证，或职务负责人给付款人签发的凭证，或按乌兹别克斯坦共和国财政部和乌兹别克斯坦共和国国家税务委员会规定形式进行支付的国家机构和组织收款处凭证予以证明。当向法院提交财产纠纷起诉书，以及公证买卖合同、财产交换、赠与协议，办理继承权时，如果诉讼费用、合同金额或继承财产确定为外币，法律规定情况下的印花税可以按照乌兹别克斯坦共和国内阁确定的程序以外币形式进行征收。

（六）社会保险金

1. 征税原则

社会保险金纳税人应为：乌兹别克斯坦共和国居民法人企业；通过常设机构、分公司和代表处进行经营活动的乌兹别克斯坦共和国非居民企业。

乌兹别克斯坦共和国公民和无乌兹别克斯坦共和国国籍但在乌兹别克斯坦共和国境内的永久居留人员和长期工作人员。均需按月缴纳社保保险，分别由居民法人企业或非居民企业代扣代缴。社会保险的费率约为工资总额的 25%。

2. 外国人缴纳社保规定

外国人在乌兹别克斯坦工作需要缴纳社会保险金。缴纳项目与费率均与乌兹比克斯坦公民保持一致。

第三节 外汇政策

一、基本情况

乌兹别克斯坦官方货币为乌兹别克功姆，与美元挂钩，实行浮动汇率。乌兹别克斯坦外汇管理机构为乌兹别克斯坦中央银行，乌兹别克斯坦自2017年4月货币改革后，当地币与美元兑换汇率相对稳定。乌兹别克斯坦金融体系虽然规模小，总资产超过270亿美元，但资产质量好，且相对封闭独立，因此受金融危机的影响较小。国际三大评级机构对乌兹别克斯坦主要商业银行的信用评级大都为"B"或"B-"级，评级展望为"稳定"。

根据乌兹别克斯坦法律，乌兹别克苏姆与其他外币可自由兑换。根据乌兹别克斯坦央行公布的汇率，2017年12月31日当地货币对美元汇率为8120.07：1，自2018年后苏姆在逐步升值。

该国外汇管制力度强，国外单位不得无缘由汇款至乌兹别克斯坦本国账户，乌兹别克斯坦本国账户也不可无缘由汇款至国外账户，跨国间的往来汇款，需要提供相关工程劳务合同、增资、撤资等证明。

二、居民及非居民企业经常项目外汇管理规定

（一）货物、服务贸易外汇管理

乌兹别克货物贸易、服务贸易采购款汇入汇出均需要企业提供相关合同证明、海关资料证明等凭证，无法通过银行账户支付外汇工资。

（二）跨境债权债务外汇规定

在购汇时需要提供：双方签署的借款协议，收款证明材料、提供还款时间表；如提前还款，需借款人书面同意。

（三）外币现钞相关管理规定

乌兹居民及企业可在乌兹银行使用美元、欧元、日元等外币现钞兑换当地币现钞，但无法使用当地币现钞兑换外汇现钞。

三、居民企业和非居民企业资本项目外汇管理

目前，涉及资本项下的外汇在投资条款中明确可以自由汇出，汇款外汇账户开立需由企业向中央银行申请批复同意后，银行予以开立，一般申请周期为1个月。外资企业在乌兹别克斯坦当地银行开立账户需向银行提供如下文件：关于开立何种账户的申请；企业注册登记证明复印件；企业负责人和会计的签字样本以及两份圆形公章印鉴；企业成立文件复印件，外企还需提交成立文件公证件。

四、个人外汇管理规定

外国人出境时携带外汇数额不能超过其入境时申报的数额，否则，一经查出，全部没收。外国人入境时，若携带美金数超过5000美元，则除填报关单外，还需单独填报海关工作人员提供的单据。2017年9月3日，乌兹别克斯坦总统米尔济约耶夫签署《货币政策自由化首要实施细则》总统令，自9月5日起，在乌兹别克斯坦全境内取消外汇兑换管制政策，所有法人和自然人均可自由兑换外币。当日外汇兑换比价为当日乌兹别克斯坦中央银行兑换比价。

第四节 会计政策

一、会计管理体制

（一）财税监管机构情况

乌兹别克斯坦税收管理由税务委员会，市税务管理局和地区税务监察机构组成。在检查经济实体时，上述一个或两个税务机关进行审核。乌兹别克斯坦共和国财政部负责制定会计准则。

（二）事务所审计

乌兹别克斯坦企业选择事务所审计具有强制性和自愿性。强制审计是

根据法律规定进行的，企业股份公司，银行，保险公司每年都要求会计师事务所审计。其他类企业对于选择审计具有自愿性。

（三）对外报送内容及要求

财务报告主要包括，①企业基本情况：行业分类，业务范围，股东身份，公司地址，银行账户信息，纳税人登记号码等；②业务交易表：资产负债表，损益表，各类税收的税金计算。

报告期的要求：财务报告期为每年 1 月 1 日—12 月 31 日，并于次年 2 月 15 日前完成。

二、财务会计准则基本情况

（一）基本情况

乌兹别克的会计准则基于国际会计准则编制，但是又在国际会计准则基础上结合当地国情进行改动。

表11-4-1　国际会计准则、财务报告准则与
乌兹别克斯坦国家会计准则（NAS）的差异摘要

差异类型	报告名称/批准时间	差异内容
编制和列报财务报表框架	由财政部于 1998 年批准的财务报表编制和呈报框架	一般来说，国家框架遵循国际框架的原则。财务报表的目标和使用者几乎是一致的，虽然有一些差异。国家框架下的基本假设和质量特征之间没有区别，都被描述为原则。在国家框架内没有"资本和资本维护概念"部分
国际会计准则第 1 号——财务报表的列报	NAS1 会计政策和财务报告，由财政部于 1998 年批准	由于 NAS1 基于 IAS1 的旧版本，主要侧重于会计政策，而不是财务报告。其他差异包括：所需财务报表包含固定资产变动情况报告；财务报表必须使用规定的表格（经单独的条例批准）填写；日历年是所要求的报告期；财务报表应当在次年 2 月 15 日前编制；NAS1 不适用于银行和保险业；NAS1 规定，财务报表的使用者是相关的国家机构和所有者，而不是普通大众
国际会计准则第 1 号——财务报表的列报	NAS3 财务结果报告，由财政部在 1998 年批准的 1998 年 NAS 财务结果报告中批准	NAS3 详细描述了损益表。虽然这些概念与 IAS1 基本一致，但也有一些差异，例如 NAS1 承认非常项目，而 IFRS/IAS 则没有提及

续表

差异类型	报告名称/批准时间	差异内容
国际会计准则第1号——财务报表的列报	NAS15资产负债表,经财政部于2003年批准的2003年NAS15资产负债表	NAS15包含与资产负债表有关的额外说明,例如流动和非流动资产,权益和负债等
	NAS14所有者权益声明,由财政部于2004年批准	NAS14包含关于权益变动表和特定披露的额外说明
国际会计准则第2号——存货	NAS4存货,2006年获得财政部批准	目前的NAS4取代了1998年批准的旧版本。原则复制了国际会计准则第2号所使用的原则,尽管在方法上存在一些差异:存在低值和短期资产的概念(从以前的会计惯例中采用);较低价值的项目在转入使用时支销,但较高价值的项目可以在其使用寿命内资本化和摊销;包括如何确定库存成本的详细规定
国际会计准则第7号——现金流量表	NAS9现金流量表,由财政部1998年批准	虽然NAS9一般符合国际会计准则第7号,但其部分条款并不是最新的,例如:(1)NAS9仍然提及非常现金流量的概念;(2)NAS9不包含对附属公司,联营公司及合营企业的投资准备
国际会计准则第8号——会计政策,会计估计变更和错误	NAS1会计政策和财务报告,财政部于1998年批准	另请参阅IAS1的说明。NAS1仅涵盖会计政策;错误和估计的变化没有解决
	NAS3财务结果报告,财政部1998年批准	NAS3解决与会计政策,会计估计和错误变化相关的问题
国际会计准则第10号——资产负债表日后事项	NAS16意外事件和资产负债表日期事件,1998年获得财政部批准	NAS16基于国际会计准则第10号的前一版本(之后或有事项从国际会计准则第10号中删除,并由国际会计准则第37号涵盖)。与资产负债表事后相关的主要原则大致符合国际会计准则第10号;然而,NAS16在调整和不调整事件,识别测定以及披露要求方面的细节较少
国际会计准则第11号——建筑合同	NAS17基建合同,财政部1998年批准	NAS17的条款符合国际会计准则第11号的规定,同样的原则适用收入和费用的确认

续表

差异类型	报告名称/批准时间	差异内容
国际会计准则第16号——物业，厂房及设备（PPE）	NAS5 固定资产，2003 年由财政部批准（从 2004 年起生效）（取代 1998 年批准的旧的 NAS）	一般而言，NAS5 基于 IAS16 并经过修改以解决国情。存在若干差异，包括：（1）根据政府法令进行重估，并根据各类资产的指标进行重估；（2）NAS 在估值，资产数量等方面更具有规定性
国际会计准则第17号——租赁	NAS6 租赁会计，2004 年由财政部批准（取代 1998 年批准的旧 NAS6）	NAS6 是基于 IAS17 开发的；国际会计准则第 17 号的主要原则得到遵守，但经过修改，以处理当地情况主要差异如下：（1）租赁分类为融资，长期及短期。实质上，短期租赁（少于 12 个月）被认为是经营性租赁，并且类似于 IAS17 的原则将适用；（2）NAS6 是不太原则和更具说明性。例如，它并没有使用"转移大部分风险"一词，而是提供了更精确的指标，用于评估租赁何时应被视为融资租赁而不是经营租赁（例如，租赁期限为资产的 80% 或者租赁付款总额超过资产价值的 90% 以上
国际会计准则第18号——收入	NAS2 基本经济活动收入，1998 年财政部核准	NAS2 基于国际会计准则第 18 号，文本虽然不完整，但与国际会计准则第 18 号有所不同
国际会计准则第20号——政府补助和政府援助披露的会计	NAS10 计算政府补助和政府援助披露，财政部于 1998 年批准	NAS10 符合 IAS20 并使用相同的概念和原则。唯一的区别是，它允许根据 NAS3 区分不同的收入
国际会计准则第21号——外汇汇率变动的影响	NAS22 外币资产和负债核算，2004 年核准	NAS22 基于国际会计准则第 21 号，但经过修改，符合乌兹别克斯坦的立法和其他的 NAS。然而，存在一些重要的差异，其中包括：（1）汇率差异可以在出现时确认，或者可以推迟到处置时（例如，在几个时期内清偿负债）；（2）汇兑差额记录为融资活动的结果；（3）NAS22 在外国业务方面较为复杂；（4）NAS22 的信息披露要求不那么复杂
国际会计准则第37号——准备金，或有负债和或有资产	NAS16 意外事件和资产负债表日期事件，1998 年获得财政部批准	根据 IAS10 的先前版本，只有 NAS16 涵盖了突发事件，NAS16 对规定不太明确，披露要求也不太苛刻（另请参见上述 IAS10）

续表

差异类型	报告名称/批准时间	差异内容
国际会计准则第38号——无形资产	NAS7 无形资产，2005 财政部批准；	NAS7 和 NAS11 基于与 IAS38 相同的原则。然而，与 IAS38 相比，NAS 并不是最新的，因此不包含新的定义和描述，例如获得无形资产作为企业合并的一部分
国际财务报告准则第3号——业务组合	NAS23 关于重组的报告，由财政部 2005 年批准	NAS23 不是基于 IFRS3（之前的 IAS22）。NAS23 解决了重组的会计和报告问题。该标准为并购，划界等提供了详细的指导意见，其重点在于估值问题；它没有解决购买法和相关的会计处理
与国际会计准则/国际财务报告准则完全不同的部分	NAS21 账目表及其应用指南，2002 年批准	本标准包含所需的账户代码和名称，以及如何使用账户的说明，以及具体交易的会计分录的例子
	NAS20 小型企业会计和财务报告，1999 年批准	小型企业根据员工数量来定义，取决于企业类型，从 10~100 名员工。该标准包含简化的小实体会计准则，包括会计登记的例子。财务报表要求减至资产负债表，所有者权益变动表的形式
	NAS19 组织和承诺库存计数，财政部 1999 年核准	NAS19 包含了对各种资产和负债计数的要求，并提供了实体将用于这些清单的样本表格。
	2002 年固定资产年度重估规定	提供重估要求的指导；自 1 月 1 日起每年进行一次重估，反映储备金的估值变化。企业每年可以使用统计部门规定的指数，也可以使用独立的估值师。土地和自然资源不受升值影响。折旧也被索引，并与主要估值差异一起反映在储备中

数据来源：国际会计准则及乌兹别克斯坦会计制度。

（二）会计准则适用范围

按照乌兹别克中央银行规定，乌兹境内银行等金融机构使用国际会计准则，其余所有在乌兹别克注册企业均需要遵照乌兹别克国家会计准则进行会计核算并编制报表。

根据自 1996 年中央银行声明，乌兹别克境内银行等金融机构采用的会计准则可以与国际财务报告准则存在部分差异，主要体现在债券和股票投资的估值、贷款减值准备的计量、确认和评估贷款费用、递延所得税、租赁会计、企业合并等。

三、会计制度基本规范

（一）会计年度

会计年度为每年的 1 月 1 日—12 月 31 日。对于 10 月 1 日以后建立的实体，会计年度为注册登记日到次年的 12 月 31 日。

（二）记账本位币

乌兹别克斯坦任何企业和组织应该以乌兹别克苏姆（UZS）作为记账本位币。

（三）记账基础和计量属性

乌兹别克会计记账基础采用权责发生制，会计核算使用复式记账法，核心计量属性是公允价值。

四、主要会计要素核算要求及重点关注的会计核算

（一）现金及现金等价物

会计科目^①（5000）核算现金，会计科目（5100）核算银行存款。资产负债表列示的现金为企业的库存现金与银行账户的存款。现金及现金等价物仅为企业、组织和机构持续营业，或作为存入银行的资源而使用。

现金等价物主要用于支付短期负债，不用于投资或其他目的。如果企业进行投资的期限小于 3 个月，且价值变动较小、风险变动较小，则该投资应当被视为现金等价物。现金流量不包括现金和现金等价物项目之间的流动。

（二）应收款项

会计科目（4000—4800）核算应收账款。应收账款是企业在经营过程中因销售商品、提供劳务等业务向（债务人）公司收取的金额。主要包括：应收账款、应收票据、预付款项、应收股利、应收利息、应收补贴款、其他应收款等。应收款项在作为流动资产流通的过程中，伴随着企业收入的间接损失。当服务（或产品）被出售且没有收到资金时，应收款项产生。

---

① 会计科目：按照乌兹别克会计制度科目代码。

乌兹别克不计提坏账准备，根据乌兹别克斯坦《民法典》，当债权方较长时间无法收到应收款项时，可以向法院进行起诉，债务人需支付除应收款项外的再融资利息（利率为银行当日再融资利率，通常为15%左右）。

（三）存货

乌兹别克会计科目第1000号核算原材料、4300号核算在途物资料、2000号核算在建工程，存货是指企业在日常活动中持有以备出售的产成品或商品、处在生产过程中的在产品、在生产过程或提供劳务过程中耗用的材料或物料等，包括各类材料、在产品、半成品、产成品或库存商品以及包装物、低值易耗品、委托加工物资等。

存货被出售时，一般采用先进先出法核算。存货的账面金额应在有关收入被确认的期间作为费用被确认。存货因减计到可变现净值而被减记的任何金额以及存货的所有损失，都应在减记或损失发生的期间作为费用被确认。

资产负债表日，存货应当按照成本与可变现净值孰低计量。存货成本高于其可变现净值的，应当计提存货跌价准备，计入当期损益。其中，可变现净值是指在日常活动中存货的估计售价减去至完工时估计将要发生的成本、估计的销售费用以及相关税费后的金额。

（四）长期股权投资

乌兹别克斯坦司法部中定义了长期股权投资下的四个子科目，分别为：0610证券；0620对子公司的投资；0630对控股商业公司的投资；0640投资外资企业；0690其他长期投资。在乌兹别克斯坦，企业通常通过以下方式获得及核算长期股权投资：①企业合并；②通过股票、债券等证券获得长期股权投资；③支付现金、现金等价物、固定资产等作为企业注册资本（初始投资资本）而获得长期股权投资；④以债务重组方式获得长期股权投资。

长期股权投资初始计量：非企业合并形成的长期股权投资，按照付出的成本计量，企业合并形成的长期股权投资，所有的企业合并都采用购买法进行会计处理。将资产归属于投资的标准由乌兹别克斯坦共和国国家会计标准中的（NSBU）N12"金融投资会计"规定。控制是直接或直接持有被投资单位50%以上的表决权，当直接或间接持有被投资单位有表决权股权的 20% 以上时，视为有重大影响。

（五）固定资产

根据乌兹别克斯坦会计准则规定固定资产主要是指不动产、厂房、设备等，企业为生产产品、提供劳务、出租或者经营管理而持有的、使用时间超过 12 个月的，价值达到一定标准的非货币性资产。

法规规定无论企业是否盈利都必须计算固定资产折旧。企业计算折旧时可以采用直线法、产量法、双倍余额递减法和年限总和法。税法规定不得采用加速折旧法。不同类型固定资产年最大折旧率不同，根据资产类型的不同适用折旧率从 5%~20% 不等，具体规定如下。

（1）房屋及其他建筑物：5%；

（2）铁路、河流和航空运输工具：8%；

（3）货车、巴士、工业机器和设备等：15%；

（4）汽车、拖拉机、特殊设备：20%；

（5）其他财产：15%。

（六）无形资产

无形资产指为用于商品或劳务的生产或供应，出租给其他单位，或管理目的而持有的没有实物形态的可辨认的非货币资产。无形资产的定义要求无形资产是可辨认的，商誉不属于无形资产。

无形资产根据使用年限按月摊销。无法确认使用年限的，按五年进行摊销。以下资产不得进行费用摊销，包括但不限于：①土地及自然资源；②生产性牲畜；③不属于固定资产和无形资产的资本投资。

长期租赁无形资产由承租人进行折旧。处置特殊资产时，收到的金额超过处置时的账面价值，超过部分作为资本利得缴纳企业所得税。处置价格低于账面价值的差额不得在应税所得中扣除。

（七）职工薪酬

根据乌兹别克斯坦会计准则规定，职工薪酬指企业为换取雇员提供的服务而给予的各种形式的报酬。主要分为短期雇员福利，如对现有雇员提供的工资、薪金和社会保障提存金、带薪年假和带薪病假、利润分享和奖金（如果有应在期末后 12 个月内支付）和非货币性福利（如医疗保障、住房、汽车、无偿提供商品或服务，或对所购商品或服务提供补贴）；离职后福利，如养老金、其他退休福利、离职后人寿保险和离职后医疗保障；其他长期雇员福利，包括长期服务休假或高等院校教师的休假年、节日或其他长期服务福利、长期伤残福利以及利润分享（如果在期末以后12个月内不全部支付）、奖金和递延酬劳；辞退福利；权益计酬福利。雇员福利包括提供给雇员或其被赡养人的福利，可以直接支付（或供应商品或服务）给雇员、其配偶、子女或其他被赡养人或支付给其他方面（如保险公司）进行结算。雇员可以是专职、兼职、永久、不定期或临时的。乌兹别克斯坦财务报表需要对企业员工成本和关键管理人员职工薪酬进行披露。

（八）收入

乌兹别克斯坦《税法》第129条规定企业收入包含由销售商品或提供劳务和服务获得的收入、其他收入两部分。纳税人以国外货币表示的收入应按照乌兹别克斯坦会计法规的规定，将以外币表示的收入计入纳税人获得的以乌兹别克斯坦当地货币所表示的收入中。

若出现以下情况则应对由销售商品或提供劳务和服务获得的收入进行调整：全部或部分相关商品被退回；交易条件发生变化；成本发生了变化或买方获得了折扣；相关人员拒绝接受提供的劳务和服务。

对于房建和工程建筑企业，企业收入只能采用工程账单法确认，不适用建造合同法。

（九）政府补助

政府补助是政府提供的援助，其形式是政府在经济实体满足补助条件下向经济实体转移资源。乌兹别克斯坦政府补助包含以下两类：归属于收入的赠款和非流动性补贴。

归属于收入的赠款：符合政府要求条件则无需还款，经济实体可以使用政府补助作为企业前期发生的费用与损失的补偿。这种政府补助作为紧急项目应在被收到的期间内确认为收入，随后应在财务报表中进行披露以确定其影响。

非流动性补贴：政府直接以非流动资产对企业进行补助。在这种情况下，首先政府确定非流动资产的实际价值，企业以该价值入账，非流动性补贴也可以降低企业所收到资产的账面价值，减少的应计折旧也将反映在